黄仁宇
全　集
Ray Huang
Works

明代的漕运

黄仁宇 / 著

九州出版社 | 全国百佳图书出版单位
JIUZHOUPRESS

图书在版编目(CIP)数据

明代的漕运/黄仁宇著.--北京:九州出版社,2018.10

(黄仁宇全集)

ISBN 978-7-5108-7564-9

Ⅰ.①明… Ⅱ.①黄… Ⅲ.①漕运—交通运输史—中国—明代 Ⅳ.①F552.9

中国版本图书馆 CIP 数据核字(2018)第 252082 号

明代的漕运

作　　者	黄仁宇　著
出版发行	九州出版社
地　　址	北京市西城区阜外大街甲 35 号(100037)
发行电话	(010)68992190/3/5/6
网　　址	www.jiuzhoupress.com
电子信箱	jiuzhou@jiuzhoupress.com
印　　刷	三河市九洲财鑫印刷有限公司
开　　本	880 毫米×1230 毫米　32 开
印　　张	7.75
字　　数	190 千字
版　　次	2019 年 1 月第 1 版
印　　次	2019 年 1 月第 1 次印刷
书　　号	ISBN 978-7-5108-7564-9
定　　价	38.00 元

★版权所有　侵权必究★

出版说明

《黄仁宇全集》2007年由我社首次以平装16开本出版。

2012年,全集新增初版未收入的十余篇文章,重新编校后,以精装16开本出版。

为满足不同读者群体的需求,现将2012年精装本进行重新排校和设计,以32开平装本的形式出版。

九州出版社

2018年10月

我的哥哥黄仁宇

黄竞存

我的哥哥黄仁宇和嫂嫂格尔住在美国纽约州 New Paltz 市,在 1999 年除夕中,我在西岸和仁宇兄通了两次电话,在交谈中互相勉慰,庆幸平安地进入一个新世纪。

2000 年 1 月 8 号,新世纪刚度过一星期,那天加州气温平和,我们还在计划周末活动,突然间仁宇兄的儿子培乐(Jefferson Huang)来电话,那时是加州时间上午 11 点半左右,培乐的语音很平稳,可是消息是我们从来没有想象到的:他说父亲在三小时前,在去附近一间电影院时,突然因心脏病(Cardiac Arrest)不治弃世,就在这个简短的电话中,我和仁宇兄作不辞的永别了。

过了一两天,我才知道仁宇那天是由他夫人格尔驾车到离 New Paltz 二十多英里的一家电影院看一部文艺影片,片名叫《雪降洋杉》(Snow Falling On Cedars)。他们刚到达电影院,仁宇兄说身体不适,在进门厅室,一坐下来就晕倒,当时由救护车送到附近医院急诊,医生已束手无策了。

当时我除了伤感之外,还有一点诧异:平常仁宇兄做事认真,不爱浮华,为什么要在周末白天去电影院呢?为了了解真情,我就在网络中寻找这部《雪降洋杉》影片的背景,才知道这影片是根据 1994 年间一部最畅销的小说编摄的,小说已经译成中文出版,书名叫《爱在冰雪纷飞时》，故事发生在西雅图城海湾中一个小岛。在大雪飘零之际，一个当地新闻记者查访法庭审问一件命案，其中包括不同种族男女间的爱情，小岛上住民的心理，私人间的嫉忌和偏见，都反映在记者的心目中。照我的猜测，仁宇兄对写小说有兴趣，他去看这影片，不是纯粹为了娱乐，而是要把文艺著作和电影两种媒体相互比较，有研究的性质。

当天他们夫妇离家去电影院时，仁宇含笑对格尔说："老年人身上有这么多的病痛，最好是抛弃躯壳，离开尘世。"随后格尔开车沿赫逊河岸转折，仁宇继续将身后事作为话题，和格尔检讨。这场经历在格尔嫂的心目中，留了不可毁灭的印象。

我和仁宇兄从小在湖南长沙长大，一直到中学毕业，我们的父亲黄震白，别名种苏，是中国革命初期同盟会会员。在长沙时，我们兄弟年轻，父亲又常赴外省工作，在我的记忆中比较深刻的是在客厅墙上挂的国父孙中山的手笔，题赠"种苏同志"，中间是"博爱"两个大字，下首是孙中山的签名和印章。这幅字帖一直挂在家中，到了1939年抗战开始，家人分散，这手帖就不知道流落到什么地方去了。

黄仁宇在十四五岁左右（1932年）开始向当地报纸投稿，当时湖南日报副刊，连续登载他写的世界名人传记，每篇都有他自己手描的人物画像。黄仁宇的写作热忱，从中学时代开始，从未间断，以后他继续在文章书籍中加入自己的插图，包括白描画、地图、表格和作战形势图等，都一手细心创制。他的私人用笺，上面就有一幅白描画，描写过去运河漕运情形，原来是他写明代经济史中的插图。

1938年仁宇兄考入天津南开大学，念电机工程。刚过了一年，全国抗日战争开始，国内比较有名气的大学都辗转迁入内地。黄仁宇放弃学业，在长沙参加抗战日报，做编辑访问工作，那时抗战日报的社长是田汉，总编辑是廖沫沙。

黄仁宇于1943年由重庆飞往印度，参加中国驻印度远征军，在孙立人部下做参谋，常到战场视察，仍旧写文章，大部在重庆大公报发表。在北缅密支那之役,他到前线观察,被日军藏在树丛中的狙击兵射中大腿,运到后方调养。

抗战胜利之后,仁宇兄到美国 Leaven Worth 参谋大学深造,后来又到日本参加中国驻日代表团。在这个期间,我们只在日本东京匆匆见面二十四小时,一直要到 1952 年,他决心解甲读书。我们兄弟,才有比较多的见面机会。

从 1952 年开始,黄仁宇在美国密西根大学念书和工作。那时他已经是三十四岁,把半生的事业成就全部放弃,重新和年轻的学生们生活在一起,这不是每个人都做得到的。他采取这途径,表示对自己写作著述的能力有信心,才愿意在半工半读的条件下,发愤攻读。

黄仁宇在密西根大学 Undergraduate School 念了三年,由新闻系转到历史系,取得学士学位,在这段时间,除开读书、工作之外,他对年轻大学生的课外活动一样有兴趣。密西根大学是美国中西部足球联盟的一员(Midwest Big 10)。秋天是足球季,各校轮流比赛,每场的观众上万,黄仁宇戴上黄蓝两色上有校徽的便帽,热烈参加。

随后黄仁宇继续念研究院,一直到 1964 年,取得博士学位。美国政府对大学文科(Liberal Arts)不大重视,政府研究津贴很少花在这个部门,因为这个缘故,文科研究生都要自己找工作维持。

黄仁宇一面工作谋生,可是仍专心读书。我看着他从一个业余性质的作者,蜕变为胸藏万卷的学人,以后的成就,都是在这个期间奠定的。仁宇兄研究明史,把《明实录》一百三十三卷从头到尾研读,以后写文章,下结论,都引证纪实,不凭空虚构,也就是他为学过人之处。黄仁宇辞世之后,嫂嫂格尔寄给我一盒文件,其中有黄仁宇最近十年的读书工作记录。我打开一本,看到他 1992 年 12 月的日记,其中一个星期,他在五天之内,把《大史长篇》,重新研读一遍。我不知道《大史长篇》是怎么样的书籍,请教一位国史专家,他说大概是明朝王祎著的《大事记续篇》(七十七卷)和朱国桢著的《大事记》,从这件小事可以看出黄仁宇读书认真的情形。

仁宇兄的名著《万历十五年》开始是用英文写的,在1981年由雅礼大学出版所印行,当时为美国名作家John Updike发现,在New Yorker杂志写文推荐,同时这本书也列入美国历史书五个最佳作品之一。翌年《万历十五年》中文版在北京印行,由廖沫沙题笺,印在封面。这题笺也有一个小故事,我在1980年9月间,参加美国航空学会访问中国航空工业,途经北京,这时黄仁宇已经计划把《万历十五年》在中国印出,托我和妹妹粹存去拜见他的旧友廖沫沙,请他题笺。我现在手头还有仁宇写的一个短简,谢谢我们弟妹替他取得廖沫沙的题笺,并且说:出版书籍,和其他工程一样,一定要有多方面的协助支持,要谢谢你们在北京的联系工作。

黄仁宇个性强,不论学术和日常交往,都是心有成竹,不轻易改变初衷。可是为人谦和,不事夸张。《万历十五年》在大陆和台湾畅销,他对我一字不提,直到我们的表弟李承露从台湾来信,报告情形。我打电话给仁宇兄说:"听见你在台湾出版界和读者心目中声名鼎盛。"仁宇兄没有骄意,只问:"是哪个人告诉你的?"

黄仁宇的第二本重要作品是《中国大历史》,这本书在美国出版时是1988年11月。可是早在20世纪70年代,我到纽约州去看他们夫妇,仁宇兄就告诉我:他对中国历史有一个新的研讨方式,和美国各大学中国史专家看法完全不一样。我当时一点也不知道这学科的研究内情,只觉单刀匹马,和一班学术权威打对头,不是智举,就将这想法坦白陈述,黄仁宇一点也不同意,话题就终止了。

黄仁宇生性豪爽,古道热肠,对人诚恳,人或有机谋,他视而不见。他在New Paltz住处简素朴实,他写作的厅房面对着纽约闻名的Catskill山地游览区,可以看见日出日落,风云变幻,在黄仁宇的心目中,比什么高楼大厦,都要胜过一等。同时他注重储蓄,家有余资,都细心投资。

黄仁宇夫妇爱旅游,在英国剑桥大学工作时,曾遍游西欧各国,在美国游历东西岸,最后在 1998 年春来加州访问,和家人欢聚之外,他们夫妇并开车到 San Diego 和 Las Vegas 游览。

仁宇兄最后一次旅行,是在 1999 年 10 月应葡萄牙政府邀请,到里斯本参加澳门归还中国纪念会。在会中黄仁宇发表论文,题为《中国的经验——资本主义还是社会主义?》

黄仁宇欢喜宾客,New paltz 附近有几家餐馆,是他家待客之处,其中有两家在赫逊河畔,风景优美。这地方也就是他写的《赫逊河畔谈中国历史》名称的来源,另一家中国餐馆,叫"小熊饭店",地址靠近 Woodstock,是 Rock Music 发源之处,餐厅背山近水,非常风雅。

仁宇兄常说:"我一生经历过中外各阶层的生活,不论是治世乱世,无所不闻,无所不见。现在我个人要做的事都已做了,可一死而无憾。"这种看法,和他最后一天和格尔嫂所讲的话,如出一辙。

撰写此文,部分原因是为了申请密歇根大学的哲学博士学位。

1964 年

博士学位答辩委员会主席及成员：
主席:费维恺教授
成员:赵　纲副教授
　　　雅各布·M.普里斯副教授
　　　余英时副教授

目 录

前言 …………………………………………………………… 1
第一章 京杭大运河的背景和本文研究的目的 ………………… 1
第二章 京杭大运河的地形概况 ………………………………… 18
第三章 明代管理大运河的行政机构 …………………………… 32
第四章 漕粮运输 ………………………………………………… 53
　一、漕粮制度的发展 …………………………………………… 53
　二、军运组织——漕军 ………………………………………… 67
　三、国家支出下的京师漕粮储存拨付 ………………………… 83
第五章 宫廷供应品的漕运 ……………………………………… 112
第六章 征税、商业、旅行和劳役 ……………………………… 138
　一、征税 ………………………………………………………… 138
　二、商业 ………………………………………………………… 149
　三、旅行 ………………………………………………………… 166
　四、劳役 ………………………………………………………… 182
第七章 结论 ……………………………………………………… 189
附录 ……………………………………………………………… 195
　一、印版图和草图 ……………………………………………… 195
　二、《明实录》中所记载的输送到京师的漕粮 ……………… 198
　三、《大明会典》中所记载的几省和南直隶几府州的漕粮份额
　　　………………………………………………………………… 201
　四、几个内河河港的税收份额 ………………………………… 202

文献目录注释 ···················· 203
　一、极为有益的文献索引 ················ 203
　二、明王朝和政府机构组织的历史纲要 ········ 204
　三、经济和社会背景 ················· 206
　四、大运河及其地理情况资料 ············· 208
　五、漕河的行政管理及相关制度 ············ 209

前言及正文中的人名、地名及其他专有名词英汉对照表 ········ 211

译后记 ························ 227

前　言

从 1959 年起,我就计划撰写明代的漕运。当时在亚利桑那大学任教、目前在奥克兰大学工作的贺凯教授,从那时起就不断给予我帮助和鼓励。贺凯教授在图森写了一封长信给我,建议列出一个文献目录,弄清研究方法与目的。他到密歇根后,把他个人收集的有关明代历史资料提供给我利用。对我来说,这些资料非常宝贵。此外,在许多场合,他舍弃了自己非常宝贵的时间,耐心地倾听我的想法,并给予我有独到见解的评论。因此,我从内心里对贺凯教授要表示深深而诚挚的谢意。

对于在明史研究领域走在前列的许多学者,虽然我同他们的联系并不像同贺凯教授那样频繁,但他们也像贺凯教授一样,对我的研究关怀备至。除了密歇根大学为我组成的博士学位论文答辩委员会的所有成员都不厌其烦地帮助我外,还有一些学者阅读了我论文草稿的全部或一部分,作出评价并提出改进建议。这些学者包括:哈佛大学的费正清教授和杨联陞教授、耶鲁大学的约翰·W.霍尔教授、加利福尼亚大学巴纳德学院的约翰·梅斯基尔教授,以及明史文献研究项目小组的 L.卡里托·古德里奇教授。我要对他们表达深深的谢意。尽管他们提出了许多良好建议,论文中仍然存在着一些错误,这些错误当然要由我自己负责;这一情况并不能说明我在最后定稿的论文中所表达的观点,都得到了他们的赞同。

1959年冬在华盛顿哥伦比亚特区期间,我有机会拜访了外交学院的韩丁教授。他热情地接待了我。虽然我们两人在漕运的功能以及中国历史其他问题上看法不同,但这丝毫影响不了我个人对他的钦佩。我对他的尊敬具有深深的含义——他很早就在明史研究领域中跋涉,而我,才刚刚涉及,只是一个初入者。

在我论文写作期间,还有许多人帮助了我。这些好心的人包括:吉非尔斯与罗塞蒂有限公司的丹尼尔·J.博恩先生,他不断地鼓励和激励我完成明代漕运的研究;博恩夫人,她阅读了论文全部初稿,提出许多如何改进英语表达的建议;密歇根大学远东图书馆的铃木彦先生,他帮助我安排论文中的日文标题,并将之翻译成拉丁语;安·A.科尔蒙内小姐,她帮我打印了初稿;罗斯玛丽·J.赫里恩夫人,她帮我打印了最后的定稿。我还要感谢如下人员:吉非尔斯与罗塞蒂有限公司的卡尔·A.吉非尔斯先生,他是我现在的雇主,正是由于有了他的帮助和理解,这篇论文才得以完成;霍勒斯·拉克汉蒙研究院的拉尔夫·A.索耶院长和弗里曼·D.米勒院长,他们两人同意在1959年和1963年设置研究生研究基金,资助我到美国国会图书馆和其他大学图书馆查阅资料。

迄今为止,明朝历史仍然存在许多争议,而且复杂。而一般说来,明代漕运问题涉及明代的许多因素,例如皇帝及大臣的性格和个人风格、政府机构、官场惯例、重大的全国性事件、财政制度、国民经济、流行看法、地理和工艺技术,等等。关于这些问题的原始资料虽然很多,但其中大多数已经被现代学者重新整理和加工过。由于在许多领域中仍然缺乏对此种整理加工的估价,因而在写作这篇论文时,我每时每刻不得不依靠自己的主观判断,匆忙翻阅,快速选择。由于明代漕运是一块尚未被人研究的处女地,而我又是刚刚涉及这一领域,因而论文中所提出的观点不可避免地存在问题。我充分地意识到会出现许多错误,也认识到会忽略许多重要问题,因此,任何使我能注意到某些特定错误的建议或评论,我都十分欢迎。

为了方便阅读,我尽可能把中国度量衡单位换算为西方式的。不过,"两"和"石"除外,因为它们是中国的常用单位,是中国式的"盎司"和"蒲式耳"。

黄仁宇

1964 年 3 月 31 日

第一章
京杭大运河的背景和本文研究的目的

　　一系列连接华北和长江三角洲的人工水道被认为是大运河①后,错误看法就常常出现。大运河是由几个不同的河道组成的,它们各自流经的地域不同,各自拥有的历史起源也不同,因而并不具备共同的特点。如果把不同的河道视为一条运河,那么就会忽略许多相关而又必要的细节。如果我们进一步研究,就会发现有理由怀疑把运河称为"大运河"是否合适。虽然大运河是历史上独一无二的水利工程,但是它并不总是具有其名字所赋予的辉煌和壮观。

　　不过,这并未给制图者带来什么严重困难。实际上,即使在今天每种质量较好的地图上,大运河都被汇为一条连接京师和南方的杭州

---

　　① 作者在不同情况下分别使用了 the Grand Canal、the canal、the canals、the canal system 和 Ts'ao Ho。后者毫无疑问指的就是漕河。至于其他,作者虽然有时用词并不严格,甚至随意使用。比如 the canal 和 the canals 不分,the canal 和 the canal system 也不分,但基本思路是:the Grand Canal 指的是北京到杭州的京杭大运河,the canal 指北京到瓜洲的运河,即 Ts'ao Ho,the canals 指由京杭大运河及其他小运河或分运河组成的运河体系,the canal system 指因漕运而设置起来的体系。因此,我们在翻译时推断作者意思,分别将 the Grand Canal、the canal、the canals、the canal system 译成"京杭大运河"、"漕河"、"运河"和"漕运体系"。有时,由于作者对 the canal 和 the canal system 不分,所以 the canal system 也译为"漕河"。——译者注

的船道运河而存在①。唯一的变化出现在漕河北部上。由于漕河北段沿着两条河流的自然水道而延伸，因而有些地图把它们视为自然河流，而另一些地图则视为人工水道，标上了人工运河的图例。当然，这只是一个小小的技术问题，制图者有权利在上面作出技术处理。

在许多文字资料中都可发现，有关大运河记载的不一致更为严重。在一些有水平的参考著作中，不仅关于大运河长度的叙述差异极大，居然从850英里到1 200英里不等，而且关于其最早的历史起源的看法也极不相同，有的认为是公元前5世纪，有的认为是公元7世纪。一般认为，把大运河开凿成为一条整体的漕运运河，是隋朝的隋炀帝（604—617年在位）、元朝的忽必烈汗（1260—1294年在位）和明朝的

---

① 参见：《商业地图集和市场指南》（Commercial Atlas And Market Guide）（纽约，1961年版），页532。
《世界时代地图集》（The Times Atlas of the World）（中世纪版，伦敦于1955年再版），页1、21~22。
《兰德·麦克纳利全世界地图集》（Rand Mcnally Cosmopolitan World Atlas）（纽约和旧金山，1962年版），页34。
《世界地图册》（莫斯科，1954年版），页153~154、147~148。
《美国牛津地图集》（The American Oxford Atlas）（纽约和牛津，1951年版），页61~63。
《格罗塞尔·赫德尔地图集》（Grosser Herder Atlas）（弗赖堡，1958年版），页169；页171。

永乐帝①。由于这些观点来自各种不同说法,非常混乱,许多重要信息就在这混乱中丢失。在即将进入20世纪之前,有一位学者就观察指出:

> 就许多方面来说,世界上最值得注意的是中国的大运河。它也是所有其他运河中,我们了解得最少的②。

本文虽然并不打算否定大运河这一已经为世界广泛接受的名称,但是强烈地感觉到该名称所表达的含义是错误的,如果未加保留就接受使用,是会被引入歧路的。

由于这种原因和其他原因,我们认为在开始探讨本文主要研究问题之前,应该把某些问题澄清。首先,我们必须认识到中国开凿运河的历史悠久。不必说那些认为早在文明开端之前就已经开凿运河的

---

① 从下列几段不同著作中可以瞥见相互矛盾的记述:
《百科全书,中国》(*Encyclopaedia Sinica*)(伦敦,1917年版)在第216页中认为,大运河全长1 200英里:"虽然人们常常认为完成大运河开凿的是忽必烈汗,但是,大运河的一部分此前已经历了1 000年……两条大河即黄河和长江之间的一段运河,最早开凿于周朝时期的大约公元前485年……"
《哥伦比亚百科全书》(*The Columbia Encyclopedia*)(纽约,1956年版)在第804页中记述说:"大运河……长约850英里……它最古老的一段连接黄河和长江,是在隋炀帝在位(605—617年在位)期间完成的。其余部分(包括连接京师、今天为水覆盖一段)是在元朝(1271—1368年)时期开凿而成的……"
《百科全书,美国》(*The Encyclopedia Americana*)(纽约,1962年版)在第5484页中记载说:"中国同样开凿了大批水道,其中包括大运河。它长约1 000英里,大约于1289年完成。"
《百科全书,不列颠》(*Encyclopedia Britannica*)(芝加哥、伦敦和多伦多,1961年版)在第4728页中说:"……中国的大运河,连接了白河、黄河和扬子江。它在公元7世纪建成使用。"F.H.金(F.H.King)在《国家地理杂志》(*National Geographical Magazine*)(1912年10月,23.10:940)上撰文《中国的运河,人类的奇迹》(*The Wonderful Canal of China*)认为:"……整个大运河……其中段据说是约在公元前6世纪开凿而成的。"

② J.斯蒂芬斯·吉恩斯(J.Stephens Jeans):《世界各国的水道和水运》(*Waterways And Water Transport in Different Countries*)(伦敦,1890年版),页232。

真伪参半的历史文献,可靠的历史资料清楚表明,自公元前5世纪以来,中国就在利用运河进行运输了。战国期间(前481—前221),好几条人工运河就出现在今天的江苏、安徽、河南和山东等地①。自这以后,我们完全可以说任何一个标准意义上的王朝,都有关于运河开凿情况的历史记载。在更多的著名项目在军事需要下投入建设的同时,另一些项目因运输、灌溉和治水等需要而投入建设。于16世纪晚期来到中国的一个天主教传教士就评论指出:"中国这个国家完全为一套相互交叉的江河和运河所组成的水网所覆盖,无论何地,都可以通过水路到达。"②

通过上述事例,我们完全能够了解到,许多地方的地方性运河沿着这个那个方向前进是早就存在的。伟大的运河开凿者,无须一开始就涌现出来。在大多数情况下,他们只是修整现存运河,提高运河质量,将之体系化。其结果是,任何一条运河的最早开凿日期,都很容易往后推算或往前追溯到某个世纪的某个时候。

华东地区的地形特别,属于另一种情况,必须给予考虑。虽然这种情况在下一章中要充分讨论,但我们可以在这里指出这一种事实,即大运河流经的几个地方,在地理特征上是不同的。适合于开凿并维持运河的地形,从十分令人满意之地形延伸到完全令人失望之地形。不必说,这种极端使混乱变得更加复杂。

比如,在长江三角洲,地下水位非常高,开凿运河并不是一项震撼世界的工程,非常平凡。来自欧洲国家的早期天主教牧师和使者,经过这一地区时就注意到这一点③。近来的记述也证明这一观察是正确

---

① 史念海:《中国的运河》(重庆,1944年版),页16~23。
② 尼古拉斯·特加尔特(Nicholas Trigault):《中国概况》(*The China That Was*),L. J.加拉赫(L.J.Gallagher)的拉丁文译本,密尔沃基(Milwawkee),1942年版,页19。
③ 安东尼·弗朗科斯·普雷沃斯特(Antoino Francois Prevost):《耶稣会士的历史性旅行》(*Historie Generale de Voyages*,1776年版,以及其他版本),卷5,页337~343;页427~434。

的。乔治·贝比科克·克里西在描述华东地区时就说道:"最引人注目的就是运河。那些运河取代了道路,只有少数村庄不坐落在可以航行的运河上①。"另一个旅行者注意到,在上海南面至杭州62英里的地方,不少于324条支运河流入和流出主干运河,这些支运河的宽度平均达到19至22英尺。在南京和上海之间162英里的地方,这种支运河数量达到593条②。由于华东地区的水源非常丰富,河床又相对稳定,所以维持主干运河的水量并不困难③。王朝编年史和古籍文献在详细记录运河、江河中所出现的问题时,很少提到分布在长江以南的运河干线。

不过,从长江到淮河,湖泊、沼泽和溪流共同构成了一个奇怪的迷宫。这一地区的地理看起来在过去的岁月里经历过无数次变化。古典著作所提到的地形特征,已经消失很长一段时期了④。按照记载所说,这一地区至少有6条把长江和淮河连接起来的运河用于航行⑤。在这些运河中,最著名的几条开凿于公元前485年和公元587年。今天,这几条运河只能从地图上找到痕迹。现在的大运河沿着同它"祖先"假想中的路线非常平行的路线前进,如果把它认为是一条从未干枯、一直在奔腾的运河,那么它的全部历史就要另外延伸一千年。

过了淮河往北,大运河系统就进入了黄河流域。只有中国学生才非常熟悉黄河的特征。黄河由于携带着大量流沙,不但把自己的河床填满了,而且把它所接触到的其他地方变成淤泥。最糟糕的是,黄河改道而出,大面积泛滥。一般认为,从古代到1937年,黄河有6次改

---

① 乔治·贝比科克·克里西(George Babcock Cressey):《中国的地理基础》(China,s Geographical Foundation,纽约,1934年版),页292。
② F.H.金:《中国的运河,人类的奇迹》,页931。
③ 史念海:《中国的运河》,页176。
④ 史念海:《中国的运河》,页13。
⑤ 有关坐落在长江、淮河之间地区的几条运河,可以参见D.盖达(D.Gandar)牧师的大作《运河帝国》(Le Canal Imperial)(上海:《汉学研究》(Varietes Sinologiques),No.4,1894)中的插图(未标明页码)。

道。然而,这只是黄河的主要改道次数,那些规模较小的改道和地方性决堤并未计算在内。近年来,学者们开始从王朝编年史中整理有关记载这种规模相对来说要小的泛滥的文献,因此而重新得出的画面看起来相当令人吃惊。举例来说,在明朝统治的 277 年时间里,研究表明,在 56 年里,要么由于自然灾害,要么由于明政府所采取的错误控制水利措施,黄河改变其流程达到不同程度①。另一项研究表明,黄河在同一时期里仅仅是因为自然灾害就改道 58 次②。由于大运河不得不穿越黄河流域,要维持航行,一直是一个令人痛苦的难题。盖达牧师就概括指出:

> 大运河的危险地段就在黄河流域。它很快就要在这里消失。它的河床很容易被泥沙填满。沟渠会被折断,航路会被阻断。整个大运河会因此而被彻底抛弃③。

仅仅是一瞥此点,我们就足以认为大运河并不是一个稳定、持续不断、统一的体系。它的一些组成部分一直令人棘手。而且最重要的是,它的状况每时每刻,从这段到那段,都在变化。

中国人传统地认为隋炀帝是大运河的最早开凿者。隋炀帝所设计和连接的大运河水道,同今天的大运河路线有所不同。人们常常认

---

① 岑仲勉:《黄河变迁史》(北京,1947 年版),页 468~487。
② 申丙:《黄河源流及历代河患考》,《学术季刊》第 5 卷第 1 期,1956 年 11 月,页 89~90。
③ D.盖达:《运河帝国》。

第一章 京杭大运河的背景和本文研究的目的

为此点无关紧要,可以不予考虑①。但不幸的是,隋朝大运河在什么环境下开凿的,我们最不清楚。隋朝历史极为简短,没有给我们留下什么可以重新勾画隋朝大运河图景的记载。比如,就大运河连接黄河和淮河的一段来说,我们仅仅知道:它是605年开凿沟通的②。隋政府投入了包括妇女在内、人数达100多万的劳力。难以相信,整个工程在短短的5个月里就完成了③。除此之外,我们实际上再也找不到什么有关记载了。由于隋朝大运河完工非常迅速,有学者就认为整个工程一定是利用、采取了已有的渠道④。然而,我们并无什么证据可以证明此点。据说,隋朝大运河水道宽度为100英尺到200英尺不等⑤,但是至于深度和水位,我们知之甚少,也不能确定是否使用了闸门和船闸。《隋书》中记载隋炀帝下江南时说,船队由六种不同的船只组成,其中一些船只是双层的⑥。我们只能从此点记载推断认为,既然隋朝大运河是在短时期内快速开凿而成的,自然是一项相当重要的工程。《隋书》中反复提到船夫,这表明他们可能是推动船只前进的主要动力。

---

① 关于隋朝运河情况,除了可以参考 D.盖达的大作外,还可以参考如下学者的大作:

约瑟夫·尼达姆(Joseph Needham):《中国的科学与文明》(Science And Civilization in China)(剑桥,1954年版),页1123~1124;

伍德布里奇·比汉姆(Woodbridge Bingham):《唐朝的建立》(The Founding of the Tang Dynasty)(巴尔的摩,1941年版),页16;

阿伯特·赫尔曼(Albert Herrmann):《中国的历史与商业地图集》(Historical And Commercial Atlas of China)(马萨诸塞州剑桥,1935年版),页16;

D.C.特威切特(D.C.Twitchett):《唐朝的财政金融管理制度》(Financial Administration Under The Tang Dynasty)(剑桥,1963年版),位于页84~85间的图5。

② 《隋书》(商务印书馆1937年百衲本),卷3页5;卷24页16~17。

③ 《隋书》,卷3页6。

④ 史念海:《中国的运河》,页79;全汉昇:《唐宋帝国与运河》(上海,1946年版),页1。

⑤ 全汉昇:《唐宋帝国与运河》,页124;史念海:《中国的运河》,页129。

⑥ 这六种船是:龙舟、凤䳍、黄龙、赤舰、楼船、篾舫。参看《隋书》,卷3页5;卷24页17。

在隋朝大运河整个体系中,淮河和长江之间的一段是隋炀帝的父亲于 587 年开始开凿的,目的是为了征服江南土地①。由于这是在军事征服行动中临时开凿的,开凿结果显然令人完全不满意。隋炀帝继位以后,不得不进行大量改进,其中一些河段的路线是重新设计的②。

连接洛阳和今天北京的华北运河,是 608 年开始开凿的。此段运河的完工,表明整个隋朝运河网就形成了。608 年可以充分地被视为是中国历史上重要的一年。从这年起,不仅隋炀帝统治下的每一个行省都可以从水路到达,而且到上一个世纪即 19 世纪,中国任何一个统治者都离不开利用运河所建立起来的漕运制度。

隋炀帝开凿大运河的动机是什么呢?古籍文献的记载一致认为,隋炀帝对长江三角洲的富庶和魅力的向往,激发他决定开凿大运河。但是,如果把所有事实都考虑到,"个人兴趣"理论现在看来不再有说服力。即使是《隋书》中的分散记载,也能证明这种解释是行不通的。

隋炀帝于 604 年继位后,就马上把首都从长安迁到洛阳,其迁都圣旨说:"(洛阳)控以三河,固以四塞,水陆通,贡赋等。"③很难相信,这些话会出自于一个小人物的脑袋,他的个人享乐超越了政府的需要。

如果我们进一步考察,就会发现,虽然隋炀帝为追求舒服、奢侈而下江南,但除此之外,下江南有着更重要的目的。迹象表明,隋炀帝企图把长江下游一带的人力和物力组织起来,以建立一个更伟大的帝国④。而这一带土地是隋朝新近征服的,长期以来,这一带居民生活在独立于北方的南方朝廷统治之下。我们可以理解,他们对兴起于北方的新的中央政府抱着怀疑的眼光。在 605 年下江南之前,隋炀帝就宣

---

① 《隋书》,卷 1 页 23。
② 参见 D.盖达:《运河帝国》,页 8~13,以及未指明页码的插图。
③ 《隋书》,卷 3 页 2。
④ 《隋书》,卷 3 页 5。

称:"关河重阻,无由自达。朕故建立东京……今将巡历淮海,观省风俗,眷求谠言。"①

有人或许会认为,这些话听起来是在唱高调,不能当做具有重要意义的事情来对待。但是在另一方面,我们应该注意到这些话同隋朝中发生的其他历史事件非常吻合。正如前面所指出,华北地区的运河于608年开凿而成。接着在610年,隋朝编年史就特别提到,隋炀帝举行了一次宴会,招待来自淮河地区和长江地区的年长者,授予他们荣誉,赠送他们礼物。与此同时,由于扬州因地处大运河和长江之间中间运河段上而地理重要,隋炀帝将扬州太守(the magistrate)的官品提高到同京兆尹(the magistrate of the imperial capital)一样的品级②。611年,由于要对高丽用兵,隋炀帝在今天河北省进行军事集结。这些士兵中,相当多的一部分来自淮河地区和长江地区。一支拥有船只排列起来好几百里(1里大约等于0.35英里)、装满军粮的水师,驶越渤海③。进攻战争于次年爆发后,武装起来的士兵总数达到1 133 800人,后勤物资供应数是该数的两倍④。虽然我们无法弄清战争期间是怎样利用新近开凿而成的运河来运送士兵和物资的,但是,如果这些水路所起的作用并不具有非常重要的意义,是难以令人想象的。显然,从一开始,大运河就为维系中国的统一和征集军事资源这一重大目的而服务。

---

① 591年,隋炀帝为江南军事统帅,坐镇杭州。是时,他就已经开始设想如何安慰南方人,如何在全帝国领土上重组政府机构。正如亚塞·F.赖特(Arthur F.Wright)所指出;"总之,隋炀帝设想如何使江南富庶之地成为隋帝国重要的组成部分,如何才能统治这片土地。这一事业,占据了他后来的9年岁月。"参见赖特:《隋炀帝,其性格与老套》(Sui Yang-ti Personality and Stereotype),见《儒家思想主张》(Confucian persuasion)(斯坦福,1960年版),页51、57。

② 《隋书》,卷3页15。(在隋朝官制中,扬州为上郡,太守为从三品。京兆尹为首都所在地的父母官,为正三品——译者注)

③ 《隋书》,卷24页18。

④ 《隋书》,卷14页17。

十分清楚的是，隋炀帝开凿的一系列运河对后来的历代皇帝来说是一种颇有价值的遗产。在唐朝统治时期(618—907)，杜佑指出："自是，天下利于转输。"①在宋朝时期(960—1279)，卢襄补充说："今则每岁漕上给于京师者，数千百艘，舳舻相衔，朝暮不绝。盖有害于一时，而利于千百载之下者。天以隋为吾宋王业之资也。"②

全汉昇在其大作《唐宋帝国与运河》中阐述了相同的观点。他从当时的历史资料中不但引用了一套经济数据，而且摘录了一些历史记载，以证明长江下游在唐宋时期已经发展成为中国经济最发达的地区③。中央政府是否能成功地统治全国，依赖于是否能够有效地利用长江下游的经济资源，是否能够将这一地区的物资迅速通过运河运输到首都通常所在的华北地区。他甚至进一步认为，在唐宋时期的六百多年里，不仅王朝的兴衰，而且地方势力的暂时高涨和中央政府的暂时软弱，都能够反映运河的实际情况。一系列无穷无尽可以说明真实情况的历史事件，证明他的观点是正确的。D.C.特威切特所持观点与此类似。在他的大作《唐朝的财政金融管理制度》一书中，有一章专门讨论中国历朝首都和长江之间的水路运输。这清楚地表明他认为运河对于中国经济发展来说具有非常重要的地位④。

上述情况在蒙古人征服了全中国并将北京定为中央政府所在地之后就没有多大改变。国家仍然依靠长江下游的供应；只不过是运输支线此时往北进一步延伸。隋炀帝所开凿的华北运河，未能好好地维持几个世纪，到元朝统治时期，不知能否使用。即使是淮河和长江之间的河段，由于完全被忽视，致使河床上房屋林立，长满麦子⑤。因此，

---

① 杜佑：《通典》(万有文库本)，卷10，页56。
② 转引自全汉昇的大作《唐宋帝国与运河》，页13。
③ 全汉昇：《唐宋帝国与运河》，页4、11。
④ D.C.特威切特：《唐朝的财政金融管理制度》，页84~96。
⑤ 罗荣邦：《忽必烈统治时期的谷物运输争论》，见《远东季刊》，第13卷第3期，页264。全汉昇：《唐宋帝国与运河》，页123。岑仲勉：《黄河变迁史》，页464~465。

征服者不得不重新开始开凿大运河。

蒙古人对重新开凿大运河的兴趣也极为浓厚。建立一条连接华北和江南的运河干线的打算,一直吸引着他们的注意。在这背景下,忽必烈于1279年灭掉南宋,成为全中国的皇帝。4年后,他就下令在山东半岛上开凿一段运河。1289年,临清和东平之间的济州河开挖。此段运河对直穿越一系列已有自然河流和人工水道,从而可以通过它直接从北京旅行到江南。这条主干线形成以后,就未发生什么变化,构成了目前大运河的基础。

忽必烈所开挖的济州河(它是大运河最后开凿的一段)虽然不过250里长,但是其工程所涉及的技术困难极大。地形起伏决定了必须要在运河上安装闸门。水源供应问题看起来也是一个难以克服的难题。但是,尽管存在这些困难,济州河开挖第一阶段迅速开始。在投入2 510 748个劳力、开挖6个月后,地面基础工程虽然完成了[1],但面临着更大的困难。到1325年,或者说在36年之后,整个济州河开凿工程才得以完成。在1296年、1299年、1302年、1321年和1391年,安装了许多闸门[2]。

正是存在这些困难,整个元朝时期(1271—1368),海路在交通运输中所起作用要大些[3],而陆上水路仅仅作为辅助性工具。尽管如此,马可·波罗到瓜洲这个当时位于长江上的运输站旅游时,元运河工程给他留下了深刻印象,他写道:

> 相当多的谷物运输到瓜洲,准备通过运河运到大都(北京)去,供忽必烈的宫廷食用。元朝宫廷所需谷物,全部来自中国这一带地区。人们必须知道,忽必烈已经开通了从瓜洲到大都的水

---

[1] 《元史》(商务印书馆1937年百衲本),卷16页13。
[2] 《元史》,卷16页14~16。
[3] 每年超过三百万石。参看《元史》,卷93页21~22。

路。这条水路看上去是一条宽而深的航道,把江河、湖泊连接起来了。它犹如一条大河,能够航行大型帆船①。

蒙古人的统治不到100年就被推翻。继之而起的是朱元璋于1368年所建立的明朝,本文要充分讨论的,就是明代。经过深思熟虑,朱元璋决定定都南京②。但是其子燕王,也就是后来的永乐帝,迁都北京。为了维持来自南方的供应,他同样下令修复运河。在后面几章中所提到的大运河,严格说来就是永乐帝开凿的。在他之后的明朝皇帝,只是作了小范围的修整。

应该指出的是,宋朝以来,大多数重要的政治事件和军事行动都发生在南北大运河沿线地区。这一情况在明代非常明显。其结果是,运河地区在明朝政治史中一直占有显著地位。甚至在运河重新开凿之前,洪武帝派出的考察队北上就是沿着未来的水道路线,燕王起兵南下夺取帝位时也走的是这条路线。在后者事例中,燕王正是攻占了德州、济宁和东昌——它们都是大运河沿线重要城市,才奠定了军事胜利的基础。在起兵夺取帝位的最后一个阶段,燕王大胆包抄,经过淮安,出其不意攻占扬州,从而夺取了南北大运河干线上最后两座堡垒③。而对于南京的建文帝来说,意味着军事完全失败。在这关键时刻,陈瑄统率下的朝廷水师转而效忠战胜者,这使燕王能够渡江进南京称自己为永乐帝。为了奖赏陈瑄的反戈,永乐帝任命他为第一任漕运总兵(the canal administrator)。

燕王造反之后,明朝历史上又发生了两次皇室成员企图夺取帝位的政变,不过都失败了。1425年,汉王企图夺取帝位,明宣宗立即讨伐

---

① 马可·波罗:《马可·波罗游记》(*The Book of Ser Marco Polo*),亨利·耶尔上校(Colonel Sir Henry Yale)译,第3版,伦敦,1903年,第2章页174。
② 吴晗:《明代靖难之役与国都北迁》,《清华学报》第10卷第4期(1935年10月),页917~923。
③ 王崇武:《明靖难史实考证稿》(上海,1948年版),页81。

叛乱。明宣宗确信自己采取的迅速行动会致命打击叛乱者,因而下了一道作战命令给陈瑄,指示他加强守卫河路和附近陆路,防止汉王逃到江南去①。1519年,宁王造反。正德帝组织了类似的讨伐,运河又一次作为军事行动的路线而发挥作用。正德帝的水师开拔之前,政变就被镇压下去。正德帝喜欢浮夸,这或许胜过了英国的查理二世。除了把这次军事行动变成一次无忧无虑的巡游之外,他根据原计划,还要继续前进。最终,正是在一次垂钓游中,他落入水中,导致生病,不久后就过早驾崩②。

作为一条重要的战略道路,大运河同样经历了众多内忧外患。于1511年和1642年爆发的两次起义,都发生在运河地区;这两次起义都导致运河航运暂时中断③。16世纪中叶,日本海盗在华东抢劫时,也抢劫了淮安地区,大运河航运一时又受到严重威胁。今天,运河地区许多城镇保留下来的城墙,就是在这一时期修建或加强的④。在明朝即将崩溃的几年里,满族人任意入侵明帝国;有好几次,他们的铁骑进一步深入运河地区。1639年,清军还未到达徐州就停止下来。他们攻占北京后,下一步就是继续发挥早期的精神,沿着运河南下攻占南京。正是在运河同长江相汇合的扬州,清军遭到了南明军队最激烈的抵抗。扬州城的陷落,击破了明朝官员坚守江南的打算,清楚地表明明朝最后的希望破灭了。

从经济角度来说,大运河对明朝发挥着命脉的作用。虽然我们早已知道这条水道在国家财政经济中起着主要作用,但是,明朝宫廷对

---

① 孟森:《明代史》(北京,1957年版),页123。
② 实际上,正德帝是在落水后6个月驾崩的。但人们一般认为,正是由于掉进水中,才导致他患上了致命的疾病。参看《明史》,卷16页12。
③ 《明史》(上海商务印书馆1937年百衲本),卷16页5;卷24页6。王崇武:《明靖难史实考证稿》(上海,1948年版),页81。
④ 顾炎武:《天下郡国利病书》(四部丛刊本),第11册页1、45。《古今图书集成》(上海中华书局1934年缩小影印本),第121册页1。

13

它的依赖程度是前所未有的,远远超过了以前的历代王朝。元朝时期的运河不过是海运的辅助性交通,无关紧要。而在明代,大运河是京城和江南之间唯一的交通运输线,所有供应都要经过它。在供应名单中,除了谷物占据首要地位外,其他物品包括新鲜蔬菜和水果、家禽、纺织品、木料、文具、瓷器、漆——几乎所有中国所产的各种物品都通过大运河进行输送。诸如箭杆和制服之类的军需品,笤帚和竹耙之类的家用器具,也经过运河运送到北京去。整个明代,这种依赖性一直存在,从未中断。

所有这些听起来有趣,但同时,我们不得不问:大运河有什么历史意义?我们在从世界历史发展角度审视一系列历史事件时,发现了更多奇怪的问题。无论从哪个角度来说,大运河都是一个重要的问题。在1368年至1644年间,发生了许多事件。比如,西欧把中世纪抛在身后,迈步踏入现代。僧侣和旧贵族在市民阶层起义面前放弃了特权。卢梭的知识力量号召人们追求新自由,这推动了宗教改革运动的发展。同时,西欧在努力地发现和探讨新科学,从而奠定了未来几个世纪现代科学发展的基础。而科学技术的发展,又不可避免地创造了工业革命和资本主义兴起这样的成果。进入同一时期的中国,在任何意义上来说,政治环境和社会环境都不利,可是为什么完全错过了这一段使人奋发的岁月呢?人们不要期望有什么研究,比如本文的研究,能够直接解答这一深层而又难以回答的问题。不过,我们期望本文的研究能够发现一些线索,为人们的思考提供帮助。概括大运河的背景情况,就是以一种特定方法把一个民族的大致情况描绘出来。从明代帝王、大臣管理漕运的方法中,我们可以推断描绘明代的政治体制、政府模式、财政政策以及社会风俗和统治思想。即使这种推断描绘只是部分的,我们也要设法这样做。由于这是一个相对来说尚未被深入研究的问题,我们希望本文后面几章中对大运河所进行的全景描绘,能够对进一步和更全面的研究提供一点帮助。在这里,对于被视为使中

第一章 京杭大运河的背景和本文研究的目的

国历史不同于世界其他国家的历史的任何个别因素,我们不想接受。不过在将来,如果有更多的材料可以利用,那些被遗漏的线索自己会展现在学术研究中。本文的研究,虽然只是一个大概,但希望能更接近这种期望出现的学术研究。

我们要设法探讨明代在设置漕运体系中所关涉到的经济意义。大运河这条水路能够活跃国家经济吗?它促进了物资交流并因此刺激工业和商业的发展吗?在国家财政范围内,漕运体系是否是一种灵活的制度,可以使其运作能够适应诸如人口增长、政府预算增加和保卫国家新领土之类的新情况吗?近年来,许多学者认为每个王朝崩溃时,政府机器毁坏的第一个迹象就出现在忽视水利问题上。在大运河的运转中,我们能够找到多少证据证明这种观点是否正确?由于漕运不能再进行有系统的输送,大明帝国才失去了活力,直至最后理所当然崩溃。这是真的吗?下面几章,就要设法回答这些问题。

当然,漕粮是我们研究的中心问题。原因非常简单:大运河开凿的首要目的就是要把粮食输送到位于华北的京师去。由于大运河真是名副其实的大运河,由于它存在长达一千年,20世纪到来之后仍然展现在世人面前,贡粮是中国政治和经济历史的发展中一个起作用的因素。但是,我们在探讨大运河的年运输量和运输程序之前,必须首先简略地了解一下大运河沿线地形特征,因为地理的确对大运河的运作产生了一定的限制。通过对制度的研究,我们还可以概括漕运行政管理机构。只有这样,我们才能将漕粮情况清楚地、恰当地展现出来。在探讨漕粮运输之后,我们要列举谈论通过水路运输的其他宫廷贡品。在这样探讨时,我们要设法概括明廷的物品采办政策。为了使讨论更加完全,我们还要探讨同漕运管理有关的其他几个问题,其中包括税收、商业、旅行和劳役。最后,本文结束时要作出一些总的结论。

关于明代之外其他时期的大运河情况,韩丁全面地叙述了清朝时期(1644—1911)的情况①。清人对大运河主干线未作什么改进,其管理沿袭了明代的规定。由于大运河对中国来讲仍然是一条非常重要的交通大动脉,因而在1840年爆发的第一次英国与中国的战争(鸦片战争)中,英军采取包围镇江的战略,以阻断大运河上长江以北的交通②。不仅如此,还封锁了长江。清政府因而很快就答应了英人所提条件,签署了《中英南京条约》。

在19世纪向20世纪转变之际,中国建造了南北铁路交通干线。1901年,终于采取了以钱币支付方式来代替实物缴纳方式③,大运河因此丧失了存在的理由,只有被抛弃。在中华民国时期,于1912年和1917年,两次设法改进大运河,同时排干了散布在淮河两岸上的湖荡里的湖水。民国政府和美国国际公司签订了一系列合同,授权后者为此募集贷款④。大概由于中国政治动荡不安,这项计划从未付诸实施。不过,一项未公布的关于拟议中计划的报告,于1921年指出:"在过去几年里,山东省境内沿着旧水道流淌、长约250英里的大运河不再起什么作用。"⑤该报告还指出,沿着卫河河道奔腾的大运河北段仍然可以通航。在上面来往的船只,有的有90英尺长,12英尺宽,吃水深度为4英尺或5英尺。不过,大多数船只的大小只有这种的2/3⑥。

然而在1937年,一个美国旅行者经过卫河段的漕河之后继续往

---

① 韩丁(Harold C.Hinton):《1845—1911年的中国贡粮制度》(马萨诸塞州剑桥,1956年版)。

② H.B.莫斯(H.B.Morse):《中华帝国的国际关系》(*The International Relations of the Chinese Empire*)(伦敦,1910年版),第1章页294、296。

③ 张其昀等编:《清史》(台北"国防研究院",1961年版),页1577。

④ 爱德华·托马斯·威廉斯(Edward Thomas Williams):《中国历史简编》(*A Short History of China*)(纽约1928年版),页505~506。

⑤ 约翰·R.弗里曼(John R.Freeman):《关于对大运河改进情况调查的评论》(*Review of Investigations of the Improvement of the Grand Canal*),页6。此报告是在1917年10月20日中国政府和美国国际公司签订合同后所写的。(未公开发表出版的复写副本,存密歇根州安阿伯密歇根大学运输图书馆)

⑥ 约翰·R.弗里曼:《关于对大运河改进情况调查的评论》,页6。

南设法前进时,就发现仅仅在天津以南 6 英里处,河道就完全干枯了。此行未成功后不久,他就报告说,只有在驱使 20 000 名劳力把堆积起来的淤泥清理干净后,漕河才能再一次用于航行①。

除了中国近年来出版的资料外,今天关于大运河最可靠的资料,或许就是美国军队 L-500 系列地图。这套地图中所包含的资料,是以第二次世界大战后从空中和陆地进行的测量为依据的。在大运河中段,即黄河和夏镇之间的一段航程,地图上标明是"能够航行"的。而其他河段,则无这样的标记。

1961 年 5 月 22 日,一家经常独家发表来自中国消息的中国报纸即《纽约中国每日新闻》,在第一版上插入了一条电讯,称位于江苏省北部的一段长 400 公里(大约为 250 英里)的大运河,完全恢复了原貌。在现有河段基础上,又新修了 70 多公里(大约等于 45 英里)的新水道。河港设备建造了,用于指示夜航的电标也安装上了。电讯继续说道:"自 1958 年以来,此段运河的泥土开凿量超过了巴拿马运河的总量。"电讯所指出的地段,位于淮河和长江之间。在第二次世界大战后,中国的国民政府就在联合国的帮助下,在此段已经做了一些工作。这一工程不仅可以提高水道的运用,而且能够消除对整个地区持续不断威胁的水灾。国民政府的工作,因内战而中断。现在的中国政府可能是在此基础上继续进行,将之完工。

然而在今天,还未有人建议将全段大运河修复。即使制图者在地图上仍然继续把大运河绘成一条绵延不断的水路干线,但是,大运河作为南北交通干线的功能不复存在。自从最后一支装满漕粮的船队通过大运河后,大运河发生了许多变化。

---

① 威拉德·普赖斯(Willard Price):《大运河概论》(Grand Canal Panorama),载《美国地理杂志》(*National Geographical Magazine*),第 71 卷第 4 期,页 513(1937 年 4 月)。此句逻辑有问题,原文为 though, he reported, soon after his unsuccessful trip, "20 000 men had been pressed into service to dig out the accumulated silt," and the canal was in operative condition again。这里直译——译者注。

第二章
京杭大运河的地形概况

永乐帝于1421年的中国新年宣布迁都北京后,南京实际上变成了中央政府的后方组织,明廷在北京和南京这两个首都都设置了官品相等的部级大臣。大运河,按照当时明人所称,就是漕河(用于运输的河流)。它作为这两个都市之间的官道而发挥着重要作用。我们很容易理解,明廷所关心的,就是把大运河同长江连接起来,构成大运河的南段。其分支,从长江出发,继续往南延伸,把杭州连接起来。但该分支并不认为是大运河主干线的一部分。从这种角度来说,无论是政府文件还是有关专门记载,所指的漕河,指的就是大运河运输主干线①。本文将采用这一说法。

从长江出发,船只可以从3条入口处进入漕河:东边,是白塔河;中间是瓜洲;西边是仪真。由于漕河的水位高于长江水位,因而入口处用石头修建,形状为斜坡。为了进入漕河,船只首先要卸下货物,由苦力将货物溯着漕河运到岸上。然后,用绞盘把船只提起来,拖过斜坡。船只为此等上十天半月,并不奇怪②。而且,操纵绞盘并不顺利,

---

① 《明史》这样描写漕河:"南极江口,北尽大通桥,运道三千余里。"见《明史》,卷85页1。
王琼在他的《漕河图志》(美国国会图书馆缩微胶卷第534号,据1496年刻本拍摄)中称漕河为:"自通州至仪真。"
《皇明世法录》卷55页1称运河为:"自江口至长江,再至南京。"
② 顾炎武:《天下郡国利病书》,第12册页64。

时人明显夸张地说:"起若凌空,投若入井,财废船坏,不可胜算……船过必损,须办灰麻备舱。"①

1687年,或者说在本文所探讨的时期43年之后,路易十六派遣一名神甫到中国。这名神甫就是勒康特。他指出:跨越水位之上的斜坡,落差有15英尺之多。斜坡用砍凿加工过的石头修建而成,两个石头之间有两个斜面和一个顶端。用绞盘把船只提升到顶端,然后从顶端处利用自己的重量滑入漕河水中②。

不过在大约一个世纪后,马嘎尔尼使团所作的描述指出,至少有一个地方的斜坡只是用一个斜面构成,位于长江之上的漕河水被强固而严密的石墙围住。用石头修建而成、向低水位的长江延伸的斜面,倾斜度为45度,落差有10多英尺。在这种地方,安装了双重绞盘机,由多达100人负责操纵。船只在落入水面时所产生的巨大冲击力,从这种情况可以看到,即在把船只提升到漕河水面的过程中,船头安装上栏杆,并用坚固草席系在船头上,保护船只,避免水浪飞溅③。

直到15世纪末,入口处才安装上"闸",或称"水门"。安装在仪真附近的几个闸门,是1474年到1501年间制造的,安装在瓜洲附近的两个闸门,则是1526年制造的④。闸门的用处就在于,它们节省了卸货和重新载货所需花费,减少了等待时间。但是,它们不能一直开着。夏季期间,即长江通常涨洪水时期,提起水闸,不会引起什么严重后

---

① 顾炎武:《天下郡国利病书》,第12册页64~65。
② 安东尼·弗朗科斯·普雷沃斯特在其大作《耶稣会士的历史性旅行》卷5页434中,收录了勒康特牧师的叙述。
J.B.哈尔德(J.B.Du Halde)在其大作《关于中华帝国的简介、地理、历史及物质》(*Descritpion, Geographique, Historique, et Physique de L' Empire de La Chine*)(巴黎,1736年版)第1章第93页至97页中也收录了此段叙述。该书的英文译本可以参考。
③ 按照威廉·查普曼(Willian Chapman)所引,参见罗伯特·富尔顿(Robert Fulton)的大作《论大运河航运的改进》(*A Treatise on the Improvement of Canal Navigation*)(伦敦,1762年),页82。
④ 顾炎武:《天下郡国利病书》,第12册页68;卷12页79。

果。而在冬季水位很低的时候,闸门的使用就受到限制。仪真县令大概写于1577年的一项备忘录,就报告说,上千艘装满漕粮的船只在入口处抛锚,等候水闸打开。由于提起水闸要同长江浪潮发生时间吻合,所以打开时间很短。该备忘录继续说道:"计一月朔望前后,潮颇盛大,一日一夜可进百余艘。其他日虽拾数艘,亦必挑盘殆轻而后能入。"①

船只穿过闸门时,要劳力帮助。勒康特神甫发现,同时有500人被派给一艘船。开始,非常顺利。为了激发用力,锣鼓声震天。随着水流增大,锣鼓的敲打也随着加快。在这时,水手必须打起精神,把力量发挥到最大限度。这位神甫记载说:"水流的速度大得难以相信,很难保证船只不会离手被翻倒成碎片。"②

勒康特神甫认为,虽然漕河船闸的质量不如当时欧洲所用的船闸,但是其大小按照今天的标准来看也十分令人印象深刻。据记载,有只建造于1474年的水闸,高10英尺,底部宽50英尺,水闸墩长达220英尺③。另一座建造于1496年的水闸,据说有9块厚板,连接厚板的绳子有18根,分派68个劳力永久地负责操纵④。勒康特的同事阿蒙尔德·蒙坦那斯,根据彼得·冯·霍姆1665年所率领的荷兰使华团所写日志(这些日志最早发表于1670年),对漕河作了描述性的记载。他以一种赞美的口气评论了水闸上的"巨大厚板和庞大顶柱"。他进一步证明说:"用一种类似轮子的机器装置,水闸很容易地打开了。如果不充分地肯定中国人那无与伦比的能力,欧洲人是意识不到

---

① 顾炎武:《天下郡国利病书》,第12册页64~65(应为页74——译者注)。
② 参见安东尼·弗朗科斯·普雷沃斯特的大作《耶稣会士的历史性旅行》,卷5页434;伯纳德·福雷斯特·得·博利得(Beinard Forest de Bolidor):《水利建筑》(Architecture Hydraulique)(巴黎,1735年版),第4章页354~355。
③ 顾炎武:《天下郡国利病书》,第12册页64。
④ 顾炎武:《天下郡国利病书》,第12册页68。

这些良好的水闸和高大而厚实的防护栏的坚固性的。"①

虽然有关水闸的技术优点的评论不一,但是水闸出现在漕河上,证明了大运河绝对不是一条畅通无阻的水道。除了自然带来的困难外,错误的官僚管理习惯也常常中断水道的畅通。1527年,由于负责管理仪真水闸的官员"偏听脚夫店家之言,指以泄水为由,不肯开放"②,嘉靖帝下旨干预。然而在其他时候,朝廷命令看起来颠倒了这种干预立场,要求严格控制开放。1573年,明廷规定,瓜洲水闸每年只能开放3个月,只让装卸贡粮的船只通过③。到明朝统治末期,几个水闸在收取过高的通行费④。

进入漕河后,船只就能够顺利地朝着淮河扬帆前进。起初,这条水道穿越了几个湖泊。浩瀚湖水上的强风,对船只来说是个威胁。从陈瑄于1451年开始沿着湖泊东岸开凿沟渠时起,漕河就逐渐与这些湖泊分离开来。随后在1489年、1582年、1585年和1600年,又开凿了一些沟渠。这样,漕河河道就加深了,整个漕河可以认为不会受到湖泊波浪的威胁了⑤。不过在一些河段,沟渠高于水位不过3英尺,因而必须时刻注意维修⑥。

此段漕河河段不断受到来自西面的威胁。在这里,洪泽湖同淮河中段相连。1494年,黄河改道,涌入淮河河道。这样,由于淮河河道不

---

① 安东尼·弗朗科斯·普雷沃斯特的大作《耶稣会士的历史性旅行》,卷5页345。
② 顾炎武:《天下郡国利病书》,第12册页73。
③ 顾炎武:《天下郡国利病书》,第12册页79。
④ 参见第五章讨论旅行部分。
⑤ 史念海:《中国的运河》,页154。但是朱偰在其《中国运河史料选集》(北京,1962年版)中指出,那些堤岸修建于1478年、1584年、1587年、1589年、1600年和1612年。见页80、89~90。
⑥ 《明史》,卷209页1。来自欧洲的旅行者也指出了沟渠所在地势低于湖泊(参见安东尼·弗朗科斯·普雷沃斯特的大作《耶稣会士的历史性旅行》,卷5页343)。但是,勒康特发现这作为堤道的沟渠,有30英尺宽,10到12英尺高(参见安东尼·弗朗科斯·普雷沃斯特的大作《耶稣会士的历史性旅行》,卷5页435)。

得不容纳额外的水量,它的中段部分在一定程度上就受到了限制。水流速度一旦缓下来,过多的河水就堆积在洪泽湖里,致使洪泽湖膨胀起来①。随后,开凿了一条巨大的沟渠,把漕河地带同洪泽湖湖水隔开。随着时间推移,洪泽湖不断变大,沟渠就不断变高②;潜在的威胁从未被消除。这种威胁形势不仅引起了明代漕河管理者的极大担忧,而且对随后的时代来说,也一直是个问题。在清代,它引起了相当程度的注意,乾隆帝在1751年亲自检查了堤道情况,指出要加以维持③。这条堤道在今天我们这个时代仍然存在。1952年,现在的中国政府在制定治淮计划时,对它也进行了相当的治理④。

进一步讲,这段漕河河段显得直而又宽,像一个倾斜的水槽:西北段高,中段水平,东南段低。虽然北段的水量过多,会淹没⑤整个河道,但是,北段的运河水冲向南段,同样会使水道干枯。1577年,高邮的水位由于过高,南段的所有水闸都被打开,放水入长江。然而,如果高邮湖水位下降大约3英尺,扬州附近的漕河水道就会干枯。返回的贡船就会搁浅,相互堵塞,塞满漕河,长达10英里⑥。

明代找到了一种解决方法,可以把过多的漕河水转向东面而不是南段。在漕河东堤道,修建了一系列排水沟,安装了控制洪水的水闸。漕河水位有7英尺高时,就把它们打开分流⑦。在1538年漕河河道加

---

① 史念海:《中国的运河》,页154;申丙:《黄河源流及历代河患考》,页89~90。
② 这条沟渠,或称堤道,名叫高家堰。其历史可以追溯到2世纪。但是,现在的高家堰看起来最早是陈瑄于15世纪早期开凿的,潘季驯于1578年重修。它有20英尺高。参见朱偰:《中国运河史料选集》,页88;史念海:《中国的运河》,页153。
③ 朱偰:《中国运河史料选集》,页164;顾炎武《天下郡国利病书》,第11册页20、23。
④ 治淮委员会(Committee on the Rehabilitation of the Huai River):《伟大的治淮工程》(上海,1952年版),页56~57。
⑤ 原文为indunate,有错,应为inundate。——译者注
⑥ 根据漕运总督吴桂芳所写奏折。转引自顾炎武:《天下郡国利病书》,第10册页57。
⑦ 顾炎武:《天下郡国利病书》,第10册页24。

深后,最高水位升到9英尺①。

这种侧面分洪,是以牺牲漕河水道东面地区为代价的。分洪时,东面地区的田土、房屋和道路毫无例外地受到危害。位于海岸的产盐地区同样会遭到毁灭②。在400年里,当地居民不得不承受这种牺牲。近来,有人批评这种分洪为"充分暴露了反动统治的狰狞面目"③。

不过,防洪水闸得以保留到近代。即使20世纪存在的防洪水闸同以前的有着重大区别,但是,从现在的水闸用途,在一定程度上可以设想以前的用途。近来所作的一项研究指出,在高邮南面漕河东堤道上分布着5座这样的水闸。平时,它们被用泥土和圆石堵住,只有在急需时才打开。1916年打开时,其中一座水闸每秒钟分出的洪水达1 300立方码。1921年,5座水闸中有3座打开,它们总共分出的洪水每秒钟为5 200立方码④。

继续往北,漕河河水就流入了淮河。在1494年黄河夺淮而入后,淮河也就是黄河。在这里,地形同漕河进入长江处的入口处一样。黄河的水位高于漕河的水位10英尺⑤。问题不再是如何把水锁在里面,而是如何防止黄河超过漕河。如果黄河没有携带过量的泥沙而造成格外的困难,情况就不会变得那么复杂。

一般说来,黄河携带大量泥沙是可以理解的,但是,黄河水的真正含沙量仍然令人吃惊。1598年,在漕河地区旅行过的利玛窦在其日记

---

① 顾炎武:《天下郡国利病书》,第10册页40。
② 《明史》,卷221页3。欧洲旅行者也发现,整个地区都被淹没(原文为indundate,有错,应为inundate。——译者注)了。参见安东尼·弗朗科斯·普雷沃斯特的大作:《耶稣会士的历史性旅行》,卷5页343。
③ 朱偰:《中国运河史料选集》,页91;页108。
④ 宋希尚:《中国河川志》(台北,1954年),卷1页128。
⑤ 顾炎武:《天下郡国利病书》,第11册页15。

明代的漕运

中偶然提到,黄河水的含沙量不少于三分之一[1]。但是,总督河道的潘季驯于 1578 年上奏指出情况更为严重:"河水一斗,沙居其六(夏季),伏秋则居其八。"[2]近年来所作的观察更为精确。1934 年到 1941 年间,从单县附近溪流中所提水质进行测量,发现含沙量按重量计算高达 46%。在夏季,黄河的 3 条主要支流携带泥沙达 42%到 63%[3]。

在黄河和漕河的汇合处,安装了 5 座水闸。只有那些装卸贡粮和运载给朝廷消费而中途容易腐烂的物品的船只,才能通过。只有在相当多的船只在汇合处等待时,水闸才被打开,最早规定是每 3 天到 5 天打开一次。水闸的钥匙由漕运总督负责掌管[4]。其他船只能通过缓冲水道到东面,并必须在那里卸下所载物品。随后,此规定虽然有所放松,但是在 1575 年,朝廷下旨重申,在夏季几个月里,必须严格控制水闸的开放次数。即是说,水闸板的提起次数不过两天一次,主要是方便返回的贡船往南驶去[5]。

因此,在只有 160 英里长的河段上,就有两大使漕河航运容易阻塞的狭口。而且,这只不过是开始。

在徐州,黄河同漕河汇合,然后出发往东南方向奔腾。此段漕河以黄河为河段,大约长 170 英里。黄河带给船夫的困难有三:泥沙淤积,易使船只搁浅;冬季,河水结冰;在急流处,河水咆哮。

1570 年此段黄河改道时(这是无数次中的一次),沛县附近 30 英里长的一段漕河河段完全干枯。几百艘官船、私船和 930 只运载着

---

[1] 利玛窦(Mattew Ricci):《十六世纪的中国——利玛窦札记(1583—1610)》(China in the Sixteenth Century;The Journals of Mattew Ricci),L.J.加莱格尔(L.J.Gallagher)译自拉丁文本(纽约,1953 年),页 305。
[2] 《明史》,卷 223 页 8。
[3] 宋希尚:《中国河川志》,卷 1 页 19。
[4] 顾炎武:《天下郡国利病书》,第 11 册页 16。
[5] 顾炎武:《天下郡国利病书》,第 11 册页 16。

400 000 石漕粮的小船搁浅了①。与此同时，在另一河段，有 800 艘船只被急流倾覆②。

徐州附近，分布着系列著名的急流，总称百步洪。于 1507 年以副都御史衔总督河道（Imperial Canal Commissioner）的王琼，对这些急流作了如下的描述：

> 洪在州城东南二里，皆巨石盘踞地中，长百余步，河流必经其上，号为洪。每岁水涨深阔，石没入水，舟行不为害。水半清分为三派……皆可行舟。水全消，惟正洪可行……石或出水面，或隐水半，舟行误触之，辄覆溺③。

关于吕梁洪，王琼写到：

> 吕梁洪在州治东南六十里，上下相距七里余，其险如百里洪而过之④。

高丽官员崔溥 1487 年在高丽内海旅行时，不知不觉漂流到海洋，最后在中国东海岸登陆。他接着就看到了这些急流，并在日记中作了如下描述：

---

① 马敏功：《开复邳河记》，载于《天下郡国利病书》，第 11 册页 25。此句有问题，原文为：Several hundred vessels of official and private ownerships, along with nine hundred vessels of official and private ownerships, along with nine hundred thirty boats carrying 400 000 piculs of tributary grain, ran aground.——译者注
② 《明史》，卷 225 页 5。但是，其他资料表明，1572 年，损失了 800 艘船只。参见《古今图书集成》，卷 689 页 42；《名山藏·漕运记》，转引自吴缉华《明代海运及运河的研究》（台北，1961 年），页 200。
③ 王琼：《漕河图志》，卷 1 页 34。
④ 王琼：《漕河图志》，卷 1 页 34。

洪在吕梁山之间,洪之两旁水底乱石,巉岩峭立,有起而高耸者,有伏而森列者。河流盘折至此开岸,豁然奔放,怒气喷风,声如万雷,过者心悸神怖,间有覆舟之患①。

另一描述,虽然表达得更清楚有力,但精确性差些。这段描述来自唐龙。他也曾经一度(1528年)总督过河道。这段描述转录如下:

夫洪多巨石,肧岩崿,长如蛟蜒,伏如虎豹,纠错如置棋,盘旋如轮毂,廉棱如踞牙、如剑戟……漕万三千艘,胥于是乎进。每一艘合数艘之卒,夹洪夫挽之。敝肩伤臆,躃足挥汗,咸毕力以赴。然悬崖蹑级,蚁行蜗引,得寸而寸焉,得尺而尺焉,一弗戒,则飘忽瞬迅,犹夫驷马脱衔,非穷日之力不可回也②。

15世纪早期,急流处用水牛来帮助航运,以取代船夫③。但是到该世纪末,"河溢洪溜,牛不可支"④。

崔溥经越这一地区时,在日记中写道,在百步洪,"用人工百余,徇两岸牵路,以竹索缚舟,逆挽而上"⑤。不过在吕梁洪,除了普通的船夫外,还添用10头水牛加强力量⑥。

即使在那些并无永久障碍的河段,巨浪飞速翻滚,有时也会给船只带来危险,耽搁航行。1576年,总督河道就报告说,在曲头,由于波

---

① 崔溥:《漂海录》。约翰·T.迈斯基尔(John T.Meskill)翻译并编辑的草稿本(刊印在美国科学院系列专题中)在页182中说,这天是1487年阴历三月初三(应为初二——译者注)。
② 唐龙:《渔石集》,(丛书集成本第2150~2155册),第2册页64~65。
③ 《明宣宗实录》(1940年影印本),卷26页14。
④ 顾炎武:《天下郡国利病书》,第11册页59。
⑤ 崔溥:《漂海录》,草稿本,页184,1487年阴历三月初三。
⑥ 崔溥:《漂海录》,草稿本,页182,1487年阴历三月初三(应为初二——译者注)。

浪太大,每只小船必须由 200 名苦力用系在大船上的 40 多根缆绳拉着前进①。1614 年,类似情况出现在刘口,每天只能通过几艘船只。1623 年和 1624 年,在王家集和磨庄(这些地方都位于徐州和淮安之间),等候通过的船只多达千艘,总督河道本人亲自前去处理。然而,只有在农历十月初期,拥挤现象才能得以解决②。

1488 年早期崔溥的旅行,是在正常情况下进行的。他对黄河间的漕河河段作了这样的描述:"河广可十余里,深无底,水流暴急。"③

从徐州出发往北,沿着漕河河段的水道最早是蒙古人开凿的,宋礼于 1412 年加以修复。宋礼开始修复时,其设计方案的基本思想是在南旺(位于济宁以北)把流自山东省几条溪流的河水积聚起来。由于南旺所处地势高,因而河道路线从其相对方向路过。南旺以北的河段,带着占积聚起来的河水的 60%,下降 90 英尺,流向临清。自临清而北,会卫河,沿着卫河自然河道北上。南旺以南河段,带着其余 40% 的河水,下降 160 英尺,至徐州附近④。

实际证明,维持此段漕河航运,是最困难的任务之一。在开凿时,就安装了 38 座水闸。随后,水闸安装数量又逐渐增多,明人因而称此段运河为"闸河",或称"水闸的河流"。这些水闸,促进了航运畅通。不过,虽然一段河道畅通无阻,而其他河道的水量却不足。一些地方船只搁浅,就会使整个运输停滞不前。

虽然文献记录表明闸河河段有 32 英尺宽,30 英尺深⑤,但实际上,水量却少了许多。1665 年,彼得·冯·霍姆使团经越这一地区时所写的旅行日志,提到河水仅有 3.5 英尺深。使团走完这长达 60 里格(league)的河段,用了 32 天时间。不过,旅行日志指出:"中国人认为

---

① 《明神宗实录》,卷 50 页 1。
② 顾炎武:《天下郡国利病书》,第 11 册页 27。
③ 崔溥:《漂海录》,页 179。
④ 《明史》,卷 85 页 2。
⑤ 《明太宗实录》,卷 77 页 5。

经越此段河道感觉愉快、顺利,因为在几年前所需时间要 45 天到 50 天。"①清朝时期所写一本著作,描述闸河说,"两舟难并鱼贯逆溯","一夫大呼,万橹俱停;一舟遭触,数舟并坏"②。1489 年,山东巡抚说:"自天井闸至塌场口,不满百里,建闸十一座,每年四五月间,河水浅涩,船只至此少则六七日,多至五十五六日方得经过。"③

为了维持正常水量,明朝官员设计了许多方案。其中一个方案就是发掘地下水,开渠将之输送进漕河。1595 年,南旺主事④胡瓒自己就发现了几百处地下水,并征发劳役发掘这些水源。从此句记述中可以看到这些劳役全天都在劳作:"冬则养其余力,不征于官。"⑤劳役数量(在下一章中,本文要更全面地加以讨论)之多,在今天看来或许令人吃惊。据文献记载,仅在山东省一地,漕河沿线就征用了 14 150 名劳力,其中大多数充当"泉夫"⑥。

黄河在改道往南奔去之前,不时横冲直撞。值得注意的是,这不断给位于济宁附近的漕河河道带来危害。此种情况发生时,整个漕河干线就瘫痪了。1448 到 1498 年间,威胁持续不断⑦。明朝官员为铲除威胁斗争了半个世纪,并终于找到了一种解决方法,即"导淮分黄",完全封闭黄河北支流,使之永久地流入淮河。此项工程完成后,明代就奉行"导淮分黄"政策,不再准许黄河走其北部河道。这既有效地治理

---

① 安东尼·弗朗科斯·普雷沃斯特:《耶稣会士的历史性旅行》,卷 5 页 347~349。
② 傅泽洪:《行水金鉴》(1725 年版),卷 156 页 15。傅泽洪还指出,在济宁附近,每艘船只由几百船夫拉着前进。同引书,卷 147 页 14。
③ 王琼:《漕河图志》,卷 2 页 40。
④ 驻扎汛地,具体负责所属河道或工程的管理。见彭云鹤《明清漕运史》(首都师范大学出版社 1995 年版),页 125。——译者注
⑤ 《明史》,卷 223 页 19。
⑥ 顾炎武:《天下郡国利病书》,第 15 册页 9;《古今图书集成》,第 77 册页 30。
⑦ 吴缉华:《明代海运及运河的研究》,页 147~149。

第二章 京杭大运河的地形概况

了两条人工水道间的运输,也不会对其中任何一条水道带来什么危害①。

"导淮分黄"方案决不是十分安全的。的确,自此到1855年前,黄河没有发生较大范围内的改道。但在同时,它仍然持续不断制造小范围的决堤。黄河河道总督(Imperial Commissioner for Yellow River)戴时宗于1532年上奏嘉靖帝,对这种情况作了充分的描述:"今北自天津,南至丰沛,无尺寸地无黄河故道。"②在16世纪晚期和17世纪早期,黄河自己分成为七八条小河,接着又分成为十多条③。

漕河受到黄河下游支离破碎直接危害的河段,位于徐州和济宁之间。此段漕河的西侧是一片开阔地,因而不断遭受洪灾④。由于局面变得难以控制,有人建议在漕河东侧开凿一条新运河,利用昭阳湖来防洪灾。"用湖避黄,凿岭避湖,而运道实赖之矣。"⑤该建议听起来简单,符合逻辑,但是推行起来遇到了无数个障碍。由于一路上有相当多的石头必须开凿移开,但如果征用的劳力超过原先计划时,河道总督就遭到责难。由于这项工程时断时续,总共有7位河道总督牵涉进去。从1593年开始开凿,到1604年才完工⑥。

上述说明了漕河体系中大多数人工河道。至于其他部分,从临清到天津,漕河利用了卫河的自然河道。从通州到天津,对现有的白河作了改进。本文在第一章提到美国旅行者的经历时,已经指出了卫河很容易淤泥沉积。至于今天的情况,虽然仍然可以通航,但是卫河

---

① 吴缉华:《明代海运及运河的研究》,页152~153;史念海:《中国的运河》,页151。
② 转引自傅泽洪《行水金鉴》,卷157页1。
③ 岑仲勉:《黄河变迁史》,页523。
④ 《明史》,卷223各页。
⑤ 《古今图书集成》,第77册页34。
⑥ 参见《夏镇漕渠志》,载于《天下郡国利病书》,第15册页40~46。史念海在其大作《中国的运河》页151~152中,对该文献也作了概括。

29

道极端弯曲①。美国军用地图社所绘水文图也表明,在临清以上,漕河成"之"字形,像一条回纹饰②。在早期,人们对卫河和白河的主要抱怨是它们容易结冰,许多旅行日志都提到了它们在冬天由于结冰而难以航行③。利玛窦1598年第一次到北京期间,他所乘船只就在临清附近一个地方完全因河水结冰而难以通过。他在《札记》中记载说:"一旦冬季来临,中国北方地区所有的河流都结厚冰,河上航行已不可能,车子则可以在上面通过。"④ D.盖达牧师也指出,1893年2月,这两条河流结冰大约20天,冰层很厚,行人能够在上面行走⑤。

列举这些地形困难,可能使人感到陈腐、厌倦。但是,如果不讨论地形轮廓,我们要具体探讨漕河运作时就感觉困难。或许有人认为,上面述说是从负责漕河的官僚所作记载中得出的,而这些官僚由于显而易见的原因,将情况夸大了;无论怎样,任何时候,并不是所有困难都同时存在。这种看法或许正确,但是,漕河体系的内在棘手问题不能低估,我们必须从它所能带来的运输量的角度,考察令人感到麻烦的情况。当成千上万艘船只拥挤在河道时,任何耽搁都不可避免地会引起连锁反应。这就是为什么有些船夫运送贡粮到京师来回需用整整一年时间的原因。他们刚回到出发地,下一年的运输任务就来到了。1473年,漕运总督报告说,一些船夫有4年时间未见过家人一面⑥。

漕运管理一直受到朝廷关注。由于运输困难巨大而难以解决,有名官员名叫徐贞明,于1575年提出建议,把华北旱地改成水稻田,完

---

① 约翰·R.弗里曼:《关于对大运河改进情况调查的评论》,页6。
② 美国国防部军用地图社:L-500系列地图,I-AMS。
③ 王琼:《漕河图志》,卷2页14~15。
④ 利玛窦:《十六世纪的中国——利玛窦札记(1583—1610)》,页315。
⑤ D.盖达:《运河帝国》,页58。
⑥ 《明宪宗实录》,卷120页8。还可参见第四章关于漕粮运输情况部分。

全免除漕粮运输①。45年后,一名更有地位的官员左光斗,提出同样建议②。虽然这些方案只限于书面提议,但是反映了明廷对漕河河道所带来的无限困难感到烦恼③。

利玛窦对此作了客观观察,并作了如下评论;我们就以此评论来概括本文对有关问题的看法:

> 维持这些运河,主要在于使它们能够通航的费用,如一位数学家说,每年达到一百万。所有这些对欧洲人来说似乎都是非常奇怪的,他们可以从地图上判断,人们可以采取一条既近而花费又少的从海上到北京的路线。这可能确实是真的,但害怕海洋和侵扰海岸的海盗,在中国人的心里是如此之根深蒂固,以致他们认为从海路向朝廷运送供应品会更危险得多④。

---

① 《明史》,卷223页20。
② 《春明梦余录》(古香斋袖珍本),页24~35。
③ 原文为chargrin,查无此词,也不能判断是何词。推敲文中意思,译为"烦恼"。——译者注
④ 利玛窦:《十六世纪的中国——利玛窦札记(1583—1610)》,页306。

第三章
明代管理大运河的行政机构

为了研究明代的漕运管理机构的职能,有必要从整体上考察一下明王朝的政府机关组织。明廷及其特派官员的运作,涉及许多独特的实际做法和习惯;如果未对此加以考虑,就很难解释其中一部分政府机器是怎样工作的①。

在这里应该指出的是,整个明代时期,明廷是在没有首相即宰相帮助的情况下运转的。自洪武帝于 1380 年废除其"丞相"(Chief Assistant)以后,明廷就再未设置丞相一职②。因此,在 1380 年后的两个半的世纪里,不同政府部门的头头直接对皇帝这个封建专制君主负责。

在明朝中央政府,设置了六个部,即吏部、户部、礼部、兵部、刑部和工部(Personnel, Finance, Ritels, War, Justice, and Public Works)。与六部地位相等的是通政使司(the Office of Transmission)、大理寺(Grand Court of Revision)和都察院(the Censorate)。这些部门的头头,在习惯上常常合称"九卿"(Nine Ministers)。

---

① 贺凯教授对明代政府机构作了综合性考察。参见贺凯:《明王朝的政府组织》(Governmental Organization of the ming Dynasty),载《哈佛亚洲研究学报》(Harvard Journal of Asiatic Studies),卷 21 期 1、期 2,页 1~66;贺凯:《明朝时的传统中国(1368—1644)》(The Traditional Chinese State in Ming Times)(亚利桑那州图森,1961 年版)。毫无例外,本文关于明代职官的英文译文,都来自贺凯教授的研究。

② 《明史》,卷 72 页 5。

第三章 明代管理大运河的行政机构

洪武帝在处置国家事务时,还设置内阁于殿廷,以大学士(Imperial Grand Secretaries)担任顾问兼秘书的职务,大学士人数未固定。大学士虽然是皇帝的亲近助手,但在设置初期,地位低于九卿①。

明代军队,陆军和水师之间并无多大区别,其组织单位称为"卫"(Guards)——一种自立组织。明廷规定,世袭军户必须世世代代为国家提供兵员。为了解决这种世袭军户的衣食问题,每卫得到一定数量的公地。卫所的省级管理机构是都指挥使司(Regional Commissioners),它们下辖于设置在京师的五军都督府(the Five Field Marshals)。五军都督府的办公处所,分别称为中、前、右、左和后军都督府②。有时,五军都督被任命为驻外军队统帅。比如,担任驻在南京的后军都督,传统上兼任专门负责漕运的总兵官③(the Commander-in-Chief of the Transpotation)。随后,漕运总兵官担任副总督(Vice-Commander)或助理总督(Assistant Commander)。

1421年后,明代确立了两都制,以北京为首都,南京为留都。虽然

---

① 钱穆:《国史大纲》(台北,1953年版),第2册,页479。
② 《明史》,卷76页4;卷89页1;卷90页1。
③ 作者对 the Commander-in-Chief、the Canal commissioner、theImperial commissioner for Canal Administration 的设置情况似乎不太清楚。明廷中央对漕运的最高管理机构是总督河道衙门,长官为总督河道,即 the Canal commissioner,简称"总河",但此职始设于1471年。后来在1505年,明廷一般以都御史衔总理河道,即 the Imperial commissioner for Canal Administration。1451年,明廷才设置固定的专职文官,即"漕运总督",简称"总漕"或"漕标",英文亦是 the Canal commissioner,专门职管漕粮的征收、解运和入仓三大环节。作者认为明廷于1450年设置 the Canal commissioner,应该指的就是漕运总督。
1404年,明廷开始设置武职"漕运总兵官","领十二总,共十二万军队,专职负责漕运",因而英文应为 the Commander-in-Chief。该职与漕运总督的关系是:"总漕、总兵每年八月赴京,会商明年漕运事宜。次年'正月,总督巡扬州,经理(漕船在)瓜(洲)、淮(安)过闸'之事。总兵(分)'驻徐、邳,(催)督(漕船)过洪入闸,同理漕参政管押赴京。'"(彭云鹤著:《明清漕运史》,首都师范大学出版社1995年版,页139)这和作者随后所讲总兵担任"副总督"的意思相吻合。

根据这些情况,我们下面将 the Canal commissioner 译为"漕运总督",将 the Commander-in-Chief 译为"漕运总兵官"。——译者注

留都通常安置闲散退休或被裁撤的官员,但南京和北京都设置了同样一套职官,即是说,六部九卿及其下属机构和职能部门有两套①。五军都督府的设置也是这样。后来,南京被忘却,在这个"南都"的大多数官员无事可做,五军都督也是"日乘马,具名刺相过从饮酒游山而已"②。

在省级政府机构,明朝也未设置首席官员。相反,设置了3名官员,以之分掌省最高行政长官之权。这3名官员就是布政使、提刑按察使和都指挥使(the Provincial Administrator, the Provincial Surveillance Officer, the Regional Military Commissioner)。虽然布政使被认为是法律颁布者,在布政使履行自己的职责,而提刑按察使在某种程度上像一个巡回判案的法官,但是,这两名官员的职责区别并不十分明显。布政使负责执行日常事务;提刑按察使负责缓解民怨,并偶尔对法律作修正。在重要事务上,这3名官员相互协商,并向六部、五军都督府和都察院报告③。

官僚体制一旦建立起来之后,沿袭已久,从未有人设法对之进行改革。即使发现缺点时,也只是进行细小的修补,这样,政府的上层建筑至少在表面看来从未有什么变化。建立这种官僚体制,通过下面方法可以达到:根据政府机构组织,列名指定担任各职,并规定他们实际的职责范围,而此职责同前者并无任何联系。举一个实例,可以帮助说明此点。户部,按照字面意思,是人口部。其内设机构,根据13个行省而分设13个司。涉及两个行省以上之间的事务,如盐税收入、内河航运税收和政府契约等,虽然未规定由何司职掌,但任意地分派给几个司。在同一部内,这种设计消除了同时按照地理疆界和职能需要组织各司的可能性。在15世纪,有一名在户部供职的小官员,他最初

---

① 贺凯:《明王朝的政府组织》,页6。
② 归有光:《震川先生集》(四部丛刊本),卷9页16。
③ 杨予六:《中国历代行政区划》(台北,1957年版),页298。

分派到南京户部陕西司任职,但他实际上负责驻扎在南京附近卫所的谷仓;接着,他虽然转到北京户部浙江司任职,但其实际职责是监督长城上的粮仓。随后,他升官担任贵州司员外郎,但同时,皇帝却非正式地要他住在天津①。

如果一省行政长官出缺,可以用这种方法进行补救:派出都察院左右副都御史,沿着同一线,到不同省份任"巡抚"(Grand Coordiators)。一段来自非官方文献的资料指出,起初,巡抚经常由六部侍郎担任。只是在他们一再遭到地方官员反对之后,明廷才决定,他们在被派到各省省会之前,首先加上御史头衔②。这很容易理解,由于他们拥有了监察的权力,可以统辖地方官,明廷可以期望他们得到地方官的敬重。因此目的,巡抚代天子巡狩,而无固定办事机构③。或许,明廷从未打算永久地设置此职。明廷的整个设想是这样的:即使设置巡抚这种临时性官职,但是也不能违反不能将权力集中在一人手中的原则。但在实际上,一旦任命了巡抚,他们就能把自己手中代天子巡狩的权力转变为执行权力,虽无一省行政长官之名,但有其实。

简单说来,明政府倾向于在前台维持一套僵硬的官僚体制,在后台进行调整和控制。虽然明廷因实际情况而不得不作一些改革,但在同时又尽力维持已经设置起来的官僚体制,甚至为此不惜折中解决官员职能。这样,虽然例外增加了一些临时性机构,但明廷从未设法对政府机构作定期调整,总是继续维持着官僚体制的表面性。的确,此种政策产生了许多异常情况。在官僚体制中,存在着职责规定不明、职务断裂、双套中央政府机构、机构重叠之类毛病。

不过,在漕运管理体制的开始阶段,问题并不复杂。它只是在军队的控制之下。建立漕河体系,是为了把粮食输送到华北。该体系在

---

① 唐顺之:《荆川文集》(四部丛刊本),卷9页21。
② 陈洪谟:《治世余闻》(丛书集成本),卷1页87~88。
③ 贺凯:《明王朝的政府组织》,页41。

开始建立时,就被当做一项军事工程。在建立之前,沿着海岸线输送粮食的人员,就来自普通的军队单位。漕运大通后,明廷罢海运而专营河运,全部运输队就无条件地移向内陆①。陈瑄担任漕运总兵官后,管理、控制漕运达30年(1404—1433)。他的个人影响和威望,毫无疑问地提高了漕运总兵官一职的重要地位②。

漕运重开,是在工部尚书宋礼计划和监督管理下进行的。但是,漕运投入运行后不久,宋礼自己就离开了漕运舞台。由于缺乏文职官员参加管理,陈瑄的权力就从军事性质的漕运范围,延伸到民用和其他性质漕运的范围内。在陈瑄的指导下,开凿了新的渠道,建造了新的堤岸。另外,在河道沿线派驻劳役以维持漕运的命令,以及关于船只通过水门和水闸的调节条例(这些明显属于文职官员的职能范围),在陈瑄的军事管理下发布和加强③。1421年,济宁附近的水门和徐州附近的急流,由军官来管理控制④。这反映了当时占主导地位的是军事统治⑤。

到15世纪中叶,漕运军事管理性质逐渐减少,文职官员的影响日益加强。1439年,以济宁为分界线,漕河分为两段。南段由一名侍郎(Vice-Minister)总理,北段由一名都察院副都御史管辖⑥。

1450年,明廷设置漕运总督一职。此职的地位实际上与漕运总兵官相等,两者对于漕粮的运输监督享有同等的权力。明廷甚至下旨授

---

① 关于漕运体制早期阶段的运作,可以参见星斌夫:《明初的漕运》,《史学杂志》(*Shigaku Zasshi*),卷68期5,页557~610;卷68期6,页720~768(1937年)。
埃得温·O.利斯乔塞(Edwin O. Reischaucer)用英文对星斌夫的文章作了概括,见《哈佛亚洲研究学报》,卷3期2,页183~185(1938年)。
② 《明史》,卷153。
③ 《明史》,卷85页5~6;《明臣奏议》(丛书集成第913~922册),卷29页529。
④ 傅泽洪:《行水金鉴》,卷156页11。
⑤ 在明朝统治早期,军职的地位高于文职。到明朝统治中期,军职地位优越性让位于文职。参见贺凯:《明王朝的政府组织》,页22。
⑥ 《明史》,卷85页7;傅泽洪:《行水金鉴》,卷156页7。

权漕运总督监督从事漕运的高级军官。在履行职责时,漕运总督要和漕运总兵官协调。不过,明廷并未划分两者的职责和职能①。

我们今天可以利用的文献表明,在各种问题上,明廷同时向漕运总督和漕运总兵官下达圣旨②。同样,在上奏皇帝时,漕运总督要和漕运总兵官共同署名。初期,漕运总兵官的名字总是在漕运总督之前;但是随着时间推移,署名先后经常颠倒过来。从所有事实中,我们可以得出结论,该两职设置之初,就意味着他们的地位是相等的。要问有什么区别,视担任者的年纪和个人威望而定③。

15世纪后,漕运总督的地位明显地超过了漕运总兵官。同时,从事漕运的所谓军役,也为普通的劳役所取代。漕运的军事性质明显地降低。倭寇抢劫长江下游地区时,甚至由漕运总督负责军务,从而进一步降低了漕运总兵官的威望和地位。结果,漕运总督一职自设置以后就伴随着明代历史,并同时负责两项职能,即"提督军务兼理海防"。

---

① 关于漕运总督一职的设置,参见吴缉华的大作《明代海运及运河的研究》,页114。

星斌夫认为,漕运总督负责处理漕运组织的外在事务,而漕运总兵官职掌内在事务。参见其大作《明代漕运研究》(*Mindai Soun no Ken-kyu*)(东京,1963年版),页114、140。但是,我们并未发现两职之间存在此种职责区别。

② 这些文件可以在《明实录》中找到。其中一些文件在黄训所编《皇明名臣经济录》(1551年版)中也可发现。《漕船志》在第六部分记载了这些文件。星斌夫和吴缉华在他们各自的大作中,也引用了这些文件。

③ 严格说来,根据官品,漕运总兵官应该位于漕运总督之上,因为前者的实际官品不是正一品、从一品,就是正二品,而后者或者是正二品,正三品,或者是正四品。不过,这种高下之分常常被忽视。

《罪惟录》中提到,担任漕运总兵官的爵位为"伯"或高于伯位,他的座位在左,或者说在年长者方位。参看《罪惟录》,卷27页70。

然而,龙文彬在他的《明会要》(1956年重印本)中指出,尽管如此,在明朝统治后期,漕运总兵官的地位总是从属于漕运总督。前者向后者汇报时,要敬礼,甚至叩头。参看《明会要》,卷2页754。

明代的漕运

　　一些资料说,提督军务兼理海防一职的设置,始于1561年①。不过,《明实录》中至少有一处记载指出,早在1523年就设置了。是时,俞谏担任漕运总督,同时提督山东、河南、北直隶和南直隶等省军务②。然而,到1561年,提督军务的职能才可能永久地划给漕运总督职掌。

　　在此期间,由于已有军事建制已经衰败了,使得漕运总督在组织区域防御时,不得不依靠辅助性军队和新募士兵。在一些情况下,甚至寻求走私盐者——他们类似于西方的海盗——的帮助③。这或许就是为什么要在普通军事组织之外另外设置提督军务兼理海防这种新型职务的原因。进一步讲,1551年到1566年间,至少有4名兵部侍郎受命担任漕运总督一职。另外一名兵部侍郎虽然未担任漕运总督,但是他受命巡抚漕运④。由他们负责保卫漕运,就可以消除完全是外行不懂军事的弊端。

　　可以说,漕运总兵官所起角色只是漕运总督的一个小伙伴,其职责是每年在徐州处理漕船运输⑤。然而,虽然此职是多余的,明廷就是这样认为的,但是,仅仅是由于传统的原因,得到继续设置。直到1621年,或者说,直到明朝本身的统治崩溃前不到25年,才取消⑥。

　　今天,我们至少在两本可以利用的文献中发现完整的历任漕运总督名单。王世贞在其《弇山堂别集》列出了71名漕运总督的名字,他们的任职期间为1451年到1575年⑦。《淮安府新志》所列名单与此差

---

① 《明史》卷73页6中指出,1557年,明廷单独设置了负责军务的"巡抚"。1561年,明廷废除了此职,其职能由漕运总督负责。关于此点,还可参见顾炎武的《天下郡国利病书》,第11册页24。
② 《明世宗实录》,卷23页15。
③ 《明史》,卷199页18~19;卷205页18~19。
④ 李遂是侍郎,同时担任巡抚,但是未担任漕运总督。参见《明史》,卷205。
⑤ 《大明会典》(万有文库本),卷27页11。
⑥ 《明熹宗实录》,卷2页7。
⑦ 王世贞:《弇山堂别集》(1590年刻本),卷61页1~8。

第三章　明代管理大运河的行政机构

不多,此外还包括了建文帝在位期间的 24 名漕运总督的名字①。从《明史》中,我们还可以发现 4 名官员的名字,他们也受命担任漕运总督②。这样,从 1451 年到 1644 年,总共有 99 名漕运总督③,他们的平均任期近 2 年。如果把由于一系列原因(如奔丧、生病、退休、特殊改任和免职等)而导致任期中断这一因素考虑进去,那么这种平均任期看起来同文官三年轮换的政策是一致的。

在《弇山堂别集》所列 70 多名漕运总督中,全部是科举考试出身。前两名漕运总督,即王竑(1451 年受命担任)和陈泰(1464 年任职),是举人出身。名单中所列其他人,虽然任职时期并不详细,但是,根据官员任免制度逐渐加强的情况来看,任何未通过举人以上的科举考试者,能否期望担任漕运总督,值得怀疑。

实质上,漕运总督可以受命担任御史。按照惯例,他是右副都御史。在一些情况下,所任御史级别比右副都御史要低,比如左佥都御史。只有在一些罕见场合,才可以担任高一级的御史,如右都御史。

漕运总督一职出缺时,就由吏部从候选人中任命。通常,吏部要呈上两名候选人,由皇帝选择。吏部在此任命上所起影响相当大。这可以从一个事例中看到:1524 年,皇帝驳回两名候选人名单,要求吏部另提。虽然吏部另提了一份名单,但坚持自己的意见,先前名单上出现的一名候选人,又一次出现在新名单上。到此时,皇帝让步了,按照

---

① 《淮安府新志》(美国国会图书馆缩微胶卷第 348 号,1648 年初刻本),卷 4。
② 《明史》,卷 260 页 22;卷 274 页 2;卷 276 页 19。
③ 任何一份有关文献都不可避免存在着错误。《弇山堂别集》所列漕运总督中有 4 人的名字,在《淮安府新志》中就没有。而《明史》中所列,有 1 名在《明实录》中就没有。有 4 名漕运总督的名字,在不同的文献中都出现。至于历任漕运总督的任期,《明史》和《明实录》的记载,出入较大。
同样,吕兆熊作为漕运总督,写了一篇文章,说他自己是第 86 任。依此推断,漕运总督人数总共只有 94 名。《天下郡国利病书》在第 11 册页 24 中收录了吕兆熊的这篇文章。

吏部意思，任命漕运总督①。

在担任漕运总督之前，候选人的官职通常是各部侍郎。一般说来，他们受命担任漕运总督后，仍然保持原有职务。有一些人在署理漕运总督时，甚至升官任尚书。在这些人中，陶琰（1510年任漕运总督）和杨一鹏（1633年任职）是户部尚书，高友玑（1527年任职）和吴桂芳（1575年任职）是工部尚书，凌云翼是兵部尚书。在那些署理漕运总督的同时仍然官任侍郎的人中，应槚（1551年任职）、吴鹏（1553年任职）、郑晓（1553年任职）和张翰（1566年任职），都是兵部侍郎；络颙（1551年任职）、王廷（1562年任职）、赵孔昭（1569年任职）、王纪（1617年任职）、史可法（1639年任职），都是户部侍郎；姚莫（1524年任职）和刘东星（1598年任职）都是工部侍郎。

一般认为，漕运总督的官品低于尚书。然而，由于是皇帝任命的，漕运总督同尚书打交道时处于同一地位。他向尚书行文时，用"咨"，而不是"呈"。事实上，他们之间的直接联系非常少，通常只是一些例行公事或微不足道的问题。至于性质重要的问题，通常要直接上奏皇上，向皇上提出建议，皇帝采纳后，直接下旨给那些被认为是合适的官员去执行②。

漕运总督一职设置伊始，就承担起地方性职责③。1450年，此职一设置，就同时担任巡抚。但是，他所负责巡察的地区，决不是运河地带。这一地带位于长江以北，有7个府县。虽然这些府县包括漕河穿越的扬州、淮安和徐州，但是其余府县同大运河体系并无直接联系。

---

① 《明世宗实录》，卷45。

② 关于漕运总督一职的设置，参见吴缉华的大作《明代海运及运河的研究》，页114。

星斌夫认为，漕运总督负责处理漕运组织的外在事务，而漕运总兵官职掌内在事务。参见其大作《明代漕运研究》（*Mindai Soun no Ken-kyu*）（东京，1963年版），页114、140。但是，我们并未发现两职之间存在此种职责区别。

③ 《明史》，卷177页9。

第三章　明代管理大运河的行政机构

问题变得更为复杂的是,其中一个府是凤阳——明王朝建立者的出生地。由于洪武帝的祖坟就在凤阳,其安全问题非常重要,漕运总督通常要十分注意。有名漕运总督被永久罢职,不得再入仕途;另一名则被砍头,因为他们任职期间,皇陵有一次被水淹没,另一次,皇陵圣祠被造反者放火焚烧①。

在不同时期,明廷设法免除漕运总督的地方性职责。为此,另外设置了巡抚。在 1472—1473 年、1513—1517 年和 1557—1561 年几个时期,明廷任命不同层次的官员担任此职②。很明显,此种规定的实施并不令人满意,因而除了这些时期外,漕运总督仍然同时兼任巡抚。

在理论上,漕运总督在地方上并无办公处所。但是,工部在临清、济宁、徐州、夏镇、扬州、南旺和清江浦设有分支机构,负责官员由工部尚书任命,3 年一任。他们在任期内,要秉承漕运总督行事,工部尚书反而对他们没有什么控制③。在一定范围内,他们作为漕运总督派往各地官员而行使职责。

上述制度在负责黄河的河道总督永久地设置之后被极大地推翻了。1471 年前,对黄河的治理,不时需要明廷任命一名重要官员前往负责。虽然这名官员来自内阁,但其任期短暂。1471 年,对王恕的任命,第一次将河道总督一职制度化④。由于黄河部分河段同漕河河段合二为一,对前者的管理,不可避免地要涉及后者。更糟糕的是,在大

---

　　①　《明史》,卷 218 页 11;卷 260 页 23。
　　②　《明史》,卷 73 页 6;《弇山堂别集》,卷 61 页 8。后者所列时期有几个,即 1472 年到 1473 年,1518 年到 1521 年,1557 年到 1561 年。
　　③　何士晋:《工部厂库须知》(玄览堂丛书本),卷 9;顾炎武:《天下郡国利病书》,第 15 册页 31~32。
　　也可参看周之龙的《漕河一覗》(美国国会图书馆缩微胶卷第 582 号,1609 年初刻本),卷 7。
　　④　岑仲勉:《黄河变迁史》,页 512~513。

多数情况下,模棱两可地解释皇帝的钦命①。漕运总督和河道总督互相敌对,职能竞争,职责分裂。有时,由于两人吵得不可开交,明廷不得不免去一人职务,安慰另一人。即使是时人,也抨击批评了两职之间的混乱②。

在今天看来,可以说漕运总督的机构设置相互矛盾。漕运总督虽然属于地方性行政管理官员,但他同其他巡抚一样,事实上也拥有公众默认的行政大权。在传统上,漕运总督可以像省行政长官一样行使权力,但明廷绝对没有正式赋予他这种权力。他所负责的区域,本来应该是漕河地区,但并不是,只不过是有半段漕河(其中包括入口处和重要水门和水闸)从中穿越过去。漕运总督有权指导各部在漕河沿线所设分支机构。这些分支机构的主事者虽然必须接受他的领导,但在人事上不属于他的系统,他无权任命,也无权免他们的职务。他名义上虽然属于都察院成员,但是在担任漕运总督期间,很难行使监察权力③。具有讽刺意义的是,他经常遭到来自监察系统中现职御史——负责监督、谏议的大臣④——的责难。有时,这些指控琐碎而肤浅。他还负有军事职责,但是在他对面无所事事地坐着一位来自军事机关的

---

① 傅泽洪在《行水金鉴》卷 165 页 14~15 中,概括了钦命情况。《明孝宗实录》在卷 72 页 8~9 中,收录了 1493 年对刘大复的类似钦命。

② 关于漕运总督和河道总督两者之间的职责混乱(原文为 disoutes,无此词。按照正文意思,指的是混乱。——译者注),可参见《明史》,卷 223 页 13 和焦竑《国朝献征录》卷 59 页 85;59 页 104。也可参看傅泽洪:《行水仓鉴》,卷 165 页 14~15;孙承泽:《春明梦余录》,卷 37 页 6~7。

③ 关于都察院的组织和职能,参看贺凯的大作《儒学与中国的监察制度》(Confucianism and the Chinese Censorate System),载尼维森与赖特(Nivison & Wright)所编《发展中的儒学》(Confucianism in Action)(斯坦福,1959 年版),页 182~208。

④ 原文为 the Supervising Secretaries and Grand Remonstrants。按明制,都察院设左右都御史、左右副都御史、左右佥都御史及浙江、江西等十三道监察御史共 110 人。前面已经提到的右副都御史、左佥都御史和右都御史,原文分别为 Junior Associate Chief Censor、Senior Associate Chief Censor 和 Junior Chief Censor。这里的 the Supervising Secretaries and Grand Remonstrants 不知所指到底是何官职,只好直译。——译者注

武官,其官品还通常较高。

既然漕运总督一职的职责没有清楚地规定,担任者就有机会显示自己的个人特性。既然此职的职掌五花八门,这就需要任职者的才能全面,能够发挥自己的创造性。事实证明,担任此职的,作为一个整体来看,都是一些精力充沛、意志坚强、处理果断的官员。首任者王竑,未经明廷批准,就打开徐州粮仓,赈济洪灾①。12名左右的任职者,用事实证明了他们自己的军事才能。其他任职者,为修建漕河作出重大贡献,为世人称道。还有一些任职者,因沉着地处理宦官——当时一种值得注意的特殊人物——势力而扬名天下。在所有任职者中,最有色彩的是李三才,担任漕运总督一职长达12年(1599—1611),据说,他对待国库就像自己的家财一样,随便支取,慷慨分发。然而,无论是在他所管辖的百姓中还是他所领导的东林党中,他都平易近人。他想辞官时,包括都察院御史在内的同事,一致请求皇帝下令他继续留任。他提出辞职不少于15次。万历帝还未批答时,他就离开了②。

在明代后期,大概只是除了满族人控制的地区之外,漕运总督是京师之外所有地区最有影响的官职。它是明朝官员仕途生涯中最重要的阶梯。我们可以从事实中发现,在91名漕运总督中,有32名随后成为内阁成员。考虑到明代内阁职位经常被势力强大的人物长时期独占,这个记录就值得注意③。

同漕运总督一职相比,负责漕军的漕运总兵官所任角色并不重要。此职并不是人人都觊觎的官职,只不过对武官来说,是可以得到的最高级别驻外官职之一。不过,由于军队集团的地位总体上下降,致使这一度令人相当注意的官职不再引人注目。虽然此职到1621年

---

① 《明史》,卷177页9~10;唐龙:《渔石集》,卷1页18。
② 《明史》,卷231页4;卷232页8~9;谷应泰:《明史纪事本末》(1934年重印本),卷10页8~9。
③ 关于7名尚书的任职期限表,参看龙文彬:《明会要》,卷2页810~812;《明史》,卷111。

才废除,但是,我们仅仅找到了1589年前的任职人员名单①。在185年里,提到的任职者只有29人。他们的平均任期为6年又4个月;这种情况又一次背离了文官服务制度——一种实行更严格的轮换政策的制度——的普通规定。在这29名漕运总兵官中,顾仕隆(1511年任职)和顾寰(1538年任职)是父子俩。陈瑄是1404年任职的首任漕运总兵官,陈锐(1464年任职)、陈熊(1508年任职)和陈王谟(1577年任职),分别是陈瑄的第四代、第五代和第七代后裔。这种从同一个家庭任命,很明显是由于军事系统中世袭制度的影响,而这在文官服务制度中是不存在的。

同漕运总督一样,漕运总兵官同时享有多种头衔。但是,这样的头衔本质上是名誉性的。无论什么时候,都找不到证据表明漕军是他指挥下的军队建制。虽然漕军渊源于分布全国的卫所军队,但属于独立的军队组织。即使沿着漕河每年来回时,他们也从未免除保护漕河渠道的一般职责。在1499年、1528年和1535年,明廷多次下令指示,负责漕军运输的官员,必须是那些漕运当局所要求的人物;如无适当理由,卫所军队不应该放弃自己的职责,或改变任务②。如果这样的指示必须签发,那么就由五军都督府来进行,而不是漕运总兵官的职责,尽管他保持着同军队较密切的联系。

的确,漕运总兵官根本不可能有效地控制军队。漕军在漕河上不停地护卫着漕粮,而漕运总兵官不能随便离开住所。无论是在出发地还是目的地,漕军和漕运总兵官之间并无什么联系。在明王朝统治史上,负责运输的漕军有好几次被用于战斗。1449年,北京受到蒙古族部落威胁时,整个漕军都被召集前去保卫③。1511年,漕河沿线再一次爆发农民反叛时,兵部下令每艘漕船派出一名士兵,独立于原建制

---

① 《淮安府新志》中收录了任职者名单。
② 《大明会典》,卷27页788~789。
③ 《明史》,卷79和卷170。

第三章　明代管理大运河的行政机构

之外，组成新的战斗单位；这样，就从漕军中组织起一支履行特殊任务的军队，护卫运河地区①。1555年，在漕运总督张经的率领下，漕军被动员起来，同倭寇作战②。奇怪的是，在这些事例中，漕运总兵官都未积极参与。既然这样，漕运总兵官所能做的，不过是处理漕河沿线一些杂七杂八的漕粮运输事务。在17世纪，即使是琐碎的问题，也越过漕运总兵官，直接向漕运总督报告③。

除了同吏部协商漕运总兵官人选之外，北京兵部对漕运管理不能产生什么影响。有关职掌漕粮运输的资深官员的提升、降职和转任他职之类事务，涉及的则是户部④。

南京兵部所起作用则较为积极。该机构保持着相当数量、以"马船"和"快船"而著称的船只⑤。马船最初供部落、属国进贡使者乘坐到西南，总共有817艘，雇用20360名水手驾驶。快船被设计出来为水师部队提供后勤支援，虽然在明代后期，其数量大幅度减少，但是根据各种文献的记载，总数在750艘到958艘之间⑥。漕运诞生后，无论是马船还是快船，都被用来为宫廷服务，为宫廷运输物资和生活用品。负责马船和快船的士兵，来自南京附近的卫所；而负责派遣士兵的，则是南京兵部车驾司。

此外，工部也拥有30到60艘称为"黄船"的船只。黄船虽然被用来供皇帝使用，但在大多数时间里，也被用来运输贡品。它们不同于兵部管理的船只，因为它们所运输的物品，诸如龙袍，通常供皇帝个人

---

① 《明史》，卷182页2。
② 《明史》，卷205页7。
③ 这些琐碎事情，正如《漕河一觇》收录的一些文件中所表明。（但是，目前美国国会图书馆缩微胶卷是根据散装原件制成的，页码排列不正确。）
④ 《大明会典》，卷27页789。
⑤ 《大明会典》，卷200页4003。
⑥ 李昭祥：《龙江船厂志》(玄览堂丛书本)，卷1页3;卷1页6;卷2页34。
有关这些性质船只的管理，参见祁承㸁的大作《南京车驾司职掌》（上海，1934年版）。

享用(参见印版图对黄船的描述)。

由于多达12 000艘的船只用于运输漕粮,另外有2 000艘用于运输各种各样的物品,如何维持管理这些船只,就是一大难题。根据船板质量,船只的平均使用年龄为5到10年①。这样,每年需要大约2 000艘新船填补进去。为了打造新船,工部在临清、南京和清江浦,各自建立了一个船坞。宣宗在位期间,由卫所调遣分布在长江以南的船只,规定就地打造,上面提到的三大船坞限于打造漕河河上和沿线船只②。1524年,临清船坞被关闭,打造船只的任务转给清江浦船坞,因为后者获取原料要容易些③。1600年后,南京船坞只打造战船以及兵部管辖下的船只,至于为漕粮船队打造船只的任务,同样归由清江浦船坞负责④。

在这期间,政府所拥有的造船设备分散在不同地方。运输漕粮的船只,由安庆、苏州、北新关、九江、樟树镇和饶州等地船厂打造⑤。但是,这些地方没有一个能在规模上同清江浦船坞相比。当时相当多的有关船坞文献得到保留下来;其中关于船坞组织情况方面的,对于研究此领域的学者来说或许很感兴趣,因为它们提供了许多关于下层官僚体制如何运作的资料⑥。

船坞管理由清江浦工部分司郎中(the director)负责。郎中要履行的职责有几项,虽然其中之一就是他必须保持自己监督管理下的河道畅通,之二就是他要管理好黄河上5座水闸,但是,他最主要的职责是打造运输漕粮的船只。

为了收集打造船只的材料,明政府在清江浦设有检查站。它拦阻

---

① 《明史》,卷79页8;《龙江船厂志》,卷1页3。
② 《漕船志》(玄览堂丛书本),卷1页3。
③ 《漕船志》,卷1页4;卷4页26~27。
④ 《天下郡国利病书》,第8册页47~48。
⑤ 《大明会典》,卷27页813;《漕船志》,卷6页29~30。
⑥ 这一材料主要是根据《漕船志》和《漕河一覕》而得出的。

所有过往私船,以实物征收打造船只原料的货物税,这些实物包括木材、竹子、铸铁、石灰、麻、煤和桐油。至于这些实物以外其他物品,则进行分类,由淮安府负责征收通行税。虽然户部在淮安设有自己的机构,但是与通行税的征收并无关系①。

检查站由有关各方共同管理,淮安知府派一名官员作为其代表负责,清江浦工部分司郎中派一名官员作为助手参与负责。由于该郎中只有基干人员,所以小官吏和职员由淮安知府提供,而卫兵和勤杂工由山阳县从普通劳役中提供②。检查站全部职员大大超过了100名,工部尚书所派代理人仅仅只有3名官员。

无论是检查站征收的实物通行税,还是淮安府征收的其他货物通行税,均受到漕运总督的严密监督。收据和账簿由他签发,所有页码都印上他的官印。所得收入,则由淮安府通判负责保存,分配用来打造船只的资金同样由他经手,从来不直接交给造船厂③。

仅仅在这种制度建立后不久,实物征收就为钱币征收所取代。由于所得收入满足不了需要,明政府不得不从其他检查站收集额外资金④。清江浦工部分司郎中负责收集资金,购买木材和其他必需原料,然后分发到他监督管理下的各船坞。他还必须负责编组工人,分到各船坞;这些工人,要么是劳役,要么是被雇用前来代替服劳役的。

当然,船坞并无类似装配线之类的生产设备;即使是厂房,也非常分散,东一间,西一幢,并不集中。它的场地,由几块长地构成,虽然长2.5到3英里,但仅有30码宽。每块长地,都被分成小块,供各个单位使用,这些单位各自所需房屋由自己解决⑤。有82个卫需要建造船只,与此相适应,就总共有82个单位。对这些单位的管理,通常是一

---

① 《天下郡国利病书》,第11册页43~44。
② 《漕船志》,卷4页9;卷5页12。
③ 《漕河一觇》,卷7;《漕船志》,卷4页9。
④ 《明史》,卷81页18。《明宪宗实录》,卷207页5。
⑤ 《漕船志》,卷1页4~9;卷5页6。

名军官的临时性职责。他来自各卫,级别相当于上尉①。

　　船坞布局清楚地表明,船坞坐落在水边,各个单位作为其"半自给"的组成部分而工作,每个部分或许包括下水设备和停泊设备。船坞工作人员来自政府两个部门。上层管理人员来自文官系统,而下层工作人员来自军事系统。16世纪80年代后,已经组成四大集团的82个单位,重新组成为两大部分。4名军事指挥官由2名文官所取代,这样,军事控制时代结束,进入了由文官左右的时代②。

　　清江浦工部分司郎中能够控制的人员很少,而需要他监督管理的船坞的范围又相当大,因而他不太可能把每个细节都处理得恰当。然而,成化帝在位期间,如果该郎中打造的船只不断出现交通事故,而其原因又是由于原料不完全、工艺出差错,那么他就要负责③。毫无疑问,维持适当的技术水平是他的责任。但是在明王朝统治日益崩溃的时期里,资金不足,严格的技术水平不能再加强,所有细节问题又是由各个单位来处理的,他不可能维持适当的技术水平。

　　这里引起我们注意的是,尽管明代官僚体制被严格地划分为几部分——文官系统和军事系统之间,京官和地方官之间,尚书大臣和朝廷特派官员(commissionary)之间,明显存在着不可跨越的鸿沟,然而下层官僚体制,比如我们上面提到的分支机构,却表现出足够的适应能力,使各个部分能够一致地运作起来。来自各个对立系统的官吏能够组织在一起,官方文件不必经过不必要的渠道而畅通无阻,资金和材料无阻地从这个渠道转到另个渠道。关于这一点,我们不禁要问:为什么明代官员不在事实上接受这一最后的组织体系呢?为什么不把分散的机构组成一套完整的漕运体制呢?为什么不能完全避免组织体系中所存在的附属设置和分离设置的毛病呢?毫无疑问,官员的心

---

① 《漕船志》,卷1页4~8;卷5页6。
② 《春明梦余录》,卷37页9~10;《天下部国利病书》,第11册页12。
③ 《春明梦余录》,卷37页9。

理打算仍然是一大重要因素。这种自主因素的出现,就会完全改变政府机构设置的观念;只是这一个因素,就会致使任何改革政府组织的建议不可能得到完全推行。从实际看法的角度考虑,明代官员的确认为他们维持现存组织体制是正确的。如果不考虑种种因素,尤其是当时通讯不发达的因素,是难以建立一套全面的政府体制的。这样,官僚体制如果过于庞大,是难以管理的,因此不得不设置一些垂直的机构。为了达到权力机构在某种程度上相似的目的,设置了相互竞争的系统和网络。但是在实际运作中,这种条块分割的组织机构难以存在。因此,为了适应地方需要,来自不同系统的有关人员或单位,不得不同它们各自的母体分离,在一起组织成某种新的机构。其结果是,虽然原先正式的组织蓝图并未规定什么工作程序,但这种程序不得不从实际需要非正式地、令人理解地作出。工部所设分支机构,除了临清分司也经营砖厂(其运作与漕河管理没有什么关系)[1]、扬州分司在进入漕河处征税外[2],其他分司的组织情况并不怎么复杂。

对漕河河道的维修,由劳役来承担。管理劳役的,是所谓"老人"[3]。管理老人的,是判官和主簿。这些官员中,有一些清楚地被指明担任管河通判和管河主簿。

在处理整治水利的事务时,上述这些官员要听从清江浦工部分司的布置和安排[4]。这又是一种典型事例,反映了河道管理从现存体制中分离出来了,跨越了不同系统之间的界限。

还有一名官员——漕运理刑主事——也在漕运总督领导下工作。虽然该官员由刑部任命,三年一任,但是明确规定在处理民事和刑事

---

[1] 《天下郡国利病书》,第 16 册页 13~14。
[2] 《天下郡国利病书》,第 12 册页 6。
[3] 关于"老人",可以参看岑仲勉的《黄河变迁史》,页 513。
[4] 《天下郡国利病书》,卷 15 页 37;傅泽洪:《行水金鉴》,卷 165。

案件时，他必须听从漕运总督的指示①。

户部对漕运管理的兴趣，主要在两大方面：漕粮是国家收入的一大部分，沿着河道征税是另一大重要部分。漕粮无须什么计划，它或多或少遵循规定程序办理即可，因而无须多大日常文书工作。1590年前，漕运总督每年秋要在北京同九卿讨论下一年的财政工作情况②。这一会面还可省略许多在外联系。但是，由于某种我们所不知道的原因，这种会面在明王朝统治后期没有举行。

户部自己对漕粮关心的主要原因，是它是一笔重大收入。为此，户部在实际中设置了许多粮仓，统计有多少漕粮输入。由一名户部侍郎，有时由甚至户部尚书本人，负责管理位于北京及其附近的粮仓。仓场侍郎的办公场所由于并不在户部里，因而他拥有的自主权相当大③。由户部管理的其他粮仓，分布在临清、德州、徐州和淮安。在明王朝统治后期，天津也有粮仓。

运河通行税，既不同于工部所负责征收的货物税，也不同于地方政府代表中央政府所负责征收的货物税。通行税税率，根据船头的宽度而定，因为在运河上来往的船只都是正方形的。同设在港口征收通行税的400余收税站相比，明王朝在不同时期，设置在内河和运河上的收税站数目不等，大致为7到12个。这种收税站为7个时，其中4个设在我们正在讨论的漕河上，另外2个坐落在长江以南的运河上。为12个时，有6个分布在漕河上；另外还有1个，其位置尽管不在漕河上，但具有战略性，因而毫无疑问，其收税也影响了漕河交通。我们可以说，在明王朝统治的整个时期里，运河体系所提供的征税口岸，比中

---

① 《大明会典》，卷27页783；卷27页817。也可参看唐龙的《渔石集》，卷3页107~108。
② 《明史》，卷79页9；《天下郡国利病书》，第11册页12。
③ 《明史》，卷72页16。

国其他任何地方都要多①。

受命管理粮仓和征税的官员,任期通常只有1年。根据当时官员的看法,任期之所以这么短,是为了防止个人对担任此种官职的兴趣浓厚,从而不可避免地导致腐败发生②。

御史对漕运管理体制的总体运作,尤其是对贡粮管理,进行了严厉的批评。都察院成员,通常作为"督仓御史"和"运御史"而被派到漕河上。虽然没有明确规定他们的职责,但是,他们积极参与了漕运管理。1610年,户部尚书李汝华在一份请求折中就抱怨说,由于还未任命督仓御史,致使已经到达的船队不能卸货,造成漕河顶端的船只拥挤不堪③。总体上,在明王朝统治后期,特别是在万历帝在位期间,这些监察御史逐渐扩大了手中的权力。他们不仅有权监察日常行政事务,而且对政策的制定拥有发言权④。

在上面论述中,我们还未讨论宦官的情况,而他们的影响决不能忽视。从总体上来说,明代皇帝把宦官当做一种必需的邪恶势力。虽然他们的性格众所周知,令人反感,却离不开他们的服务。在明王朝统治的整个时期,文官一直在同这种宫廷侍从作斗争,而皇帝总是经常站在后者一边。因此,宦官每一次获胜,他们的权力就得到进一步加强,他们更加傲慢自大⑤。之所以出现这种结果,原因之一就是:对自己的成员进行思想灌输和教育、补充和纠察的官僚系统,坚持传统

---

① 关于这一时期税收征收详细情况,参见《明史》,卷81页17;《大明会典》,卷35。关于淮安府税收征收的个案情况,参见《天下郡国利病书》,第11册页43~44。
② 关于内阁大学士应震于1614年阴历二月初三上奏万历帝的备忘录,参见《神庙留中奏疏类要》(燕京大学,1937年重印本),卷5。
③ 鹿善继:《认真草》(丛书集成第2451册),卷6页65~66。
④ 星斌夫:《明代漕运研究》,页137~140。
⑤ 洪武帝和永乐帝都设法限制宦官,但是他们两人都违背了自己的规定。崇祯帝虽然清楚地认识到相信并让宦官处理国务必然产生恶果,但他在位后期,也严重地依靠宦官,授权他们监督军事指挥官和文职官员。参见谷应泰:《明史纪事本末》,卷11页71;卷11页74。

的标准和原则,不愿意同他人妥协,甚至为此藐视皇帝的权威。皇帝虽然总是能使自己的意志贯彻下去,但有时,只有在战胜儒学颇深的官员那所谓"效忠"的反对后,才能得到贯彻。像这样的麻烦,皇帝通过任命宦官以巩固地位的办法,完全加以铲除①。当官僚和宦官两大势力进行斗争时,皇帝倾向于支持与自己密切接触但无什么原则的内侍。虽然在明朝统治日益崩溃时期,内侍才被任命担任各领域重要职位,但早在此前,就已经侵犯了官僚系统对公共事务的控制权。1494年,有一份建议设置工部3个分司的上奏,就是由一名宦官、漕运总兵官和都御史衔河道总督3人联合署名的②。宦官李兴,在二十四衙门③里虽然只是正四品,但是在一份重要官文中,其名字列在一名大都督(a Military Commander)(其官品为正一品)、一名副都御史(an Imperial Censor)(其官品为正三品)名字之前,这深刻反映了李兴享有的实际地位。我们之所以指出这样的细节,是因为有时要考虑到一些细小手续。有人认为,早在1468年,宦官就积极插手国家粮仓事务④。正德帝在位期间,有55名宦官在漕粮运输系统中工作⑤。

　　派遣宦官作为钦差到各省办事始于1598年⑥。运河沿线地区所受影响尤为严重。到1620年召回他们时,在许多地方,他们的个人和专断统治已经取代了文官统治的专门职能。在漕河管理系统里,他们左右了粮仓、补给仓库、收税站。不过在其他机构和系统,比如造船系统、水利系统和处理贡粮的军队单位,看起来仍然拥有相当的自主权,仍未受到宦官的干涉。

---

① 还可参见贺凯的《明王朝的传统中国》,页56。
② 《天下郡国利病书》在第15册页31~32中收录了此文件。也可参看《明史》,卷15页5。
③ 原文为 the civil service。明代中央官制,分文官系统、武官系统和宦官系统。宦官系统即"二十四衙门",因而 the civil service 应译为"二十四衙门"。——译者注
④ 永瑢:《历代职官表》(四部丛刊本),卷8。
⑤ 《明史》,卷194页5。
⑥ 《明史》,卷81页20,以及卷305;《天下郡国利病书》,第12册页6~7。

第四章
漕粮运输

本文研究的性质和可以利用的资料种类,决定了我们在探讨漕粮运输时,既要避免严格的课题式讨论,也要避免按年月堆积资料式的讨论。相反,我们要设法把这两种方法结合起来研究。我们在概括漕运制度的基本轮廓时,要设法探讨其早期运作情况。此后,我们要探讨运输机制的组织情况。虽然这是一种截面式的研究,但是重点在于探讨明代中叶运输组织实际运作情况。在本章最后一部分里,我们要探讨北京粮仓是以何种方式拨付粮食的;与此同时,我们还要评价明代后期的漕运制度运作情况。这种分期决不是非常严格的,虽然必然有一定的交叉和重叠,但是,这反而可以使我们到达双重目的——既可以对漕运作出大致叙述,又可以同时对此作出分析。

一、漕粮制度的发展

在明代,漕粮是土地税不可分割的重要组成部分。在征收土地税时,明廷最初是按照如下规则行事的:首先,土地税征收通常是以实物进行,只有在特别情况下才采取钱币缴纳形式。其次,交付的土地税移交到明廷认为合适的地方保管;至于运输费用,则由纳税人负责。再次,规定每府要征收多少土地税。数量定好之后,只是偶尔作一些调整,税额就永久固定下来①。

在实施这一基本规则时,明政府作了一次全国性的人口普查,登记人口总数。居民一旦登记注册后,未经官府批准,既不能随意改换行业,又不能随意迁移住所。他们的子嗣,也只能沿袭户籍和父业②。明王朝建立者所关心的,是如何建立一个永久的政治统治体系。行业非常复杂,不可改变;国家的管理费,是固定的。

在明王朝统治早期,明廷规定用粮食来呈交土地税,全国税额总数接近2 950万石。其中,大约1/5是小麦和大麦,于夏季征收。其余部分主要是大米,于秋季征收。除了征收粮食外,明政府还要征收丝绸、大麻、棉花和布匹等③。

在理论上,2 950万石永远是最高限额。在整个明王朝统治时期,都不应该突破此限额。基本税率经常下降,很少上升。在明王朝统治后半期,由于花费超过了收入,明政府征收一些新税,称为"附加税""额外税",或"特别税"。但是,明政府从未打算把这些新税种永远固定下来。

在2 950万石中,有1 200万石由地方政府支配,作为官俸、行政费、抚恤金养老金之类、赈济费、官府学校费和地方粮仓储存费④。另

---

① 明政府虽然似乎未正式颁布这些地方性法规,但是自始至终都在推行。关于土地税以实物征收的情况,参见《明史》,卷78页1~3;《明会要》,卷2页1010。

关于运输费由纳税人承担的情况,参见《明律解附例》(1908年重印本),卷7页5~6;《明史》,卷79页1。

关于各州县承担税额永久固定的情况,参见下列事例:

扬州:218 896石。见《天下郡国利病书》,第12册页97;

武进:正常征收54 581石,额外征收粮食25 102石,银9 151两。见唐顺之:《荆川文集》(四部丛刊本),卷9页23~24。

② 《明史》,卷77页2;卷77页5;韦庆远:《明代黄册制度》(北京,1961年版),页22。

③ 《明史》,卷82页18。

④ 《明史》,卷82页18。

外800万石,主要在华北征收,作为驻守西北前线军队的军粮①。其余不到1 000万石的税粮,供中央政府花费。在从这1 000万石支出120.8万石给南京后②,北京所得总数在820万石左右。所谓漕粮,就是土地税的一部分。除了这820万石和除了用钱币交付之外,贡粮实际上移交到中央政府粮仓。

纳税人到规定地点交税的义务,始于1368年,即明王朝建立的这一年。在该年,明政府规定长江以南9府的人民呈交300万石税粮到河南,支持明军到华北作战。后来,随着军事行动向北进一步延伸,明政府命令陕西、山西两省居民同样履行纳粮义务③。

明政府设置运输组织始于1370年。许多军船,由10 000名士兵驾驶,从淮河和长江入海口出发,沿着海岸向北航行,到达东北西南段。到14世纪末,每年沿着海岸航行运输的粮食,达到700 000石。从事海运的士兵,逐渐增加到80 000名④。

在永乐帝在位期间,北京首先成为明王朝的中心,接着成为全国的首都。明廷还发动几次针对内蒙古游牧部落的惩罚性军事行动。因这两个原因,南方所承担的供应任务加重了。一方面,由军队承担的海运仍在继续,另外,明廷下令河南、山东和淮河地区的纳税人向北京提供粮食⑤。正是由于陆上运输的推进,明王朝设想如何设置漕运体制。

1415年,明王朝敞开运河水道,用于交通;船只经越陆上水路运输,海运不再继续。送往北京的粮食,全部走内陆水路⑥。百姓把要承担的粮食运到淮安,由军队运输单位接收。徐州、德州和临清是漕河

---

① 《明史》,卷214页6。
② 《昭代典则》(1600年版),卷28。
③ 《明史》,卷79页1。
④ 《大明会典》,卷27页777。
⑤ 《明史》,卷79页1;《大明会典》,卷27页777。
⑥ 《明史》,卷85页6;《大明会典》,卷27页778。

上几大运输中间站,运来的粮食从这里转运到北京。明人称此程序为"支运"①。

1492年,明廷规定纳税人必须将税粮进一步向北方运输。只有来自江西、湖广和浙江的转运,在淮安同以前一样,不用卸货。从长江中游府县运来的税粮,在徐州交卸。来自南京附近和长江以北府县的税粮,在临清交卸。来自河南和山东两省的税粮,则在北京交卸②。

两年后,负责漕军运输的漕运总兵官陈瑄上了一份奏折,大意是建议解除百姓长途奔波运输的负担和痛苦,在更有利于纳税人的地方交卸税粮,由官军来运输。在明廷最终采纳推行时,百姓的运输负担并没有解除。只是到这时,明廷规定在正常税额之外又征收额外费,用于补助运输的花费和损失。但是,那些自愿运输的纳税人,可以自己运输。这种新程序,称为"兑运"③。

"兑运"推行到1474年。是年,成化帝下旨规定,自此之后,所有粮运任务由官军承担。直到此时,仍有700 000石粮食通过"支运"方式进行。官军原地接收任务时,这700 000石粮食计划以"改兑"方式运输。之所以称为"改兑",是为了同"正兑"相区别。"正兑"指的是,

---

① 《明史》,卷79页2;《大明会典》,卷27页778。
② 《明史》,卷79页2;《大明会典》,卷27页778。
③ 《明史》,卷79页3;《大明会典》,卷27页779;《明宣宗实录》,卷80页9。

第四章 漕粮运输

军队在几省各地已经承担运输的粮食①。"改兑"这种新方法规定实行后,漕粮运输就进入了"长运"时期。自此之后,除了短时期被中断外,"长运"一直推行到明王朝崩溃,未发生什么变化②。

额外费的征收情况非常复杂③。大体说来,其多少是根据运输路程长短而定的。这看起来符合逻辑,但是,不仅未清楚地规定同运输量相加的百分比,相反,额外费被分成 12 个左右的不同项目进行征收。比如,就渡过长江进行运输的漕粮来说,增加了摆渡费;对从江西开始起运的漕粮来说,由于不得不渡过鄱阳湖,也征收了类似的摆渡费。从某些地区运输粮食,所需费用要少些;而在其他地区则不是。我们认为没有什么规章的,是所征收的"正兑"额外费一般远远超过"改兑"额外费。部分原因在于,到 1474 年,漕河运输环境已经改进了,已经在仪真安装上水门了,运输所需费用大幅度减少了。因此,"改兑"额外费根据新比率而定;同时,"正兑"额外费征收的高比率,

---

① 瞿同祖在其大作《清代中国地方政府》(*Local Government in China under the Ch*-*ing*)(马萨诸塞州坎布里奇,1962 年版)一书中,把"正兑"称为"直接的纳贡"(direct tribute),把"改兑"称为"间接的纳贡"(indirect tribute)。他还指出,前者运到北京交卸,后者运到通州。参见:《清代中国地方政府》,页 140。韩丁的解释与此相同。参见其大作:《清代贡粮制度》(The Grain Tribute System of the Ch'ing Dynasty),见《远东研究季刊》,卷 11,期 3,页 340(1952 年 5 月)。

这或许是清政府采取的政策,但并不是明代所确定的。在明王朝统治时期,无论是"正兑",还是"改兑",要么运到北京,要么运到通州。它们所确立的时期是不同的,而不是运往目的地不同。在 15 世纪 70 年代之前,由官军运输单位负责运输的漕粮,称为"正兑";到此后才由官军接管承担运输的,才称为"改兑"。按照规定,对后者征收的额外费,比前者要少。关于此点,还可参见星斌夫的大作《明代漕运研究》,页 64~68。

② 明廷规定推行"改兑"、终止"支运"的具体时间,不能确定。在当时的几种文献中,要么说是 1471 年、1474 年,要么是 1475 年。见吴缉华的《明代海运及运河的研究》,页 127~128。很有可能,"改兑"开始推行时,只是在几个府县进行,随后才延伸到其他府县。在这几年里,明廷还推翻了自己的命令,引起政策动摇不定。参见星斌夫的大作《明代漕运研究》,页 66~67。

本文根据当时大多数文献的记载,把 1474 年当做分界线。即使在这年,"支运"也未完全终止。直到 1507 年,还有漕粮通过转运方式进行。参见《明史》,卷 79 页 6。

③ 关于额外费征收的种类,参见《大明会典》,卷 27 页 779~780。

由于已经推行了40多年,似乎没有强有力的理由将之降下来。更重要的是,程序上发生了变化。征收"正兑"税粮时,无论是以什么容器征收,都让粮食溢满出来;而在征收"改兑"粮食时,溢满部分是要拿掉的。这种区别也影响到额外费的征收,从未改变;即使改用钱币征收后,也仍然如此。在16世纪50年代的扬州府,征收1石"正兑"税粮,纳税人要缴纳1.73石;而征收1石"改兑"税粮,纳税人只需缴纳1.27石。用钱币缴纳后,前者1石粮食兑换为1.2两银子,后者仅仅为0.7两①。

最终,额外费经常征收的变化幅度,在最重的"正兑"80%到最轻的"改兑"17%之间;这意味着明帝国臣民要缴纳的土地税多少是不同的。由于明廷所关心的仅仅是完成税额的征收,至于如何征收则交由地方政府处理,这样就为各省官员及其附属人员任意处理额外费征收打开了方便之门。巡抚任意地命令一个县的百姓根据"正兑"幅度缴纳土地税,同时却又命令另一个县的百姓根据"改兑"的幅度来缴纳。

几个明代皇帝都设法减少和限制额外费。但是,当时的种种事实表明,他们的旨意并未得到全面执行,混乱局面和过度征收情况并未得到纠正②。到明王朝统治末期,高出基本税额70%的情况在南方省份非常普遍。在苏州府,一些额外费加起来是基本税额的216%;不过,这是一个极端的事例③。这种复杂情况,不仅在明代一直存在,而且为清代所沿袭,继承下来④。

漕粮制度也影响了以其他账目进行计算的国库收入和土地税收

---

① 《天下郡国利病书》,第12册页95。
《明史》在卷79页5中记载说,1492年后,从未超过1石粮食1两银子的比率。这种情况只有在不考虑额外费的情况下才是事实。
② 《明史》,卷78页3~4。
③ 《天下郡国利病书》,第6册页13。
④ 瞿同祖:《清代中国地方政府》,页140~142;董恂:《楚漕江程》(1852年版),卷1页43~44。

入。1436年,正统帝下旨创造了所谓"金花银"。在福建、广东和广西等省征收、由北京接收的土地税,以及在南直隶、浙江、江西和湖广等省一些特定府县征收的土地税,总数为400万石,规定永远用钱币缴纳。以0.25两银子兑换1石粮食计算,此笔收入可得100万两银子。"金花银"一词也因此出现了①。

粗略看来,金花银似乎同漕粮和漕运并无什么关系。但在实际上,它们之间的关系非常密切。在其他原因中,以钱币缴纳的主要原因,是不能将粮食经济地运到北京。政策制定者指出,漕粮出发地要么离京城太远,要么不能经由内陆水路运输。还有一个原因,他们没有提到,就是由于必须运输的粮食的数量庞大,在任何情况下都会超过漕河所能承受的运输能力。关于此点,我们可从如下解释:正如各种文献资料中都提到,在漕河上从事运输的船只总数超过11 600艘②。在繁忙季节里,如果这些船只都来往于漕河上,那么平均密度就为每英里10艘船。由于船只的标准长度为52英尺③,船只之间距离就大约为9艘船的长度。这种距离长度,是以这种情况为假设的,即这10艘船只同时朝着一个方向行驶,相互之间的距离相同,行驶速度相同;既未受到其他类型的船只带来的妨碍,一路上也未受阻于任何障碍。如果某段河道发生拥挤,出现的情况就会比此幅草图竭力要描绘的情况糟糕。正如我们在第二章中所指出,狭窄的水门经常阻碍船只顺利航行。虽然漕船的标准宽度为9.2英尺,但是,由于在打造时缺乏工厂管理,常常超过此限度,其中一些船只的最大宽度达到11.2英尺。它们几乎是紧缩着身子,才能穿过宽度仅为12英尺的水门④。我们很容易想象到,这种情况很容易导致延误和拥挤。利玛窦就在其

---

① 《明史》,卷78页3~4。
② 《明史》在卷79页7中所列船只总数为11 770艘。但是《大明会典》在卷200页4006~4007中说,从事海运的船只为525艘,漕运船只为11 618艘。
③ 《漕船志》,卷3页15。
④ 宋应星:《天工开物》(万有文库本),卷2页172。

《札记》中指出:"船的数量是如此之多,经常由于互相拥挤而在运输中损失许多时日,特别是当运河水浅的时候。"①

标准漕船的载物量,通常为400多石。但是,如果整船装满,遇到漕河沙堤处和浅水处,就难以通过。如果再加上额外漕粮和私人货物,整个运载量就超过了规定的数额。这些数据表明,就明政府所关心的漕粮运输来说,漕河最大的运输承受能力在每年400万石到500万石之间。在由中央政府接收的820万石中,大约有400万石不能从漕河运输到北京。因此,永久地规定用钱币缴纳,就不可避免了。

从整体上说,纳税人是欢迎以钱币缴纳的。嘉定府规定用银子缴纳土地税时,百姓就树立了一块石碑,表达他们的感激②。在明廷宣布永久地用钱币缴纳后,土地价格经常上涨得厉害。在某些特定地区,许多借款者先前以自己的土地所有权作为借贷担保,此时要求收回;这导致纠纷不断发生,明政府随即颁布了许多适用性法令规章③。在明史上,1436年公布施行的"兑运法",是一项具有重大历史意义的文件,但是,兑换比率存在不足,应给予某种程度的批评。

洪武帝于1376年设置土地税制度时,规定粮食和钱币的兑换率为1石大米兑换1两银子,1石小麦兑换0.8两银子。1397年,下降为1两银子兑换4石粮食④;不过,这是一项短暂性的措施,目的在于解除华北地区贫困百姓拖欠税款的负担。1436年"兑换法"颁布后,恢复了1397年的低比率,并将兑换率永久地规定下来。到正统帝在位期间,明廷的慷慨措施肯定是众所周知的了。但是,这种慷慨行为同

---

① 利玛窦:《十六世纪的中国——利玛窦札记(1583—1610)》,页306。
② 《古今图书集成》,第690册页34~35。
③ 《天下郡国利病书》,第6册页13。
④ 作者未指明是大米还是小麦。——译者注

样不可避免地导致后来好几代皇帝的国库收入减少①。奇怪的是,在明王朝统治后期,明廷讨论如何增加全国附加收入时,也没有人建议提高金花银的比率。明代官员或许认为应该永远继承早期皇帝的宽大行为。他们要么没有发现,要么故意忽视这样一个事实,即1436年颁布的"兑换法"用意虽好,但只是有利于这样一些纳税人,明政府随后规定他们承担的税款,通常是按照0.7两或1两银子兑换1石粮食的比率;而未照顾到另一些纳税人,他们继续以实物缴纳土地税,其中包括所占百分比非常高的额外费。总而言之,从税额规定好之日起,随着时间的推移,一些纳税人不得不缴纳高出原先规定的1.5倍以上,另一些纳税人则仅仅缴纳原来份额的1/4。产生这种差别的主要原因,是当时主要的运输环境和一时期的政府征收方便。在明王朝统治后期,金花银落入皇帝手中,专门供他个人花销,从而进一步减少了国库收入。

1472年,成化帝发布上谕,规定运往北京的漕粮永久地固定在400万石上。另外的190 000石运到临清和德州,作为紧急储备粮。如果400万石数目中出现什么差额,就用紧急储备粮来填补②。这道上谕是明廷所颁发的一系列规定漕粮运输命令中的最后一道。因此规定的419万石,不过是对已有漕粮的确认。先前规定的运输数额和漕河所能承受的运输量,就是期望漕河水道所能运输的数量。事实上,在1472年之前的30年里,明廷还未规定数额时,每年运往北京的数量自然而然地达到400万石(参见附录二)。

在这一联系上,我们可以进一步指出稳定性就是漕运体系运作的一大显著特点。它基本上反映了明廷努力根据预定计划,固定国库收

---

① 《明史》,卷78页3。
还请参见玛丽安尼·里加(Marianne Rieger)的大作《明王朝(1368—1643)的财政收入与农业》(Zur Finanz und Agrargeschichte der Ming Dynastie),载《汉学研究》(Sinica),1937年,期12页130~143、235~252。

② 《明史》,卷79页4;《大明会典》,卷27页779。

入和支出。即使在漕运体系的早期运作中,也即在运往北京的漕粮的数量变化极大之时,明廷的基本政策也是朝着这个方向发展的。

有文献记载表明,早期运往北京的漕粮数量,在1416年为280万石,次年上升到500万石,接着在1420年突然下降到60万石。在短暂下降之后,又开始上升,并一直上升到1432年的670万石。到1435年,年运输总量才接近固定在400万石上。这种数量波动,发人深省。不过,如果将之连同其他历史因素在一起加以考虑,并在一个更广大的参考范围加以探讨,就很容易得出早期上下波动的原因。

在漕运体系运作的早期阶段,漕粮运输需要中转。分布在漕河沿线的朝廷粮仓,所储藏的粮食数量很大。漕河全线的运作,非常灵活。运往北京的漕粮每年实际数量,既不一定反映是年粮食收入情况,也不一定同京城的花费数量相吻合。进一步说,明史上发生了几次重大的全国性事件,影响了漕粮的运输。很明显,1420年北京漕粮急剧下降的原因,就是明廷准备于1421年新年将北京定为首都,漕河的人力和运输船只被占用。1432年创纪录、此后从未超过的670万石,就是在漕军运输组织设置起来之后出现的。这表明:虽然我们并不知道新程序是如何影响漕粮运输数量上升的,但是,它们之间必定存在着联系。清理各省的朝廷粮仓的积储,可以使漕粮运输量上升;1432年是特殊的一年,不但百姓在运输,政府也在运输,双重运输机制也可以使漕粮运输数量上升。不过,这并不表明整个670万石都是在漕粮原地征收、通过漕河全线运输到北京的。

从总体上说,在漕运的前19年(1416—1434)里,每年的漕运数量很不相同,没有证据证明运输量波动是供应情况引起的,还是需求状况引起的。如果把这19年里的每年运输量加在一起,总数量为7 335万石,年平均则为386万石。这一平均数,接近于后来时期的年运输量。即使在这19年的前8年(永乐帝在位的最后几年)里,总数量达到2 560万石,年平均量为308万石。这一年平均量,虽然略低于后来

第四章　漕粮运输

出现的记录,但并未完全超过可以比较的范围。

由于导致漕运量上下急剧起伏的原因是不寻常的环境,可以说漕粮的流动非常稳定。在明王朝统治的整个中期,无论从何方向运输的漕粮,其年平均量都未过于超过或少于 400 万石的标准。1435 年到 1486 年间,最大的运输量是 1445 年的 460 万石,最少的是 1464 年和 1469 年的 335 万石。从 1487 年到 1520 年的 34 年里,每年的运输量均为 400 万石,从未中断过。

漕粮毫无例外地来自 6 个省,即南方的南直隶、浙江、江西和湖广,北方的河南和山东。400 万石里有 3 244 400 石来自前 4 省,755 600 石来自后 2 省(参见附录 3)。在各省承担份额中,南直隶特别区的负担尤其沉重,要承担 1 791 430 石;或者说,要承担占全国总数的 44.78%。在这一特别区内,只是苏州一府就承担了 697 000 石,占全国总数的 17.3%。同苏州府相连的松江府,承担了 232 950 石,占全国总数的 5.82%。这两府的承担份额,超过了在所有几个边远省份征收的土地税的总和。在明代 159 个府州中,这两府的地位是独一无二的。在整个明王朝统治时期,许多官员都代表这两府的纳税人讲话,要求减轻他们过重的负担。

不过,近来的研究看来找到了证据,证明明政府在减轻过重的税征。根据 1491 年调查,苏州府在册人口为 2 048 097 人,占全国总人口的 3.84%。政府所征收的全部土地税,不包括杂七杂八的税种在内,总数为 2 091 000 石,占全国总数的 7.80%。松江府在册人口为 627 313 人,占全国总人口的 1.17%。政府所征收的全部土地税,也不包括杂七杂八的税种在内,总数为 1 031 000 石,占全国总数的 3.69%[①]。很显然,这两府的税征,以人口为基础计算,超过了全国平均数的两倍。但是,一些学者指出,这两府拥有大片大片的官地,它们

---

① 土地税定额是根据《大明会典》在卷 24 页 641~668 中的记载而得出的。而人口数是以该文献卷 19 页 498~516 中的记载为根据的。

是明王朝建立者没收其政治反对者的土地。迄今为止被混乱地称为土地税的东西,实际上包括应该归于政府的租金①。此外,在上面的征税中,大部分是用金花银交付的;而金花银,正如我们在前面指出的意味着土地税缴纳的比率实际上在减少。1621年,有名巡抚上奏,提到苏州、松江、镇江和常州等府缴纳上来的金花银,总数为365 136 两②。按照4兑1的比率,这一数目应该完成的税额为1 460 556 石。分配给这4府的土地税,连归政府的租金包括在内,为4 064 900 石③。这样综合起来的税额,其中有36.93%用金花银形式交付,而与此同时,同应缴纳的土地税全国总额相比的金花银(金花银为粮400万石,土地税收入总额为粮2 950 万石)来说,其在全国范围内的比率,仅仅为13.56%。换句话说,虽然分配给前面提到的几府地区的税额,按照基本份额规定似乎太多,但是,纳税人从某种潜在的有利条件获利,他们实际缴纳数因征收比率而大大减少了。

至于添加到土地税上的运输费的征收,我们也没有找到证据表明前面几府地区所缴纳的比自己应承担的份额要多。我们在前面已经指出,在明政府所征收的2 950万石的土地税中,运往前线卫所的,运往首都和留都的,以及储藏在临清和德州的,加起来为13 470 000 石。这说明,在全国范围征收的土地税中,有45.66%部分给明政府带来了某种运输负担。从苏州起运的税粮,在所征收的土地税中占33.33%;从松江起运的,占22.59%。尽管这两府还必须承担其他负担,比如为宫廷提供去掉壳的大米,但是,它们的负担并不比必须向前线卫所供应800万石粮食的北方省份要重。更重要的是,长江三角洲的经济环

---

① 《天下郡国利病书》,第6册页94;第7册页4;卷8页52;周良霄:《明代苏松地区的官田与重赋问题》,《历史研究》,1957年第10期页65~66。
② 《天下郡国利病书》,第6册页47。
③ 《大明会典》,卷24页641~668。

境在这一时期稳定地向前发展；其发展动力,大部分是丝纺织业①。明廷希望这一地区能够承担更多的税额。1626年,苏州遭受洪灾。虽然这是它曾经多次遭受巨大洪灾之一,庄稼遭受严重灾害,然而知府同本地士绅协商收集资金,从湖广购买税粮。纳税人没有向官府表达任何抱怨,十分平静地完成了自己的承担份额②。之所以如此,可能是由于当地社会总体上来说是繁荣的。

然而,在长江三角洲地区,尤其是在苏州府和松江府任职的官员,看起来在完成年复一年的份额任务时,遇到了实际③困难。这种情况不仅存在于明代,在清代也很难改变④。导致拖欠税收的原因是什么呢？难道是因为政府土地被既不缴纳政府租金又不缴纳土地税的当地士绅侵占了,而同时正如一些资料表明⑤,负担转嫁到农人身上了？或者是由于长江三角洲的可耕地数量大幅度减少了？城镇工业化同这一切有何关系？在能确切地回答这些问题之前,我们必须作更全面的探讨。此时,即使我们知道是由于漕运长江三角洲物产便利的原因使得该地所承担的税粮百分比要高,也不能将此当做确切的证据,以证明该地百姓所承担的税额过重了。

概括说,我们认为漕粮是明代土地税中不可分割的重要组成部分。虽然漕粮是作为土地税的一部分而开始征收的,但是在实际发展

---

① 宫崎市定:《明清时代苏州轻工业的发展》,《东方学》,卷2页64~73(1951年8月)。

西鸠定生:《支那初期棉业市场的考察》,《东洋学报》,卷31期2页262~288(1947年10月)。

傅衣凌:《明代江南市民经济试探》(上海,1957年版)。

尚钺:《中国资本主义生产因素的萌芽及其增长》,《历史研究》,1955年第3期页89~92。

刘炎:《明末城市发展下的初期市民运动》,《历史研究》,1955年第6期页29~59。

② 顾炎武:《亭林余集》(四部丛刊本),卷13。

③ 原文为geniune,有错,应为genuine。——译者注

④ 瞿同祖:《清代中国地方政府》,页133。

⑤ 《天下郡国利病书》,第7册页3;第7册页4。

中,变成了一个决定性因素,极大地控制了整个税收体制的发展。"正兑""改兑"和金花银——或者直接来自运输方式,或者间接受其影响——仍然是财政收入的一部分。公平地说,漕运体制在稳定性方面表现出它具有强有力的特点。但是,它同样给明王朝财政经济政策的制定带来了一些限制。由于要处理相当数量的税粮,政策制定者总是把自己束缚在漕粮经济的观念里。仅仅从这一因素,我们就可以推断明政府的财政经济是极端狭窄的。在明廷1436年、1472年和1474年发布一系列上谕之后,它的整个漕运体制深深地树立起来。随后的历代皇帝将之完全继承下来,不仅从未想过进行任何重大的改革,而且连细小的修改,都很难去推行。额外费的征收,不得不遵循早些时候的先例。几种土地税之间的差别,从未得到消除。在一定程度上,漕粮体制和漕运管理也影响了中央政府和各省之间的关系。在传统的中国,朝廷总是掌握着无限的权力,它没有必要为确立中央和地方的权力关系而同各省协商。但在事实上,由于距离遥远,通讯条件差,中央政府很难全面发挥和使用手中权力。某些处理惯例接踵而来,双方最终根据惯例达成默契。在看似严密的集权体制下,地方上取得了相当大的自主权①;财政经济方面的权力,也是如此。从理论上讲,制定什么政策,推行什么政策,由皇帝决定。他那收归国有和没收的权力,从未遇到挑战;他的征税权力从来就是毋庸置疑的。但在实际中,他只能得到其代理人和船队所能带来的东西。由各省永久地分担的税粮,其数额是不可改变的。金花银征收的制度化,是明廷将漕粮分成两部分的最后一次尝试。该制度一旦设置起来之后,明廷就未采取什么措施加以修改。在许多地方,上缴中央政府之后,留下来的就成为当地士绅和官吏(他们拥有自己的账房)的收入及掠夺的对象②。在

---

① 爱德温·O.里肖尔和费正清(Edwin O.Reischauer & John K.Fairbank)合著:《东亚大传统》(*East Asia:The Great Tradition*)(波士顿,1960年版),页304。
② 还请参见贺凯的大作《明王朝的传统中国》,页34~35。

明王朝统治后期,中央政府未能成功地增加收入,虽然这毫无疑问就是众多供应制度崩溃的结果,但也反映了明廷无力取消各省自己制定的政策;而这种政策规定了各该省自己能够得到多少收入。

二、军运组织——漕军

在漕粮年运数额、征收比率和各地承担份额这些所有问题解决之后,就需要 121 500 名漕军来负责运输。这些士兵来自 124 个卫。来自各卫的分遣队(detachment),拥有自己的管理机构和船只,仍然作为一个独立的建制。由 6 到 19 支分遣队组成 1 总(division),专门负责某地的漕粮运输。总共有 12 总①。"把总"通常是由"指挥"或"都指挥佥事"担任。在一些情况下,"把总"则是由"都指挥使"担任②。

如何组织漕军,是根据有关运输漕粮的省份的情况而定。湖广、山东和江西的把总,除了听从设在凤阳的"中都留守司"指挥外,还须听从设在这些省份的有关指挥使的指挥。浙江省设有 2 总,同样听从指挥使的指挥。但是设在南京地区的 2 总,却在留都兵部的指挥下。有 4 总,是由驻扎在北京的中军都督的指挥下;其中有 2 总设在淮河下游地区,另外有 2 总设在长江下游地区③。

---

① 《大明会典》,卷 27 页 784~788;永瑢:《历代职官表》(四部丛刊本),卷 60 页 2~3。
但是,《古今图书集成》在第 690 册页 20 中指出,牵涉到的卫有 140 个。此外,该文献还列出了从事运输的漕军人数为 126 800 人。《明史》也给出了一个数字,为 120 000 人。参见《明史》,卷 79 页 7~8。
② 关于这些军职的英文,由本人负责。
③ 《漕船志》,卷 6 页 17~18。
明廷设置了一个独立的军事组织,称为"遮洋总"(Shaowing-the-Ocean Division)。它在天津、德州和徐州设有分队,负有在渤海湾进行短途运输的任务。1458 年,海运中断。1567 年,"遮洋总"正式解散,人员为其他组织所吸收。参见星斌夫的大作《明代漕运研究》,页 320~356。

各总"属于"谁,由中国军事传统所特有的程序所决定。一个军事单位从其母体组织中分离出来从事另一性质的任务时,它与母体组织的关系就完全断绝。就"总"的设置事例来说,12 总组成了一支独立的漕军组织。在野外,各个把总享有很大程度上的自主权。在处理有关漕粮运输事务时,他们要向漕运总督和漕运总兵官汇报。不过,在处理有关普通人事行政事务时,如提升、降职、退休、转职等,有关文件就必须呈交给原母体中心机构来处理。

分遣队的指挥官有"指挥""千户长""百户长"和"总旗"。这些职务如何设置,取决于分遣队的大小;这在各卫是不同的。最大的分遣队,拥有 336 艘漕船,最小的仅有 5 艘①。每艘船设 1 名"小旗"负责,一般管辖 9 名水手,其中一名是"纲纪"②。

每年漕粮运输分担数额的命令,经由行政渠道(command channel)下发。每项命令,指明了漕船数、船队所属的特定的卫、运到何地及所运漕粮数量。漕粮转运和装上船后,只有小旗和纲纪才能上岸,其他船员必须留在船上。在处理有关运输事务时,漕军要把一种特殊的官文交给当地知县,由知县签名确认,然后迅速呈交到淮安。漕军一方无论有什么过失,都必须向漕运总督报告;相应的处罚是必不可少的。不过,地方官是无论如何也不能扣押漕军的,除非他们所犯罪行是死刑。即使如此,犯罪者也须押送到淮安,由漕运理刑主事审判③。

指明运往何港的规定,在各省是不同的。在湖广,漕粮集中地是新州、汉口和城陵矶④。在长江下游,虽然我们还未发现名单,但是集中地非常多。我们在编年史和一些特殊情况下发布的文件中,至少找到了 6 处有关长江下游地区漕军和当地衙门争论的记载,它们给人的

---

① 《漕船志》,卷 4 页 2~12。
② 在明王朝统治后期,纲纪被去掉。参见《春明梦余录》,卷 37 页 8~9。
③ 《古今图书集成》,第 689 册页 35;第 690 册页 25。
④ 《大明会典》,卷 27 页 802。

第四章　漕粮运输

印象就是这一地区的集中地分布范围很广①。

毫无例外，来自各卫的分遣队原样地驻在汛地。一有可能，它就为同其母体组织即原来的卫相联的府服务。1537年，明廷规定了各队各自运输的目的地，此后不再改变。但后来，有人提议实行循环制。在17世纪20年代，明廷规定每队应向每一特定目的地运输6年，然后循环。自此之后，每6年1轮的制度规定下来②。

漕军士兵每人每年有月粮12石，由来自母体组织卫的漕军运输③。此外，士兵们还有"行粮"，每人每年2到3石不等④。在明王朝统治后期，月粮经常推迟发放；或者，即使发放，每人所得也是大为减少，这给士兵带来了极大的痛苦⑤。在明王朝整个统治时期，皇帝无规律地每隔一段时间，拿出少部分钱币作为特别恩惠，发给漕军。但是，明政府的纸币，既不能兑换，也无任何库存支持，每10年就会贬值⑥。1500年，这种纸币所值只是其票面价值的1%或2%⑦。皇帝发给的特别恩惠并不能极大地改变漕军的处境。

引起漕军财产大幅度上升和减少的原因，是针对漕粮所征收的额外费。额外费比率决定好之后，大约60%是用粮食交付的；同时，40%

---

① 《明史》，卷276；《天下郡国利病书》，第9册页44；《古今图书集成》，第690册页44~45；孙奇逢：《夏峰先生集》（丛书集成第2173~2178册），页136；顾炎武：《震川先生集》，卷8页7~8；陈其愫等：《皇明经济文集》（1627年刻），卷7页24。

② 《古今图书集成》，第690册页25。

③ 《大明会典》，卷27页791。

④ 《大明会典》，卷27页791~792；《古今图书集成》，第690册页24。

⑤ 《明史》提到，大多数情况下，月粮减少了一半。参见《明史》，卷77页10。1588年，南京地区对已婚士兵的月粮减少到每年6石，未婚士兵每年3.6石。参见王在晋的《通漕类编》（美国国会图书馆缩微胶卷第535号），卷2。

⑥ 杨联陞：《中国的货币和信贷》(Money and Credit in China)（马萨诸塞州剑桥，1952年版），页67；李剑农：《宋元明经济史稿》，页102。

⑦ 《续文献通考》（上海商务印书馆1936年版），页2934~2935。
不过，这是官方规定的兑换比率，实际上的兑换率低得多。参见杨联陞的大作《中国的货币和信贷》，页67。

兑换成银子,漕军就可以利用银子来支付运输花费、驳船和运货马车的服务费,购买诸如竹席之类的防水材料。在16世纪前,无论是银子还是粮食,都全部交付给漕军。补助费完全能够支付花销。有一句话怀恋地说道:"旗卒富饶,粮运于斯为盛。"①

从1512年起,用钱币支付的额外费部分称为"轻赍银",逐渐不再拨给漕军。起初,一包包银子运到淮安,由漕运总理派人清查,然后分发给漕军。据说,这样做的原因在于保护服役漕军的利益,免受贪官污吏的盘剥。随后,银子包装封印好之后,运到北京。最后,轻赍银变成了宫廷的普通收入了。在运输时,轻赍银按照100 000两打包捆扎,用特殊的船只装运,优先于漕粮运输②。只有少部分块银发放给漕军。大部分,总共有440 000两,被明廷享用了③。

额外费如何征收,争议颇多。按照正式程序,漕粮到达漕河顶端之后,在登记记账之前,要晒上2天④。1466年,明廷派遣一名宦官,站在户部尚书前面指挥处理。他发现,仅仅晒上半天后,漕粮的体积就减少了8.5%⑤。这证明了高额征收额外费虽然导致许多弊端陋习,却在当时情况是必需的。

但是,负责收取的官吏、宦官,甚至包括漕军的各级军官在内,都卷入进榨取活动中去,非法所得落入自己腰包。到明王朝统治末期,行贿受贿公开进行。1530年左右,有名御史指出敲诈行为有8种,每种都有其历史,有其行话和敲诈数目。敲诈所得总数,有131 600两之多⑥。

---

① 《江南通志》,转引自《古今图书集成》,第689册页27。
② 《大明会典》,卷27页800。
③ 《明史》,卷79页7。
④ 陈其愫等:《皇明经济文集》,卷7页25。
⑤ 《明宪宗实录》,卷28页4。
⑥ 《明世宗实录》,卷12页19~13;余继登:《典故纪闻》(丛书集成第2811册),卷17页276。

任何损失,其责任要由漕军军官和具体负责运输数量的小旗承担。他们每年来回北京,需要大部分时间。在这长长的路程中,由于气候变化,漕粮减少是免不了的。许多事例都表明,如果漕船漏水了,搁浅了,倾覆了,或者被冰冻结了,损失就难免了。在一些地方,漕粮不得不暂时卸下来,以减轻漕船的压力。这些情况导致的损失,甚至包括自然灾害导致的损失,除非由明廷下令勾销,否则就须由漕军官员负责承担。

在当时的记述中,漕军官员总是遭到批评和谴责。据说,漕船因还要装卸漕军的私有货物而装载过重①。由于他们把自己的私事同公务牵涉在一起,不可避免地引起不必要的耽搁②。他们盗用、贪污漕粮,用水浸泡,掺上沙子增加体积③,变卖漕船附属物④,甚至故意把漕船凿沉制造假事故⑤。毫无疑问,这些都是重罪。但是,根据官文中关于漕军情况记载来看,许多漕军士兵的境况完全不值得羡慕。

漕运总兵官和漕运总督于1473年提交给皇帝的一项报告,指出一些漕军负责的漕船每年冬因河水结冰而搁浅,这样在连续4年里,他们没有假期,因而不能同家人见面⑥。一名户部尚书于1522年在一篇报告中,列举了三大最为重要的目标,仍然作为有关漕粮运输必须完成的规定,即"舡不守冻,粮不挂漕,军不借债"⑦。

漕军军官和士兵负债,是众所周知的。为此,明廷所颁布的严厉措施要负部分责任。我们今天可以发现的明代法规,表明对耽搁和漕粮损失的惩罚是冷酷无情的。无论怎样,一旦损失超过了规定数量,

---

① 《春明梦余录》,卷37页40。
② 《天下郡国利病书》,第6册页20;《明宪宗实录》,卷84页3。
③ 《明史》,卷79页9。
④ 《明臣奏议》,卷34页658。
⑤ 《明史》,卷79页9。
⑥ 《明宪宗实录》,卷120页8。
⑦ 《明世宗实录》,卷21页17。

运输者注定要受到惩罚。即使导致损失的原因并不是人力所能控制的,运输者也要受到同犯偷盗罪一样的惩罚。这些法规中所提到的惩罚,主要是在役士兵发配到前线去,对军官则降职,停止支付薪水。即使作了这样的惩罚,受惩罚者仍然必须在规定的时间里弥补损失[1]。这就必然导致他们去借钱来弥补,从而负上债务。

在漕河的尽头处有许多粮食,不知从哪儿运来,漕军官兵可以花高价买来弥补他们的损失[2]。等待他们的,还有高利贷者。他们无力归还债务时,高利贷者就夺走他们个人所有,有时甚至抢夺他们运输的漕粮。尽管明政府颁布法令控制这些不正当行为,债权者的行为并未收敛,他们在势力庞大的贵族的庇护之下肆无忌惮[3]。

漕运总督多次请求皇帝解决漕军的痛苦。丛兰于1519年上奏皇帝,指出有名负责漕运的百户长上吊而死,有名指挥剃度遁入空门[4]。在多次请求之后,明廷发布了各种解决漕军痛苦的措施;但是,这些措施既不是实质上的,也非永久性的。1492年,弘治帝发布上谕,准许在役漕军申请向国库借款,一年之内还款,不收利息[5]。我们不知道有多少漕军士兵享受了这一恩惠,也不知道每人能借多少。正德帝读到了前述丛兰的上奏后,下令户部研究漕军处境并提出解决意见。户部提出一个计划,准许负债漕军从政府那里购买食盐,每船为13.5吨。购买价格由贷款方提供;而漕船可以在返程时装运食盐回到本地[6]。自古代到民国时期,中国的食盐一直在政府的垄断之下。户部所提计划,是准许漕军分享一定的利益。我们了解到,该计划随后得到批准

---

[1] 《明律解附例》,卷7页42~44。
[2] 《明史》,卷79页8。
[3] 《明史》,卷208页25~26。
[4] 黄训编:《皇明名臣经济录》,卷22页22。
[5] 《古今图书集成》,第690册页29。
[6] 漕运总理丛兰于1501年的上奏报告,黄训在其所编《皇明名臣经济录》卷22页22中收录了该报告。

执行。但是,有许多具体问题仍然不清楚,比如购买价格到底是多少,分派的食盐总共有多少吨,借贷者分得多少利益,最后是否解决了漕军的痛苦,等等。从一项非常粗略的估计中可以得出,每艘漕船所得纯收入,在 30 两到 50 两银子之间。

另一项解决漕军痛苦的方法,是准许漕船携带一定数量的私货。除了粮食、木材、发酵剂和烈酒禁止以外,至于其他货物,明政府虽然不鼓励,但可以容忍。这种商务活动,最终成为争议的焦点。

据说,漕军士兵在前往华北的运输途中,利用时间,在仪真和瓜洲购买竹子和木制家具①。在张家湾,即漕河在南方的端点,他们的商务活动对当地的全面繁荣贡献不少②。返程漕船,正如一个作者写道:"百拾成群,名为空船,实则重载,违禁犯法。"该作者还列举了非法装运的货物,包括腌猪、牛皮、猪鬃、谷物、豆、芝麻、桃子、梨、枣③。

不可否认,准许私自贸易,使明政府付出了漕军纪律松弛、国库税收减少的代价。为了防止漕船耽搁,驶往华北的船队不能停留下来以待漕运都御史检查;相反,漕运都御史必须前往运输途中检查,漕运理刑主事、兵备道也有权前往"盘诘",了解漕军所运输的货物是否在规定之内④。漕河沿线所有文官一旦发现漕军有什么非法活动,就必须向明廷报告。很明显,这些措施并不严密,得不到什么效果。漕船在返回南方的途中,要向几个检查站报告运载情况,拿出通行证。从文官的抱怨中可以看出,这一程序并未能阻止所有走私货物⑤。

漕军是否像他们的批评者所声称或讥讽那样,真正自由地获取了大量财富? 许多事实都表明并不是这样。的确不难想象,漕军官兵非常贫困,处境日益下降;对此,我们在前面以相当长的篇幅探讨了,本

---

① 《天下郡国利病书》,卷 6 页 20。
② 《春明梦余录》,卷 37 页 40。
③ 《漕河一觇》,卷 8。
④ 《明律解附例》,卷 17 页 24~25。
⑤ 《大明会典》,卷 27 页 807;《漕河一觇》,卷 8。

章最后几部分还要讨论。他们陷入债务，一直是明廷严重关注的问题。此外，我们并不相信明廷处理运载私货来补助的极端方式，能给他们带来许多利益。在整个明王朝统治时期，准许漕船携带私货多少的限制逐渐放宽。1474年，明廷规定每船可携带10石私货；1502年，又作了重申。到1560年，数量提高到40石。1579年，增加到60石①。既然明廷以此作为解决漕军官兵的经济困难的措施，那么，如果漕军官兵做得很好，数量就会减少；只有在该项措施并不能达到预定的解决目的时，数量才会提高。

　　这种私下贸易将是一个最令人感兴趣的研究课题。非常不幸的是，当时的文献能够提供的有关资料非常少，我们难以得出一幅清晰的画面。本文在研究之前，对当时的文献作了全面的检查；然而，我们所得画面，不过是一些整体的、模糊的记述。如果没有从当时的官文材料中发现更多的信息，我们所能做的，不过是作一些简单概括的猜测。

　　然而，我们可以从逻辑中推理出一个结论，即明政府批准漕军可以从事的私有贸易，虽然部分官兵超越了法律规定，但并不能完全从总体上解决漕军的经济困境。看起来，上面所列货物，只有返回南方的漕军在贸易，其他漕军并未从事，因而在当时并未发展成为大规模的贸易。漕粮，包括产自淮河流域和黄河地区的小麦、大麦和豌豆，沿着漕河水道，无论是从南向北还是从北往南，但都必须经过淮安附近的水门。一路上，要克服许多困难，许多官员都认识到此点，因而对于漕军官兵来说，虽然明政府批准他们可以从事实质上的私有贸易，虽然他们在从事这种贸易时超越了明政府的许可范围，但是，他们能否克服困难，非常令人怀疑。此外，成群的宦官，带着购买和制造的任务，来往于运河上；他们卷入私运，是不难想象的。虽然本文后面要探

---

　　① 《大明会典》，卷27页806。

讨宦官和漕运的关系,但在这里可以指出的是,当时流行着一个话题,就是这些宫廷寄生虫在违背法律走私时,拥有的条件比漕军的要好。他们也有办法从事大规模的走私。而漕军则相反,资金常常不足。从几个众所周知、漕军因违背规定而被抓住的事例中可以看出,漕军一般仅仅是出租空闲的船舱;他们自己没有资金去从事贸易活动。更主要的是,他们同商人的联系是临时性的,运输货物的路程较短;他们并无计划,也未集资,不可能从事大规模的贸易活动。

那些竭力强调此种贸易具有重要性的学者,总是认为既然大约有11 700艘船只从事运输,到明王朝统治末期,还有9 000艘船只仍在进行,因而以1579年统计为计算基础,认为这些船只每年所运输的货物非常容易超过50万石。但是非常值得怀疑的是,是否所有漕军都在行使明政府准许携带私有货物的特权呢?如果他们都在行使,那么正如上面所探讨的一样,无论是从南到北还是从北到南,他们的贸易活动的确没有发展到一定规模。我们只能推断,私有贸易只是在地方交易的层次上促进了漕河水道上的物资交流。毋庸置疑,虽然它对合法的商业产生了负面影响,但是影响程度到底如何,是难以测量的。

虽然漕军贫困,但明政府颁布了一项政策,在我们看来十分奇怪,因为它规定漕船部分损失费要由漕军承担。据说,此项政策在明王朝统治早期就产生了,一直在推行,其目的在于强迫漕军要好好地保护手中的漕船[1]。该项政策具体推行时间没有记载,有文件说,早在1435年,明政府就规定漕军要承担40%的损失[2]。在明王朝统治中期,规定漕军要承担30%的损失,其余70%由上缴漕粮的百姓来承担。但是在这70%中,有30%是从退役漕船上卸下来的。因此,漕军实际上仍然要承担全部建造费的40%多[3]。

---

[1] 《春明梦余录》,卷37页9;《明史》,卷79页5。
[2] 李昭祥:《龙江船厂志》,卷1页16。
[3] 《大明会典》,卷27页812。

就漕船打造情况来说,主要有两种。对于由驻扎在长江以南的卫所控制的漕船来说,建造由地方负责①。省、府两级政府要拿出资金给军队单位,由后者建造漕船。对于由驻扎在江北的5总和南京总控制的漕船来说,它们通常停靠在北岸,船坞由中央政府管理。之所以如此,是因为在江北地区,很难得到木材。由中央政府进行控制,军队单位就不用派出众多购买木材的队伍,离开驻扎基地,到处寻找木材。

我们在前面的章节中就已经提到,有3个船坞投入使用。分别在1524年和1600年后,临清和南京的造船任务先后交给清江浦船坞来承担。在鼎盛时期,该船坞一年之内就有746艘船只下水②。

在15世纪中叶前,明政府规定由负有进贡责任的地方政府把木料送到船坞去。此后,输送任务逐渐改以钱币方式进行。在该世纪70年代,欠款情况常常出现。由于资金不足,造船厂不得不削减原料比率。具体到每艘在建造中的船只来说,所配给的木料、铁钉、桐油和麻绳,加起来,总价值还不到40两银子。为了打造好船只,漕军不得不弥补差额;有时,这种差额有70两银子之多③。

在另外的10年里,由于支付款项太大,不得不寻找新的来源。1479年,地方政府所承担的责任中断,只是还继续向船坞提供劳役。购买造船材料的资金,由工部管理下的3个收税站承担。该通行税,不同于户部征收的类似税收,被指定作为造船资金使用④。

通行税并未立即解决漕军的困难。在1480年,户部召集会议进行商讨。一项来自会议的报告,就强调指出:"所派木植,多不能全领,是以军士赔补,鬻及子女、产业。"⑤

为了支付开销,明政府不得不增加几个征收站征收通行税。1480

---

① 《漕船志》,卷1页3。
② 《漕船志》,卷3页12~14。
③ 《漕船志》,卷4页1。
④ 《明史》,卷81页18。
⑤ 《明宪宗实录》,卷207页5。

年，分别设在青州和杭州的两个收税站，分别上缴了 4 000 两银子。随后，芜湖也上缴税银。将从这 3 个收税站所得加起来，1481 年为 9 500 两，1482 年为 13 000 两，1484 年为 22 500 两，1486 年为 16 800 两，1489 年为 28 670 两①。1530 年后，明政府将荆州收税站所得用于补助湖广省的造船。杭州和芜湖收税站所得，再加上清江浦工部分司本身的收入所得，作为清江浦船坞造船资金。在 17 世纪早期，杭州收税站所得增加到 18 770 两，芜湖增加到 14 440 两。清江浦所得虽然未知，但大约也有 11 500 两。这 3 地加起来提供了 44 510 两银子②。由地方政府提供的劳役，兑换为钱币支付，另外可得 5 236 两收入。虽然如此，漕军仍然需要支付 26 089 两；或者说，要承担总花费的 32.3%③。

大多数漕船要服役 10 年。在退役的前一年来到时，其情况正如当时的一个文献所指出："运军于该造年分预先一年休息，办料代役，空闲军余出办以凑军三之数。"④1503 年，由于是最后一次结账清算，因而每艘漕船全体人员需承担 35 两⑤。更多的是，这笔银子由军事机关从他们的普通薪水中扣除，然后一起交给船坞；工部所设分机构要为此承担传递责任⑥。

打造一艘漕船，总花费需百两银子左右。不同资料所列价格表明，从 15 世纪晚期到整个 17 世纪，看不到明显的增加或减少。所列价格，每艘漕船在 83 两到 120 两之间，反映了所用木料不同，产地也不同。这种变化同价格变化没有什么联系。不过，有事实表明，价格之

---

① 陈子壮：《昭代经济言》（丛书集成第 757~759 册），卷 3 页 42；《古今图书集成》，第 689 册页 27。

② 《漕河一觇》，卷 11。
然而，汪宗伊所提交的一份备忘录指出，清江浦的收入是芜湖和杭州的两倍。参见《古今图书集成》，第 690 册页 33。

③ 《漕河一觇》，卷 11。

④ 《漕船志》，卷 6 页 14。

⑤ 《古今图书集成》，第 689 册页 27。

⑥ 《昭代经济言》，卷 3 页 46。

所以能够维持不变,是明政府大力维持的结果。自17世纪早期开始,清江浦船坞造船预算为:每艘需105.4两银子;其中,57.8两用于购买木料,16.6两用于购买附件,31两用于支付劳力和杂七杂八的开销[1]。每艘漕船的漕军要承担35两,大约占漕船价值的1/3;这一数字接近于前面所说、以船坞总共所得为基础得出的百分比数字。

在漕军拿出自己承担的份额后,船坞就被认为要承担全部管理责任了。但并不总是这样。许多漕军船员被他们的母体组织卫赋予"富有"的特征。对于这一部分漕军来说,船坞只是发给原料。船员有责任看见自己的船只下水。在打造过程中出现的任何额外花费,都需他们来承担[2]。

长江以南的情况更无什么指望。许多事例都表明,漕军是以分期付款方式拿出自己所承担的份额的。有时,漕船在打造了,而资金不能及时到位,漕军不得不借款。耽搁三四个月,是常见的事[3]。直到16世纪中叶,各地船坞的管理才在中央政府控制之下。对湖广省船坞的控制,开始于1530年[4]。位于浙江的船坞,于1559年在中央政府组织之下[5]。对位于安庆、九江和苏州的船坞控制,开始于1572年[6]。即使到这时,船坞也未解决漕军的所有问题。明政府的主要任务在于推行造船的法定水平;至于漕军士兵的经济负担,从未得到完全解决。

不过到16世纪中叶,造船计划能够克服逆境,得到推行。即使一些头脑清醒的官员不断提到漕军的困境并提请皇帝注意,但是,根本解决的时机并未来到。每年都有一些旧漕船退役,新船下水服役;这

---

[1] 《漕河一觇》,卷11。
[2] 《漕船志》,卷3页23;《古今图书集成》,第690册页34。
[3] 《漕船志》,卷6页9。
[4] 《昭代经济言》,卷3页42。
[5] 《大明会典》,卷27页813。
[6] 《大明会典》,卷27页813。

说明,漕船数量并未大幅度减少①。然而到16世纪后半期和17世纪早期,就不再是这样了。1597年,清江浦船坞报告说,各卫拖欠造船款总数达64 360两银子。1603年到1608年间,军事机关延期未付款项达13 126两。结果是,有1 400艘船只得不到替换②。派遣船队到朝鲜和辽东,使漕船情况更加严重。从这到明王朝崩溃时,漕船缺乏日益严重,明政府不得不征召民船服役;很明显,这不可避免地对漕运体系产生广泛的影响,当时所写的诗文就不断提到此点③。漕运总督王纪于1620年所写的一份备忘录,对此也作了鲜明的描述:"举淮扬一带,无论海船沙船,靡不搜括及之。即舟人呼天抢地,臣亦付之无可奈何。大索两三月,在扬仅得六十四只,在淮仅得七十九只。"④

与此同时,漕军手中拥有的漕船减少到9 000艘,其中许多负载过重⑤。

漕军本身堕落变质的情况令人吃惊。必须指出的是,明王朝的基本军事制度对此要负大部分责任。早期时候的政策制定者规定俘虏和罪犯家庭必须永久服兵役,也就是从农奴中征召士兵,将兵役制建立在农奴上;这种情况同克里米亚战争之前的俄国推行的农奴兵役制一样,和日本德川幕府时期推行的农民兵役制也相同。同俄军和日军一样,明军也被束缚在分配给他们的土地上。但是,任何这样的军制要想成功地推行,取决于能否全面地控制居民的活动和彻底地消除社会流动。在15世纪,中国并不再存在这种条件。大量事实证明,此时

---

① 《漕船志》在卷3页12~14中,收录了1490年到1544年间建造的漕船数名单。
② 《漕河一覕》,卷7。
③ 《古今图书集成》,第690册页41;吴梅村:《梅村家藏稿》(四部丛刊本)卷3页12;陈田《明诗纪事》(1936年商务印书馆印本),页2814。
④ 《神庙留中奏疏类要》,卷5。
⑤ 在明王朝统治后期,漕船总数下降到9 000多艘。参见《明臣奏议》,卷34页657。

的百姓毫无困难地改换行业①。明政府不仅不能限制居民改换住所,也不能再成功地防止大批大批人群一般因自然灾害和内乱而越省逃亡②。同时,土地自由买卖。城镇市民和商人的活动非常积极;婚姻自由,不再受社会各阶层森严的限制。在这些所有事件中,明廷再也不能按照陈旧模式管理国家。整个军户世袭制在这种背景下明显过时了。

当新王朝早期具有的强大力量开始消失时,整套军制的所有弊端就开始暴露出来。士兵逃亡的规模令人吃惊③。用以维持军制运作的军有土地,大片大片被侵占、转卖。在1449年爆发的危机期间,明王朝的军队建制的弱点暴露无遗,当时的一项报告就证实说:"整点各营官军,其官军不到者,动以万数,衣甲全无。"④

然而,明廷不但不设法着手改革,反而竭力坚持推行旧制。侍郎沈潜再次建议颁布新的法令,规定军户如果逃亡或死亡,兵役就由其亲属和邻居来承担,称之为"勾摄"⑤。明廷还向各地派遣特使,负责全力维持新式兵役花名册。一旦兵额需要填补,就"遍寻所有名册,彻底审讯调查,恰似审判罪犯"⑥,但是最终结果不过是"逃而复勾,勾而复补"⑦。

从总体上说,漕军的环境在一定程度上不同于卫所军队的环境,

---

① 《皇明文衡》(四部丛刊本),卷27页6~10。
② 王崇武:《明代户口的消长》,《燕京学报》,第20期页331~373(1936年11月)。
③ 吴晗:《明代的军兵》,《中国社会经济史集刊》,1956年第2期页92~141。也可参看王毓铨的《明代的军户》,《历史研究》,1959年第八期页31。
④ 《典故纪闻》,卷12页203。
⑤ 《明史》,卷138页14。
⑥ 《吴都文粹续集》(影印四库全书本),卷16页15。同样的例子也被陆容引用,参看《菽园杂记》(丛书集成第329册),卷1页11。(此句直译。据作者所注出处找不到此段话,只有稍为接近的一句为:"遂逮里中,论以隐匿,坐充军者凡二十四人。"——译者注)
⑦ 《天下郡国利病书》,第8册页60。

而士兵大批大批逃亡却是一样。漕运总督李蕙和漕运总兵官郭竑于1595年联名上奏指出:"直隶到南京一线漕军共有六十支(division)。在这些建制中,不少于5 000或6 000名漕军要求在驻扎地搞运输,同时有14 000或15 000名漕军逃跑。负责军官不得不雇用流民和乞丐弥补空缺。"①该段所提到的逃亡数字,占漕军总数的1/3。

漕军设置后不到100年里,它就变成了普通的劳力组织。它既无作战能力,也无适当的军队纪律(因此,现在的日本学者称之为"劳力"。近年来中国大陆出版的一些著作则称为"奴隶")。1510年,山东爆发了一次农民造反,导致济宁附近的船队停顿下来,陷于困境。有报告说,此次起义被镇压下去后,一方面有1 552艘船只被毁,另一方面不知有多少士兵被杀。在检讨此次事件时,有名都御史提问:"但军至十万之众,既有都御史、总兵、参将为统制,又有把总、都指挥等官分领之,又有指挥、千百户等官管押之,大小相承,居则有卫,行则有次……未闻何官以勇而伤,何官以义而死。"②次年,正德帝指示把售卖额外税粮所得,用来购买弓、箭、长矛和剑。船只经过淮安时,明政府指示他们检查一下是否携带了合适的武器装备③。不知该命令到底执行到什么程度,因为有关记载没有进一步提供有关信息。

上述情况继续往前发展,就会出现这样一种情况,即:漕军身上所保留的作为一个军队组织所具有的特点消失得无影无踪。1574年,御史萧泮在上奏中针对漕粮情况,列举了有6项大事需要解决,其中有:"运船过淮,随到随编,以二十只④为一甲,总给一牌,每日轮流二船直

---

① 《漕运通志》,转引自星斌夫:《明代漕运研究》,页229~230。(此句直译。根据作者的注释,此句出自《漕运通志》,可能有错,因为《漕运通志》成书于嘉靖年间,远早于作者提到的1595年,即万历二十三年。——译者注)
② 《明臣奏议》,卷13页221。
③ 《大明会典》,卷27页806。
④ 作者错将二十只写为十只。——译者注

牌,为甲长。(还提议:)各备器械什物,盗发协力截赶,风起商议策备。"①1572年至1575年间担任漕运总督的王宗沐,在一份未注明日期的上奏中报告说,这些沿线措施都得到推行,只有两项措施例外,一是每组由5艘船只组成,而非10艘;二是百户长由推选产生,而非轮流担任②。如果这样的基本组织规则必须由漕运体系最高当局强迫推行,我们不仅要问,漕军船队还有什么特点使我们能够将之视为军队的分遣队呢?还有,非常明显的是,各种漕军官员已经无力控制以前一般由他们指挥的船队。这种情况使他们不过是明廷的办事人员,他们的唯一职责是把规定的漕粮转交上来。由于这种情况,他们反而自然地全力关注如何获利,避免短缺。

17世纪20年代受命担任巡抚的毛一鹭,当时就不止一次提议,漕军船队应该武装上刀剑和弓箭;一有机会,漕军军官就应该训练士兵③。但是到此时,漕军已经退化变质,再也不能恢复原样。南京兵部尚书于1616年就此写道:"仅鹑衣百结者数千人为运军,其中有狡谲无赖,欲衣食于漕粮者,充为旗甲。一经签定,恣意横行,折乾盗卖之弊,种种莫诘……"④另一资料指出,一些漕船的船员毫无例外是雇用而来的,没有一个是从原来的士兵花名册上征召而来的⑤。还有事实表明,船员在运输漕粮时,其家庭成员也拥挤在漕船上⑥。

---

① 《明神宗实录》,卷32(应为卷33——译者注)页17。
② 《古今图书集成》,第690册页29。
③ 《古今图书集成》,第690册页38。
④ 《明神宗实录》,卷548页2。
⑤ 《春明梦余录》,卷37页9。
⑥ 孙奇逢:《夏峰先生集》,卷7页190。

三、国家支出下的京师漕粮储存拨付

中国史学家经常发现,在任何特定时间经由大运河运输的漕粮数量,可以作为测量中央政府的权力情况和稳定程度的尺度。近年来,一些学者在研究时也运用了这一方法;他们中有,研究唐宋史的全汉昇,研究明史的吴缉华和研究清史的韩丁。由于漕运体系能否成功地运作取决于几乎每一套政府制度能否适当地发挥作用,因此并不令人吃惊,漕粮运输数量的上升和下降,是同整体上的明王朝行政管理效率情况相适应的;相互之间的关系常常表现得非常引人注目,不能忽视。

然而,如果匆忙接受这一理论,就会得出错误的结论。其中一个错误结论就是认为,既然在每个王朝统治的早期阶段,经由运河漕运粮食证明是可行的,那么漕运制度的基本设计必定是正确的。只是在后期,由于滥用和破坏了早期的政策,才导致漕运失败。另一错误结论同前一种类似,只不过是貌似有理,有关王朝统治的崩溃,即使不是漕运数量下降的唯一原因,也是主要因素之一。传统的中国编年史著作,都喜欢这两种观点。

就本文所研究的明王朝的情况来说,上述两种观点都是错误的。首先,漕运制度的设置所开创的是这样一种的国家财政体系——既刻板严厉又浪费。随之而来的推行政策,主要包括规定国库要收入多少,加在纳税人和漕军(他们毫无例外由世袭军户组成)头上的负担不但过重而且不公平,等等。把整套漕运体系建立在一种非常不稳固、不健全的基础之上。其次,沿着漕河的漕粮运输,虽然在 16 世纪后期极大地下降,但是并未极大地妨碍政府机构的运作。在 17 世纪早期明王朝走上快速崩溃道路时,漕粮运输数量反而得到部分恢复。

在本章第一部分中,我们已经指出,历史学家容易认为在漕运体系运作的早期,漕粮年运输量偶尔出现的增加和减少具有重大意义。但是,如果对每10年或20年为一期的平均运输量加以分析,就会发现漕运量不断地稳定增长。以同样的分期方法加以分析,就会发现明王朝统治后期漕运量下降所产生的影响往往被夸大了。

不可否认,漕运量在1520年后下降了;当时的文献资料不再记录每年运输了多少石。相反,它们记录每10年中1年的运输数字①,即是:1522年为3 560 000石,1552年为2 332 837石;1562年为2 632 610石。1567年,隆庆帝继位,早期的运输量得到短暂的恢复。在1568年和1569年,运输量都又一次达到400万石的纪录。但是随后,总运输量再次下降。到16世纪末,年运输量维持在300万石左右②。

漕运量下降,是由几个原因导致的,不能把它所产生的后果不加区别地认为使明廷陷入财政困境。从16世纪20年代到70年代,黄河零星地决堤,明显地影响了漕运。在这一期间,有人提议在东面开辟一条迂回路线。其中一项建议就是在山东半岛半腰上开凿一条新运河。另一建议是漕运总督王宗沐提出来的,他强调恢复海运。还有一项建议,设计开凿一条支运河,从徐州地区改变漕船的方向。此项建议虽然最终付诸实施,但到17世纪早期,还未开凿出来。这些五花八门的建议证明了明廷的确非常担忧,但是局势并未达到令人绝望的地步。

非常重要的是,明廷在这一时期保持着漕粮储备。嘉靖帝于1521年即位时,他发布的第一道上谕就是豁免全国一半土地税,为期1年;此外,他还取消了所有记录在案的拖欠的税③。1539年立太子时,湖

---

① 吴缉华:《明代海运及运河的研究》,页198。
② 吴缉华:《明代海运及运河的研究》,页201、304。
③ 《明史》,卷17页2~3。

广有 2/5、河南和直隶有 1/3 的土地税得到豁免①。即使在 1551 年,对南直隶和浙江加征了总数为 120 万两银子的额外税(《明史》,卷 78 页 10)。但是在 1567 年隆庆帝即位时又一次全面减税 50%②。虽然于 1572 年登基的万历帝没有减免赋税,但是在 4 年后下令全国承担的漕粮份额减免 30%,为期 1 年③。虽然要么因宫廷喜庆,要么因自然灾害而减免税收并不是史无前例的,但是两者都不是明廷不得不做的。这些减免,在百分比上是实质的,在适用范围上是广泛的。如果明政府财政极端短缺,是不可能减免的。

即使有时国库储备的银块减少,但粮食储备总是维持在需要的水平之上。在这一期间,用实物征收的土地税暂时兑换为钱币征收;有时,这是自然进行的,皇帝个人并未同意。1524 年任漕运总理、1525 年任户部尚书的王昊,在许多场合下都批准兑换征收。他的理由就是"粟有余而用不足"④。

漕军总兵官万表全心全意支持临时性的兑换征收政策。他在一份未指明日期的上奏中指出,采取这一政策,明廷就可以 0.7 两银子兑换 1 石税粮的比率进行征收。在北京,得到漕粮的军事官员经常在市场上变卖,而每石价格还不过 0.3 两。如果政府直接以银子的形式支付,其中一半从纳税人手中征收而来(也就是每石征收 0.35 两),他们的确会非常高兴。如果这样做,不但政府就可以得到另一半作为纯利收入,而且所有装运、储存和分发漕粮等一系列麻烦都可以省略。嘉靖帝一收到这份奏折,立即批准执行以前一种兑换比率,即 0.7 两银子兑换 1 石税粮进行征收的政策⑤。这样看起来,明廷相信减少漕运量并不会使其财政收入减少。

---

① 《明史》,卷 17 页 13。
② 《明史》,卷 19 页 1。
③ 《明史》,卷 20 页 3。
④ 《明史》,卷 202 页 7。
⑤ 《名山藏·漕运志》,转引自吴缉华:《明代海运及运河的研究》,页 193~194。

非常明显的是,在16世纪70年代,由于粮食储存有多余,明廷需要的是钱币。1579年,负责管理粮仓的户部尚书汪宗伊报告说,北京和通州的几个粮仓所储存的粮食加起来,总数超过15.10万石,而年消耗只稍微多于1.90万石。结果,1571年运来的漕粮已经腐烂了①。此时担任大学士并一般被其同僚视为首辅的张居正,也提到了同一问题。他在写给朋友的一信中指出:"运艘过淮,无任欣慰,今计太仓之粟一千三百余万石,可支五六年,鄙意十年之上,当别有勾当,今未敢言也。"②

张居正所提出的新方案从未公开过;但是,他所预测的粮食储存量稳步地上升。1583年,超过1 800万石。即使年消耗也上升到220万石,但是储存量多于消耗量的趋势非常明显。大学士申时行强调不能再有更多的漕粮堆积起来,指出:"京仓积米,足支八九年,愈多则愈浥烂。"③

同样明显的是,在这一期间,明政府所花费的银子,数量急剧上升。张居正对粮食储存量非常满意,可是一提到银子储备情况,失望万分,完全是另一副样子。他在给万历帝的一份奏折(大概是1579年呈交的)中警告地说道:"万历五年,岁入四百三十五万九千四百余两④,而六年所入仅三百五十五万九千八百余两,是比旧少进八十余万两矣。五年岁出三百四十九万四千二百余两,而六年所出乃至三百八十八万八千四百余两,是比旧多用四十万余矣。"⑤

更为有意义的是,出现这么大银子花费数字表明,自明王朝统治早期以来,无论是国家财政还是国民经济都发生了重要的变化。在15

---

① 《春明梦余录》,卷37页21~22。
② 《元明事类抄》(影印四库全书本),卷4(应为卷7——译者注)页6。
③ 《明神宗实录》,卷144页5。
④ 作者此处所引有错,把4 359 400余两写作4 355 400,这里照原资料译出。——译者注
⑤ 《春明梦余录》,卷35页32。

第四章 漕粮运输

世纪早期，国库里的银子岁入和岁出从未达到张居正所说的数字。明政府解决财政问题的方法，仅仅是拨发手中的粮食，辅之以部分钱币；钱币发放后，从未赎回。

在永乐帝开始大规模地运输粮食到北方时，设想的是日用品"百费仰给"[①]。一个半世纪后，银两站到前台成为合适的交换中介，并发展成为官方和民间交易中不可缺少的中介。虽然这种发展可能是逐渐式的，然而到 16 世纪末，演变结果非常明显，不言而喻。如果忽视这样的发展背景，单纯以运输到京师的漕粮数量为唯一的测量国家经济状况的标准，毫无疑问是一种错误的方法。深入研究北京漕粮是在什么样的情况下拨付的，可以进一步证明我们的观点。

必须记住的是，运输到京师供宫廷和宗人府（the Bureau of Entertainment）食用的粮食，是去了壳的大米，总共有 214 000 石，并不在本文迄今为止的讨论之列。京师漕粮的分发，毫无例外是按照定量和报酬进行的。《明史》所记录的分发情况，大概是以 1581 年的数字为基础的。在京师所分发总数为 230 万石的粮食中，有 40 000 石是文官的报酬，国子监教师的俸给；86 000 石作为在宫廷劳动的苦力、厨师和工匠的工资；其余 2 181 000 石分发给驻扎在京师及其附近、肩负卫戍和其他责任的军队。在这些数字之外，还有 393 000 石分运送到前线卫所[②]。

拨付数量虽然时有增减，但在有资料可以利用的 16 世纪里，看来在大多数时间里，增减幅度的范围很小。比如在 1567 年，总拨付量超过 260 万石[③]。此后在 16 世纪 70 年代减少固定在 200 万石之内，直到明王朝统治末期才再次增加。

然而，拨付数量的增加并不一定证明了政府机制的运作有效。从

---

① 《明史》，卷 79 页 1。
② 《明史》，卷 82 页 20。
③ 《续文献通考》，卷 3086。

万历帝到崇祯帝期间,众多官员呈交的无数份奏折都指出,漕粮拨付量比以前要多,其原因在于宫廷内侍、御医和其他附属人员太多;也在于成立了一支精锐部队,其士兵所得份粮是普通份额的一倍半甚至两倍,而该部队的作战力并不怎样,根据这些上奏官员所说,并未给明军带来什么战斗力①。直到17世纪,明政府才将大部分漕粮运到前线;到那时,正如我们随后要解释的一样,所运漕粮太少了,也太迟了。在此后明王朝统治最后时期里,85%多的漕粮用于京师消费。总的情况是,漕粮运来越多,浪费就越多。首要的是,浪费者为自己辩护。对这无数份奏折进行分类,就会发现每份上奏都提到了一个题目,即如何按照惯例维持漕粮。看起来,明代官员从未想到去如何利用漕粮作为投资资本,拓宽经济基础,或者对某项可以加强政府地位的特别项目提供资金。考虑到所有这些事实,那种认为如果运输漕粮更多,就可以使全国尤其是明廷受益的观点,并不令人信服。

一般按照比率只是分配给京师卫戍部队、官吏和宫廷内侍食用的漕粮,不断被领受者卖给无权得到的人员。有些事例表明,明政府作为配给票分发的军筹,以高价易手。卖者把所得收入腰包后脱离与漕粮的关系,就由买者手持军筹到朝廷粮仓兑换粮食。当时的一名作者坦率地写道,16世纪50年代他在南京期间,他每月就从卫所部队那里购买这样的军筹②。很明显,北京也有同样情况发生。负责粮仓管理的侍郎南居益在一份呈交给崇祯帝的报告中就坦率地提问:"其实,满京都何家无军,亦何家不食漕米?"③兵部在一份注明日期为1600年的备忘录中就提到,北京漕粮的市场价为每石0.3两④。1603年夏,北京粮价上涨,明政府多发1个月的份额给官吏,坦率地期望他们倾销出

---

① 《春明梦余录》,卷35页16~17;卷37页32~37。
② 何良俊:《四友斋丛说杂抄》(丛书集成第2807~2809册),卷3页140~141。
③ 《春明梦余录》,卷37页33。
④ 程开祜:《筹辽硕画》(万历刻本),卷12页24。

第四章 漕粮运输

去以减低粮价。1626年,明政府又做了类似的发放①。很明显,漕粮产生了另一个作用:它降低了粮价,以可以接受的价格为京城百姓提供了粮食。自从万表在其上述呈交的奏折中强调实行兑换政策以来,粮价在60年里维持不变。每石0.3两的价格,甚至比粮食生产地长江以南的粮价更低。这是一个巨大的成就。重要的军事行动常常由围攻情况所决定;在这种时代里,在京师储备漕粮,具有毋庸置疑的优势。但是在必要的储备范围外,过多提供和堆积,就无什么重要意义。事实上,明廷粮仓每年分发230万石到260万石的粮食,就会养活4 000 000到5 000 000人;这还不包括至少可以满足另外50 000人食用的白粮。市场粮价下跌,表明供应超过了饱和点。既然这样,整个情况看起来就过于浪费。

如果每年运输300万石就完全能够满足需要,我们就要问,在15世纪明廷规定每年通常要运输多达400万石左右漕粮到北京时,它是如何处理多余部分呢?在当时的记述中,找不到直截了当的回答,因为当时记录中并无记载如何分发的细目。但是从各种叙述中可以推断出一些具体的分发情况。

军队一直是最大的漕粮消费者。虽然众所周知,在明王朝统治早期,军队卫所得到明廷分给的土地,可以自给自足,但在事实上并不一定能自给自足。有名官员估计说,分给北京附近卫所军队的土地,每年生产出来的粮食,无论在什么时候都未能超过304 224石;而根据记

---

① 《明史抄略》(四部丛刊本),卷3页3。
按照规定,津贴和官俸每农历2个月或以粮食或以钱币发放一次。1603年,明廷规定,连续2个月即农历六月和七月以粮食形式发放。1626年,明廷颁布了类似的规定。但该年按照中国历法,属于闰年,也就是有13个月而非12个月。不过,采取这样的措施,目的还在将粮食价格降下来。参见《明熹宗实录》,卷68页24。在1470年前,明政府为了解决京师粮食恐慌,将500 000石漕粮售卖给百姓。参见《明宪宗实录》,卷84页2。同样在1522年,明政府公布的一项布告,不准以钱币形式支付税粮,理由是"京师米价腾贵"。参看《明世宗实录》,卷12页2。

89

载,这些卫所军队早期所需粮食总数超过了 400 000 石。他因此总结说:"其取给于馈运也明矣。"①仅是这一项目,所需要数目就在 200 万石到 400 万石②之间。

这样分发的漕粮,一部分被浪费和贪污了。《明史》中记载说,在整个明王朝统治时期,记载中的军队数量只是超过了实际服役的数量,所拨付的报酬和定量包括了实际中并不存在的人员③。

另一个消费漕粮项目,来自于明廷准许武职世袭和宗室可以得到武官勋级的政策。15 世纪 50 年代,仅是北京一地,因此政策而世袭武职和得到勋级的人员就有 30 000④。虽然他们中的大多数对军队一无所知,可是每人除了在根据其官品、勋级而分享报酬的其他项目之外,每年还可以得到粮 12 石,银 16 两。这还不包括享有为数巨大报酬、地位更高的贵族所拥有的俸给。1495 年,兵部尚书马文升上奏弘治帝指出,宗室贵族享有的俸给,其精确数字虽然未提到,陈述也被夸大了,但是"禄米去其太半"⑤。1562 年,一名御史报告说,这样的俸给全国加起来有 8 530 000 石;这个数字明显包括几个省布政使司支付给王公贵族的粮食⑥。其余由中央政府来承担的支付责任的不管是什么,虽然只是上列数字的 1/2 倍,或者 1/3 倍,甚至 1/4 倍,但仍然太多,如不耗净国库,是难以支付的。看来,在 16 世纪,明廷不再能全部用支付粮食的方式解决由它承担的部分,只能用这样或那样的方法来承兑。1565 年,明廷最终决定采取最简单易行的方法,小部分用粮食来支付,大部分用刚刚印好几乎没有什么价值的钱币来支付。就接受俸

---

① 《春明梦余录》,卷 36 页 2。
② 原文如此,可能有错。——译者注
③ 《明史》,卷 89 各页。
④ 《明史》,卷 180 页 1。
⑤ 《明臣奏议》,卷 8 页 136。
⑥ 《明史》,卷 82 页 3;赵翼:《廿二史札记》(1795 年版),卷 32 页 13;钱穆:《国史大纲》,第 2 册页 503。

第四章 漕粮运输

给的各人来说,所得钱币占多少是不同的,但都在 60% 到 80% 之间①。到 1581 年,由中央财政支付发放给高层贵族的俸给,兑换成 16 000 两银子②。据称,这些措施导致宗室贵族贫困化。虽然这可能是一个好事例,但是在大幅度削减、采取兑换和逃避手段之前,有时肯定是全额用粮食支付俸给的。这个"有时"可能指的是 15 世纪中叶;是时,漕粮运输量和储存量达到高峰,而宗室贵族人数的增长没有达到与之相适应的程度。虽然全部支付量实质上少于上面已经提到的 850 万石,但是只是其中一小部分,比如 50 万石,就完全可以解决贵族的俸给问题。

在 15 世纪 30 年代,北京居住着大部分蒙古族人。他们要么被俘,要么自愿臣服于汉人的统治。明廷对他们确立了一项抚慰政策,其目的明显在于引诱和抚慰他们不断骚扰西北前线的族人。有时,这部分居住在北京的蒙古族人总数达到 10 000 左右,明廷每月每人支付 17.5 石粮食③。有时,明廷每年要支付给他们的总数为 210 万石;这个数字看起来过大,不真实。有段记载比较符合实际,说每月每人 17.5 石只是付给王公贵族(captains)的,普通蒙古族人所得肯定要少④。但是毋庸置疑,这部分蒙古族人的生活来源是由明政府承担的,因此而拨付的粮食石数必定成百上千。

对于那些不熟悉明王朝政府机构的人来说,明朝宫廷内侍人数很容易使他们感到震惊。从 15 世纪晚期到明王朝崩溃时,仅是宦官人数就从 10 000 人增加到 70 000 左右⑤。作为普通的宫廷办事人员,大多数宦官是净米的消费者。随着这部分内侍中心人员人数的增长,包括太医、厨师和其他工匠、普通苦力在内的宫廷家政人员人数也在增

---

① 《明史》,卷 82 页 14;《大明会典》,卷 38 页 1088。
② 《明史》,卷 82 页 20。
③ 《明史》,卷 176 页 1;赵翼:《廿二史札记》,卷 32 页 15。
④ 《典故纪闻》,卷 11 页 175。
⑤ 贺凯:《明王朝的传统中国》,页 11。

长,他们的报酬也用漕粮支付。1522年,大学士杨廷和发起了一场减少宫廷人员的运动。宫廷内侍,连同各种服务部门的工匠和苦力,以及依附于具有秘密警察功能的锦衣卫的多余人员,被成群地解雇。这样,总共有148 700人从报酬名单中消失。结果,明廷每年可以节省1 532 000石漕粮①。仅是这一项,就可以说明16世纪前明廷额外支出的原因。这个事例还说明了以百万计的花费在其背后并不一定具有什么重要意义,它们很容易从效能低下的管理中堵住。

逐项列举这些支出,使我们得到一个印象,即任何一项的支出都无非常的建设意义。在表面上,可能驻扎在北京人数众多的军队,会更加增强明政府的防御能力。但是,这一支巨大的和平时期的军队,拥挤在京城,从未达到预期的目的。在正常状态的年月里,在明廷的一纸命令下,他们经常转变成劳力。在紧急状态下,他们无力作战的弱点充分暴露出来②。作为一个不流动的"人力水池",它本身逐渐干枯了。最初380 000世袭军户,到16世纪早期减少到50 000户。在这段时期里,拨付出来养活他们的漕粮,完全是浪费。如果用一种更进步的方法来拨付漕粮,比如促进军事工业,或者改进京城到前线的运输条件,那么向军队拨付漕粮就会产生更积极、更持续的效果。而按照明廷的管理方式,多拨一些或少拨一些,并无什么差别;简单地说,并未给国家带来什么利益。

除了上述滥用外,漕粮腐烂的事情毋庸置疑地发生了。1619年,宗人府在检查储藏净米粮仓后悲伤地说道:"每阅各仓,见多圮坏,地每有当换之板,上每无夹垅之灰,浸淫浥烂,长此安穷。"③这里所提到的存粮,指的是高级净米,其中部分是要上皇帝的餐桌的。如果这种粮食的储存情况都令人悲叹,那么储存在粮仓里的粗粮的境况不知差

---

① 《明史》,卷17页2;卷190页5~6。
② 《明史》,卷89页1~11。
③ 鹿善继:《认真草》,卷16页233~234。

第四章　漕粮运输

到什么程度。必须指出的是，在整个明王朝统治时期，无论什么时候，粮仓里都有粮食，从未完全腾空。大多数粮仓到 1644 年才露出仓底来。在 1567 年和 1602 年，虽然漕粮储存量最少，许多朝廷官员对此情况感到惊恐、忧虑不安，但仍然能足够供应至少两年的需要，无须增补。存粮由于流通缓慢，不可避免要腐烂。当时的许多文献，就常常提到由于储存过多而导致浪费的情况。存粮的腐烂数量，达到令人非常吃惊的地步。

一些学者认为，封建专制统治下的中国，其政治和军事影响如何，在很大程度上取决于漕运量的多少。他们的观点不止得到一两个看法的论证。他们认为，如果漕运了充足的粮食，漕粮迟早要运到前线去的。军队的粮食如果供应充足，反过来就会增强军事力量，提供军队的战斗力。这种观点听起来非常符合逻辑。不过就本文所研究的明王朝历史来看，找不到什么历史事实来证明它是正确的。

在明王朝统治早期军事力量达到顶峰时，很少有足够的粮食运到前线去。在几次针对蒙古族部落的军事行动中，永乐帝的确经由运河地区输送粮食给作战部队，但是，这些军事行动的时间并不长，战事一旦结束，就再无粮食运到前线地区。1439 年，正统帝命令户部提供有关以往是如何向西北前线提供后勤供应的材料。户部报告说，自明王朝建立以来，只有两次从北京向前线输送粮食。第一次是在 1421 年，总共运输了 201 100 石。第二次是在 1431 年到 1435 年间，运送了 380 000 石，其中大部分是牲畜饲料①。由于运输困难，如果数量过大，就不可能经常地输送。即使对于承担着向驻扎在大同府和宣化府的卫所提供粮食的山西和河南的地方政府来说，也感觉到不可能陆上输送成吨成吨的粮食。它们找到了一种解决方法，而无须进行麻烦而繁重的运输，即在要解决所承担的任务时，派人远道到长江以南地区，从

---

① 《典故纪闻》，卷 11 页 178。

那里购买大批棉布。棉布这种物品,比粮食要好运输得多,运到前线后,就在那里变卖,然后就地购买粮食提供给军队。实际证明,这种方法非常好,因而军队公开宣布接收棉布,以取代粮食①。甚至连明廷也采取了这种解决方法。除了向前线卫所发放银两外,它还运去包包丝织品和棉布;这样,既运输货物,又拨付银两,从而取代了普通的粮食。在1493年,明政府还以同样方法向前线运输了150万磅的茶叶②。

到15世纪末,虽然加在纳税人身上的担子十分沉重,而对中央财政来说,向前线卫所供应物品并不是一个严重的问题。在70年代早期,人数为80 000到100 000的部队移驻榆林和绥德附近的陕北地区。向这支部队提供的粮食,估计价值虽然只为940 000两银子,却需要4 070 000人运输,据说运输费用高达8 250 000两,几乎是所需粮食的9倍③。虽然明政府把这个负担转嫁到山西、陕西和河南等省的百姓身上,但是这样运输粮食,耗费过多,百姓负担过重,难以长时期推行。随后,明政府找到了两种可供选择的解决方法。其中之一,就是命令部队自己至少生产部分粮食。随后的记录表明,这些卫所有26 738名士兵和劳力从事耕作,每年生产的粮食维持在265 140石水平上④。

于1487年官任户部尚书的李敏在其制定的解决方法中,也强调就地解决。10年前,李敏作为巡抚,驻在大同。他安排山东和河南的官员用钱币取代粮食以解决运输问题,规定按照1石粮食兑换1两银子的比率进行。担任户部尚书后,他进一步将该方法推行到其他地区

---

① 《典故纪闻》,卷11页178。
② 《明史》,卷80页24。关于运送到前线卫所各种各样的物品,参见《明宪宗实录》,卷84页8。
③ 《明史》,卷178页11。
一份于1473年呈交给成化帝的上奏,也引证了极端沉重的负担,指出:如要把马的饲料运送到前线卫所,每50捆草(或干草)要花费10多两银子。参见《明宪宗实录》,卷119页5。
④ 王世贞:《凤洲杂编》(丛书集成第2810册),卷1页6~7。

和卫所①。如果有关地方不能提供,这种解决方法就不可能推行。既然如此,北京把问题留给北方 5 省来解决。这些省份的运输任务再一次由盐商捐资补充完成。由于盐是政府垄断的,明政府规定对一定数量的大批食盐,盐商必须用粮食来交易,并在边境地区支付。所有这些措施推行后,明廷就解决了由自己承担的后勤供应负担,只是在偶尔紧急情况下,明政府才发现有必要从自己的储存中拨付一些,解决供应。正如前面已经提到,即使这样,紧急运输的物品多半也不是粮食。

到明王朝统治中期,上述政策构成了国家财政框架。基本政策是,将土地税收入分为两个渠道征收。规定淮河和黄河地区提供 800 万石粮食,维持前线卫所生存。长江以南地区提供 400 万石,供京城需要;这 400 万石,就变成明政府规定的最大量,明代财政政策制定者以之作为有关政策完全执行的象征而多次加以引证。

正如预料那样,两条渠道之间出现了互通。比如在 1492 年,南直隶和浙江省欠收,不能完成规定的税粮份额,明廷乃决定用银子征收;而本来承担支付银两给前线卫所的山东、河南和北直隶等省所属一些府县,相反则向北京提供粮食。随即,明廷将在南方征收所得的银两拨付给前线卫所②。这一三角转换,是临时性措施,并未在任何方面影响对前线卫所的拨付。唯一可能要提出的疑问是,在毗连地区进行征收,会间接影响到遥远的北方地区的价格;过高的粮价反过来会导致军队的供应不足。但是,这种疑问也是一种没有根据的看法,因为各地区相互间的运输困难排除了出现这种市场敏感反应的可能性。

同普通看法相反,明朝的军事力量在明廷向前线卫所的供应逐渐沉重的情况下急剧下降。从逻辑的角度来考虑,导致下降的大部分原因在于先前所采取的供应方法——一种以就地取材,局部自给自足为

---

① 《明史》,卷 185 页 1~2。
② 《明孝宗实录》,卷 65 页 8。

基础的解决方法——推行不下去了。具体说来,有几个因素要对军事力量下降负责。大规模地逃亡,导致在卫所服役的劳动力下降。军用公共土地因被盗占损失,进一步削减了卫所自给自足的能力。更主要的是,对士兵利用部分时间所从事的军垦,效果到底如何,没有给予恰当的计算。有段材料就证明说:"十数年并无一处通关奏缴,而宣大、延绥屯废尤甚。"①随着时间的推移,华北地区不断拖欠支付。在16世纪,东南沿海地区进入了经济发展时期。对外贸易的增长和新工业的发展,为南方省份带来了繁荣。但是,这种繁荣并未向北方地区延伸。值得注意的是,西北地区所处境况最为糟糕,因为它不得不从其他地区购买诸如茶叶、盐和纺织材料之类的必需品,同时又找不到平衡贸易和增加收入的途径。它所生产的羊毛,从未成为中国的大众商品;地毯的制造,也是小规模的,从未达到一定的程度。西北地区银两大量外流,必然导致该地区在随后的时期里全面萧条。当时的目击者报告说,税征是一条死亡线,导致许多人自杀。成千成千的人卖身为奴,卖儿卖女②。地方政府也增加了额外的困难。一方面由于篡改税册、特权阶层逃避纳税而导致收入减少,另一方面由于向贵族提供俸给的负担加重,地方政府遭受到前所未有的财政困难。山西和河南两省的情况最为糟糕。该两省在16世纪中叶,在扣除向前线输送的粮食之后,地方政府可得收入加起来为230万石。在这笔收入中,两省至少在理论上不得不支付各种俸粮,总数达到504万石③。不言而喻,两省不能完成向卫所提供粮食的任务。情况更为糟糕的是,明廷此时修改了有关用盐支付的政策。先前,由于前线地区要用粮食支付,因而盐商感觉有必要在边境地区拥有自己的土地。1492年,明廷宣布用银两支付,在交易场所用钱币支付。这样,盐商发现没有必要再在遥远的

---

① 《凤洲杂编》,卷1页6~7。
② 顾炎武:《亭林诗文集》(四部丛刊本),卷1页13。
③ 《明史》,卷20页13;钱穆:《国史大纲》,第2册页503。

北方地区保持土地所有,乃变卖土地离开。虽然据说在 1592 年后,明政府部分恢复执行了早期的政策①,但也极大地影响了边境地区的粮食生产②。

虽然防御开支增加趋势早已开始,但急剧增加出现在嘉靖在位期间。在 16 世纪中叶,俺答汗率领蒙古族部落不断侵扰明王朝西北前线。为了防御,明廷不得不加强沿线卫所。再加上其他开支,就使得维持卫所费大幅度上升。在该世纪 20 年代前,无论在哪一年,拨付给前线补助费的最高纪录是 473 131 两银子③。而在仅仅 30 年后的 1549 年,就不得不拨付 3 178 354 两④,增加了近 6 倍。在 80 年代,明廷拨付给前线的银两包括从各种渠道征收的 3 201 000 两以及食盐收入的 599 000 两⑤;两个数字加起来为 380 万两,在 1549 年的拨付数字上另外增加了 20%⑥。

---

① 《明史》,卷 80 页 9;卷 91 页 5。
② 《明史》,卷 80 页 14。
③ 《春明梦余录》,卷 35 页 18。
但是,《明史》和《凤洲杂编》都记载说,在 1522 年前,补助费从未超过 430 000 两银子。参见《明史》,卷 235 页 14~15;《凤洲杂编》,卷 1 页 3。
关于拨付给前线卫所的补助费,可参见《大明会典》卷 28 页 839~861。还可参见寺田隆信的大作《明代边饷问题的一个侧面》,载《清水博士追悼纪念明代史论丛》(东京,1962 年),页 251~282。
④ 该数据是以《凤洲杂编》为根据的。我们认为,该数据是从户部档案中得出的。
⑤ 《明史》,卷 82 页 21~23。
⑥ 在 16 世纪中叶和晚期,明廷所征收拨付给前线卫所的实际补助费到底有多少,不能确定,因为无数个互不相联的项目都有补助费的征收,而各种资料相同的记载又很少。有些报告还包括了最初由华北地区各府提交的银两。这些银两,本来是这些府县所承担的财政支付的一部分,因这个或那个原因,通过中央政府上缴,随后就作为明廷补助费而加以计算。
不过,虽然具体的数字不同,但实质上是一样的。我们有理由相信,在 16 世纪到来后的前几年里,补助费总数不少于 50 万两银子。随后直到该世纪末的某个时候,总数逐渐增加到 300 万两到 400 万两之间。还请参见王崇武(Wang ch,ung-wu)的大作《明代商业殖民地化程序》(The Ming System of Merchant Colonization),载《中国社会史》(Chinese Social History)(华盛顿,1956 年版),面 244、308。

抢夺输送给卫所的粮食,看来始于 1522 年。是年,有人上奏刚登基的嘉靖帝,指出:

> 今宣大二镇,凋敝极矣……所欠军粮,多未补足……宣府饥卒,抢夺市米。教场操楛腹之军,至不肯举旗以应号令;营门卧饥羸之卒,至不能跨马以执器械。兵势委靡,人心涣散①。

这段叙说的文学色彩非常浓厚,我们当然不能从中得出具体的细节情况。很明显,它过分夸大了有关情况;对此,我们还可以补充说,其笔调同当时流行的奏折笔法风格不同。然而在另一方面,上奏者这样叙述,有一定的根据,并非完全夸大。在结尾时,他指出需要从北京向两个卫所运送 300 000 石到 400 000 石粮食。附在该上奏之后的是一个注解,表明嘉靖帝随之朱笔御批了奏折所提要求。可是,每年从北京运往的粮食仅为 150 000 石②。虽然这些粮食是怎样运输去的,我们无从所知,但是,考虑到交通条件差,这种运输是一项非常困难的任务。同样,我们也无从了解在第一批粮食运往前线后,是否还有第二批、第三批……

但是清楚的是,在 16 世纪后半期每年都从北京向前线运输粮食。同时,战争局势变化极大。在离北京 100 英里范围内、恰好坐落在其北面的两座城镇,即密云和昌平,取代了西北前哨卫所,成为最重要的战略中心。从 1550 年起,明政府向这两座城镇输送粮食,总数为

---

① 《明臣奏议》,卷 17 页 301~302。
② 《明世宗实录》,卷 12 页 11。

206 000石。在1589年,增加到344 090石①。这些粮食,要么是刚从江南运到北京然后马不停蹄继续往前运输而来的,要么是京城粮仓换下来的陈粮。前者是由漕军运输的,后者是征发劳役运输的。偶尔,明政府也出资雇用商人来负责运输。

向前线拨付钱币,运输粮食,并未使明军重新取得军事优势。在长达30年里,俺答汗随意洗劫、掠夺北方省区。有好几次,他甚至威胁要进入北京城。最终在1570年,明廷才引诱他接受了和平条款,封他为汗王,准许其部落在边境地区贸易。如此解决,在官员中引起争论。比其他任何官员都竭力主张和平解决的张居正,不得不详细地为自己的政策辩护②。尽管如此,他仍然遭到激烈的批评。其中一个批评者是孟一脉,他质问说:"今以中国之文帛绮绣为蕃戎常服,虽曰贡市,实则媚之。边臣假贡市以赂戎,戎人肆剽窃而要我。彼此相欺,以诳君父。"③

1593年,都御史彭应参劾止万历帝给予日本人的贸易特权。他的理由之一就是,同蒙古族人的贸易已经导致明王朝损失了36 000万两银子④。我们不知道他是如何得到这个数字的,如果真是这样,这笔资金又如何支付。但不用怀疑的是,这种所谓的贸易的确属于一种明廷难以忍受的交易。许多年后,顾炎武仍然回忆说道,在1626年,来自宣府、大同、绥德和延安的地方官员带着"银两数万两"⑤来到苏州,购

---

① 这个数字牵涉到一些还未得到说明、模棱两可的数字。《大明会典》在卷27页820中记载说,从北京向这些卫所运送粮食,开始于1550年。几种资料都提到了1550年后的运输情况。参见吴缉华的大作《明代海运及运河的研究》,页196~197。不过《明史》在卷79页4中,《大明会典》在卷27页796中,都记载说,在1475年,两个卫所收到了交付物品。看来,这些交付物品从山东起运,由遮洋总穿越渤海运输而来。在15世纪80年代,逐渐为钱币支付所取代。
② 朱东润:《张居正大传》(武汉,1957年版),页108~109。
③ 《明史》,卷235页9~10。
④ 《明史抄略》,卷1页2。
⑤ 顾炎武:《亭林余集》,卷12。

买大批丝织品，以解决边境贸易的需要。根据这些事实，可见 1570 年的和平条款并不是一种令人完全满意的解决方法；在此背景下，俺答汗对抚慰费和让步费的索取，看起来并不公平。很明显，如果明军有能力与入侵者对峙，所有这些羞辱和额外的财政负担都可改变。

在讨论这段历史时，许多学者都相信，明王朝前线卫所防御力量在 16 世纪的下降，在很大程度上由于漕运量减少而导致的。由于学者们普遍以供应不足作为论证军事防御能力下降的原因之一，同时又由于每年的统计数字表明漕运量下降，因而两者之间的因果关系似乎很明显，没有必要为找出到底有什么联系而作进一步研究。只有在这里，我们才遇到了一个问题，即实际存在着的一些历史细节和深藏的角度，证明这种看法是草率的。虽然从南方漕运到北京的粮食数量减少了，可是运往前线的粮食却大为增加，远远抵补了减少量。如果有任何因素可以引证说明为什么对军队的供应不足，那么这个因素就不是同漕运情况联系在一起的；或者说，正如本文前面已经提到，是西北地区经济状况全面萧条这个因素破坏了已有的财政经济体系。

当时，前线地区流行的兑换比率为每石粮食兑换 1 两银子。如果以之作为计算基础，那么 16 世纪 80 年代维持北方 15 个卫所的开支总数大约为 8 950 000 两银子。其中，17.3% 为卫所收入，46.7% 由中央政府拨付，只有 36.0% 由北方省份支付[①]。这些百分比虽然由于程序变化（以前由省布政使司直接支付给军队的银两，数目虽然不详，但改由中央政府转交）而有所不同，但是显而易见，由北方省份支付部分突然减少了；而在 15 世纪，仅是这些省份提供的供应，就价值 800 万石粮食。在由中央政府拨付的部分中，只有小部分来自杂七杂八的收入，

---

① 根据《明史》，卷 82 页 21～23。
《凤洲杂编》中收录了类似一组以 1549 年统计数字为依据的数据。两组数据相互之间虽然非常类似，但是，《凤洲杂编》还列举了一些杂七杂八的项目，诸如马饲料、棉花和棉布。

比如食盐收入、货物通行税、罚款和没收;大部分来自南方征收的土地税——无论是用钱币征收还是用粮食征收,均采用之。两者之间的比率实际上没有什么差别,并未影响总体情况。我们在此重申,影响实际漕运量的因素有许多,比如特别年份的收成状况、粮食储备水平、漕河水道状况、可以使用的运输工具如何以及南北之间的价格差情况如何,等等。我们可以补充的是,到 16 世纪末,整个局势仍然在明廷能够控制的范围之内。对前线地区的维持虽然逐渐困难,但仍然能够处理。

明政府能够控制的局势大约维持到 1600 年。16 世纪进入 17 世纪,是明史变化的转折点。在这一期间,明军要承担三大主要战事,即:首先是于 1592 年发生在内蒙古的战事。其次是也于同年爆发、断断续续地进行的高丽战事,明廷有责任保护藩属反对日本军队入侵。更主要的是居住在明王朝西南地区的土著部落发动反叛,明廷不得不于 1600 年派遣军队前往镇压。这三大战事的总开支达到 1 200 万两银子,从而严重地耗尽了明廷的财政储备[①]。如果此时推行节制措施,是可以抑制财政进一步赤字的。可是,万历帝却是一个讲究排场、奢侈浪费的昏君,鼠目寸光。他在位期间,皇家开支飞速高涨;宗室亲王婚礼的举行大典和浪费程度前所未有;他个人包括丝织龙袍和珍珠在内的开支,超过数百万两;新皇宫的建造花费更多。随着明廷财政耗尽,满族人兴起了。为了支付针对满族人的军事行动的新开支,明廷不得不在土地税之外征收额外税和附加税。在进入 17 世纪后的几十年里,对满族人的战争耗尽了国库,更加沉重的征税致使关内社会严重动荡不安。随着这两个问题都不可能解决,明王朝统治的最终崩溃不可避免地来到了。

在此明王朝处于全面危机期间,漕运体系仍在运作。一些历史学

---

① 《明史》,卷 20、21。

家喜欢引用这么一个事实,即:在明王朝统治的最后20年里,运往北京的漕粮年平均仅为240万石;漕运量减少,似乎证明漕运体系崩溃了。他们忘记提到,自1618年以来,驻扎在天津的巡抚负责运输粮食到包括整个满族人控制地区和北直隶在内的东北前线。1621年,运往这两个地区的粮食加起来总数达919 583石①。在17世纪40年代,上升到200万石到300万石②。如果将这些粮食同北京应收数目相加,那么总数就可以同此前任何期间的年运输总数正好相同。

因此,由于应付满族人的进攻,明廷逐渐将经由漕河运输的粮食一半转运到前线地区——在明史上,这是一项至高无上的转运任务。尽管明军努力防御,仍然不断被后金军队逼回长城内。虽然此段历史非常复杂,目前难以研究清楚,但是,从逻辑角度对一系列事件进行排除性分析,我们至少可以说,因同满族人的战事而产生的供应问题比以前预料的要大得多,复杂得多。

先前,在解决向西北前线提供后勤供应的问题时,明代官员至少可以在边境地区购买一部分粮食来供应③。在东北地区,这种依靠购买地方所产粮食加以解决的方法看来不能适用;这正如在辽东负责军务的总督熊廷弼不断敦促北京向他提供粮食而非拨付银两所表明,拨付银两并不是一个令人满意的解决方法④。因此,整个供应问题的结构完全改变了。漕河的漕运能力如何,并不是主要问题;当时的关键在于如何解决从天津向作战地区运输的问题。

1619年,熊廷弼向北京发出一封急件,指出在其麾下有士兵180 000名,战马90 000匹。每年需要军饷银3 240 000两,粮食配给量

---

① 《明熹宗实录》,卷12页34~35。
② 倪会鼎:《倪文正公年谱》(丛书集成第3444册),页52。
③ 拨付给西北前线的银两,用于购买武器装备。参见寺田隆信在其大作《明代边饷问题的一个侧面》中所引的有关文献。还请参见王崇武的大作《明代商业殖民地化程序》,页304。
④ 《筹辽硕画》,卷42页18。

第四章 漕粮运输

1 080 000 石,战马饲料需要 972 000 石大豆和 216 000 000 捆草料。他还强调说,上述需要只是最低必需数额,交通运输和开支均应以此为基础而策划①。随后的一封报告,表明明廷只批准拨付 1 400 000 石粮食,其中一部分用钱币支付②。在熊廷弼提出要求后,拨付数量看来增加到 200 万石;但是,实际拨付量可能从未超过 150 万石,因为负责东北地区军事供应的巡抚李长庚指出,他所收到的全部粮食,包括天津的 600 000 石,来自山东的 600 000 石和来自江南的 300 000 石③。其中有一部分,除了普通税粮外,是额外加征的。比如,来自江南的 300 000 石粮食,是在已有由南直隶、浙江、江西和湖广等省承担的定额之外加征 10%而得到的。在由山东供应的 600 000 石粮食中,有一半来自普通税粮,另一半则是政府购买的④。在后来几年里也有许多事例,表明运到天津然后运到东北的粮食,包括了额外加征部分⑤。

但是更困难的还在后面,即如何将粮食运到辽东是一个非常大的难题。巡抚李长庚在一份未标明时间的上奏中指出:"夫辽饷二百万,以每舟载五百石计之,须得四千舟始可完二百万之运,而臣所造雇津船二百只、淮沙船五百只耳。"⑥熊廷弼在一份报告中指出,在一部分陆路运输中使用了牛车。关于这部分开支,《明史》中记载为每石 1 两银子⑦;其他资料则表明,从长城南到辽东,运输费为每石 2 两⑧。很明显,即使明廷手中拥有足够的后勤供应,运输效率也会因缓慢、运输费用昂贵而大大降低。

粮食供应不足极大地影响了军队的作战能力。熊廷弼在另一报

---

① 《明臣奏议》,卷 35 页 675;《明史》,卷 256 页 8。
② 《筹辽硕画》,卷 44 页 20。
③ 《筹辽硕画》,卷 44 页 47。
④ 《筹辽硕画》,卷 45 页 40。
⑤ 《明清史料》,乙编,卷 4 页 329。
⑥ 《筹辽硕画》,卷 44 页 46。
⑦ 《明史》,卷 256 页 8。
⑧ 唐顺之:《荆川文集》,卷 8 页 39(应为页 29——译者注)。

告中指出："军士遂有忍饿两日者。"①在辽东于1621年陷落前,辽东经略(Commander-in-Chief)袁应泰向户部证明说,他所储存的马饲料已经耗尽了②。1641年,急需接连向战地供应;随后在崇祯帝个人干预下,向松山——明王朝在东北地区最后堡垒之一——紧急运输400 000石③。尽管如此,在随后的一场战斗中,总兵祖大寿手中的物品完全耗尽了④。

上述情况产生的后果是灾难性的。不过,如果我们从更深、更广的角度重新研究明王朝与后金的战争,就可以说这些后果不过是次要的。在危机中,明王朝由于不能动员地方资源为其目的服务,导致其统治全面削弱。或者是地方经济极端需要恢复,或者是明王朝统治者同被统治者的联系完全隔绝。再加上通讯网络不可靠,明军就陷入了孤立无援的境地。士兵们不但在饥饿中挣扎,而且军饷不足,装备不足。这就是设置在东北以加强对该地统治的一个卫所,于1619年突然消失的原因;是年一天晚上,1 000名士兵中就有700多名逃亡了⑤。

现代一位学者谈到装备问题时认为,明王朝过早地失败的原因就在于军队的装备极为糟糕⑥。毫无疑问,他的观点得到战地指挥官熊廷弼下面一段上奏所证明:

> 辽东买一弓二两,一矢五六分,更无买处。至于衣甲、撒袋、鞍辔、皮绳诸物,日日装束,时时追逐,补绽缝破,无事不贵。每见军士赔办器物,典卖行囊,身无寸绵,裸体穿甲,心如刀割,而恨不

---

① 《筹辽硕画》,卷44页25。
② 鹿善继:《认真草》,卷10页123。
③ 《明臣奏议》,卷35页675。
④ 查继佐:《罪惟录》(四部丛刊本),卷17页31~32。
⑤ 《筹辽硕画》,卷44页29。
  有关盔甲供应情况,还请参见《明熹宗实录》,卷12页21。
⑥ 钱穆:《国史大纲》,第2册页586~587。

能以身代也①。

很明显,此段上奏的意思是,军事供应系统完全毁坏了——其毁坏过程,很难同漕运体系的运作效率联系上。相反,为了解决急需,漕运量大幅度增加了;只是由于路程和问题太大,才使得这样的补救无效。

由于大量粮食要运往东北,因而很自然,到明王朝统治崩溃,明廷才感觉到储存缺乏。京城粮仓所储存粮食数量第一次到仓底露出来。海运虽然恢复了,尽管开始时取得了成功,但是并未产生令人满意的效果②。其失败原因,看来在于船只数量不足。1643年,在新粮从江南运到之前,北京储存的粮食只能维持2个月。户部不得不购买一定数量的大豆,作最坏准备③。

明王朝统治最后几年里的漕粮总运输量,并不清楚。但是在1640年,除了已经大规模地增加10%外,在征收定额基础上又增加了8%④。运输的执行,也变得更加严厉。1641年,浙江两名知县因未能完成运输任务而被逮捕;其中一名最终自杀,另一名被押送到北京关进大牢⑤。显然,漕运没有一点缓慢下来的迹象。同年,位于临清附近的卫河一时干枯了⑥。驻扎在淮安的一名御史写了一首描述是年漕运情况的600字诗。他指出,漕船出发时期比寻常推迟了4个月;但是总运输量仍然为400万石⑦。各种信件和私人日记都提到,由于那时要运送200万石到300万石的粮食到前线⑧,那么到1643年,每年包括运往北

---

① 《筹辽硕画》,卷44页24。
② 有关崇祯帝在位期间海运恢复具体情况,参见《明史》,卷277;《春明梦余录》,卷37页29。
③ 倪会鼎:《倪文正公年谱》,页52。
④ 《崇祯长编》,卷13页8。
⑤ 陈贞慧:《崇祯朝纪事》(上海,1946年版),页156。
⑥ 吴缉华:《明代海运及运河的研究》,页336。
⑦ 诗是吴易所作,载于《明诗纪事》,页2814。
⑧ 倪会鼎:《倪文正公年谱》,页52。

京的运输量无论如何也不会低于 400 万石;这个数字或许在先前许多年里已被超过。

考虑到船只短缺和漕军已经崩溃,更不用说大量税款被拖欠,运输了这么多的漕粮,的确是个奇迹。即使是运河网本身,到这时也变成了战争的牺牲品。南下清军的铁蹄横扫大部分河段;随后,又被土匪洗劫。一眼望去,满目凄凉。1641 年,负责财政事务的给事中(Advisory Secretary)左懋第受命负责漕运事务。他提交的一份奏折,未完全摆脱传统上的夸张,说:"臣自静海抵临清,见人民饥死者三,疫死者三,为盗者四。米石银二十四两。"①兵部于 1642 年提交的一份奏折,说道:"运河自宿迁至东昌,村镇尽成瓦砾,独济宁一城,孤立于千里荆棘中。"②负责黄河事务的河道总督张国维,同一时期沿着运河旅行时,发现饥饿不堪的难民啃食树皮,而他同时又看到"新漕衔尾而北"③。另一名官员的日记提到,在 1643 年,许多县的知县坐在县衙里"不征粮理讼"④。非常令人吃惊的是,漕河仍然能够航行,漕船还能经越无数个险阻之地航行前进;而在这些地方,船只通常需要帮助才能前进。

随着崇祯帝自己上吊而死,北京于 1644 年农历三月被李自成攻占。后来,又被清军夺取。可以理解,1644 年的漕运没有进行。但是在是年农历八月,前面提到的那个左懋第官居右佥都御史,在南京自己登基称帝的福王朱由崧派他在北京同清廷接触。100 000 两白金、几万卷丝织品,作为南明小朝廷的礼品,由 3 000 名士兵护送。左懋第使团,连同这些礼品和士兵,大约需要 100 艘船只才够乘坐。据说,左

---

① 《明史》,卷 275 页 13。
② 《明清史料》,乙编,卷 10 页 933。
③ 张国维:《张忠愍公集》(江苏书局 1879 年版),卷 9。
④ 祁彪佳:《祁忠敏公日记》(浙江绍兴,1937 年版),第 5 册,1643 年阴历八月二十二日。

懋第一行在八月里渡过淮河,于十月初一到达漕河南面终点张家湾①。这段行程不到60天②。这证明王朝更迭时,漕河水道不仅完整无损,而且仍然处于良好的航运状态。这种情况同276年前蒙古族人失去政权时的情况是不同的。

　　上述情况说明,漕河在明王朝统治后期仍然完整无损,漕运数量也未大幅度下降。漕河水道状况同明王朝统治的崩溃并无什么关系。明王朝对后金的军事失败,是许多其他因素造成的;而这些因素与漕粮运输并无任何直接联系。更主要的是,期望漕河解决所有因与后金战争而产生的后勤供应问题,确确实实是不可能的。

　　不过,虽然我们无意批评明王朝统治后期对漕河的"错误管理",但是我们不得不要问,明王朝依赖漕运体系作为一项国家财政主要来源的基本想法何在?

　　必须记住的是,洪武帝和永乐帝确立明王朝统治体系时,极大地强调地方自给自足;通过颁布一系列严厉而强制性的措施,这一目的在很大程度上实现了。在实际上,明政府对每一个臣民的住所和职业都作了规定;当这还不够时,明政府接着就强行移民。与此同时,规定军队自己提供粮食。官吏只能依靠自己微薄官俸生存;官俸数量,即使按照15世纪的水平来看,也是明显比较少的。只有在这种情况下,国库开支才能降到最低点。成化帝制定的财政经济基本政策与此不同:所有防御开支由华北地区来承担,宫廷开支则由南方省份承担。前者未超过800万石粮食,后者不过400万石。在外表上,这是一种整齐而简单的解决方法,可是一旦操作起来,却包含了许多复杂而错误的处理方法。此外,这一政策是否能推行成功,需要不断地强化现有

---

　　①　《明史》,卷275页15。
　　②　原文叙述矛盾。作者一方面说朱由崧派遣左懋第到北京同清政府接触,另一方面随后又说左懋第渡过淮河南下,方向是矛盾的。可能作者后面所说,是左懋第完成任务后返回南京的行程。——译者注

政治体系,也需要中国两大主要地理区域的经济境况相对稳定;而这两大地理区域状况在16世纪再也维持不下去了。

而且,漕运体系存在着自己的内在弱点。在繁荣时期,粮食盈余并未带来什么值得注意的好处,仅仅是鼓励皇帝豢养了大批随从;而对继位者来说,无论是维持还是打发,都很困难。在萧条时期,粮食总产量明显不可能增加,也不可能促进漕运的发展。

明王朝整个体系还有一个不足,那就是土地税制度如何规定也是要同漕运体系的运作相适应的。正如我们在前几部分中已经指出,运往北京的土地税,一部分是用实物征收的,征收时要随征高额的附加税;另一部分则简单地规定按照非常低的比率兑换成银两支付。最后,前一部分的缴纳过高,导致缴纳拖欠。后一部分则由于兑换比率过低,使许多精明的地主受益很大;这些地主,或者通过购买,或者玩弄花招,以按照低比率兑换粮食的银两来完成纳税任务。无论是哪一种情况,都对明王朝国库收入产生不利的影响;它的未来收入减少了。

在17世纪早期明王朝财政开支大幅度增加时,却没有新的收入渠道出现。耶稣会传教士提议发展一种新事业,即由政府经营采矿业。由于官僚阶层强烈反对,明廷不得不交由宦官负责,并最终在不光彩的失败中结束。由于纺织工人的剧烈暴乱和罢工,明廷不得不放弃对纺织业的征税。对外贸易也在明廷一道命令下暂停。内陆水道通行税的征收,即使增加了,但所得收入每年不过50万两银子。在土地税之外,除了食盐每年能带来100万两多的收入外,没有哪一项收入能达到令人满意的地步。在明王朝统治的最后10年里,国防开支大幅度增加,达到了每年2 100万两的程度;这迫使明政府在土地税外征收额外税。明政府在增加税收时,却未考虑到纳税个人或纳税地区是否有能力缴纳。在册土地每亩的纳税率是相同的。从某种意义上来说,明王朝整个财政政策,其制定似乎有意地证明了各个组成部分的联系是最薄弱的。

2 100万两是多少呢？简单地说，不过仅供50万人军队一年费用。根据这一期间的法定细目，每人的饷银为18两，那么50万人的部队，就需900万两。无论从什么样的保守角度来观察，用于支付军官的需要200万到300万两。剩下的800万或900万两用于购买战马、武器、制服、装备和供这支军队迅速行动的交通工具，当然不够。关于此点，如果有什么疑问，都会因下列事实而得到解释，即在满族人夺取政权后，云南、广东、福建三地控制下的军队加起来总数为32 000人[①]。而在1672年，支付给这些部队的银两加起来就超过了500万两[②]；这还只是和平时期一年的支付，军队并无任何规模的战斗任务。

正如何炳棣估计一样，如果中国人口到1600年时达到了150 000 000人[③]，那么2 100万两就意味着每人不过0.14两。相比起来，1578年的土地税，如果按照在册人口平均分配承担，那么四川就为每人0.33两，陕西0.38两，浙江0.49两，山东0.50两，南直隶0.57两[④]。如果考虑到加在纳税人身上的额外征收以及其他无形的负担，那么在大多数情况下，土地税要么接近要么超过每人1两的比率。这就令人难以相信2 100万两的军费开支超过了全国的承担能力，虽然不用怀疑，征收资金时，政府机器和现存税收体系自己超过了临界点。

很清楚，明廷并未准备好也未装备好如何动员全国资源应付紧急期间出现的突发事件。关于这一点，给事中（Supervising Secretary）吴执御就疏言："臣窃谓天下之民未尝穷，而天下之财未尝尽也，惟主计者自为穷之、尽之之计。"[⑤]崇祯帝在位期间官居户部尚书的毕自严，也

[①] 原文如此。三藩军队总数不止32 000人。——译者注
[②] 钱穆：《国史大纲》，第2册页594。
[③] 何炳棣：《明初以来人口及其相关问题（1368—1953）》（马萨诸塞州剑桥，1957年版），页3~23；页277。
[④] 参看《大明会典》，卷25页669~715。
[⑤] 《春明梦余录》，卷36页48。

指出:"计岁入太仓岁充边饷者,真无异马体之毫末也。"①

但是我们必须在根本上加以强调,明廷失败原因起源于其君臣盲目地坚持执行明王朝建立者制定的总计划。一旦先例确立起来,即使有的并不合理,他们不愿意也无力加以改变。然而在15世纪和17世纪早期期间,中国的社会背景发生了巨大的变化。虽然洪武帝和永乐帝在实际中能够利用军事管制性质的法律对全国加以统治,可是在万历帝、天启帝和崇祯帝在位期间,占有全国大部分土地的士绅牢固地确立了自己的地位;各省政府不再只是明廷的传达机构;中央政府的权力,即使在理论上没有受到抑制,但至少在实际运作中受到了限制,遇到了阻碍。两头政治在某种程度上产生了。同时,白银的广泛流通,导致明王朝早期确立的财政制度已经过时。此外,人口增加了,江南贸易和手工业发展起来了,国防的实际开支增加了。明廷虽然不得不面对非常复杂的财政问题和经济问题,但是从未全面重新组织具有生机活力的制度,以适应新环境的需要。自16世纪晚期以来,国家预算表面上拥有的银两数目巨大,给人一个假象,好像中央政府的收入渠道加大加宽了;而在事实上,表面上增加了的收入,大部分要通过程序上的变化取得,比如,在江南征收的税粮,其中一部分要兑换成银两支付;支付给军队组织和机关的,要由中央金库交付;来自食盐收入的现款流通,必须集中起来②。兑换成银两支付和重新规定资金发送,并不表明明廷的财政储备实际增加了。我们可以进一步指出,直到1600年,明王朝行政当局首要关心的问题并不是如何扩大国库收入的财源,而是如何才能在成化帝遗留下来的永久性政策中生存下去。

并不是所有当时的明人都要受到眼光短浅的谴责。邱濬和王宗

---

① 《春明梦余录》,卷35页29。
② 《明史》在卷82页19~20中指出,北方省份支付给卫所的银两为1 695 000两。还请参看97页注释⑥。
关于食盐收入处理情况,参见《明史》,卷80和卷185。

沐提议扩大海洋收入①。前者还和李贽以及后来担任户部尚书的倪元璐，或者提议对商人实施更自由的政策，或者提议发展商业以增加国库收入②。唐顺之则看到了改进关内同东北地区交通的重要性③，顾炎武指出了西北地区经济萧条情况④。正如本文在各个部分已经讨论所指出并将继续讨论所指出，明廷未能就这些方法采取行动，或者未采取补救措施。

毋庸置疑，一直继续运作 200 多年、基本特点没有发生变化的漕运体系，对整个发展作出了贡献。它早期的成功，在明代官员中产生了自鸣得意的心理。在明王朝统治后期，虽然已经发现了它存在不足，但是明廷未采取任何措施加以改进。同时，看来并无任何其他候补体系取代它。明政府依靠它作为国库收入主要渠道长达两个世纪，在制定财政计划时，从未摆脱依靠它的思想观念。无论是当时流行的思想观念，还是通行的税收体制，都未使明代官员创造出一种极大地不同于现存体制的体制。

在努力维持历史延续性时，明代官员认为漕运体系是一种具有许多优点的体系。它给明王朝带来了稳定性和固定的收入。漕河的优点早就得到广泛的确认。至于它的负面影响，却常常被遗忘；它的有限能力也没有得到应有的注意。更主要的是，一条长约 1 100 英里的水道，明代官员只是期望它每年运输 400 万石到 500 万石的粮食到北京。很明显，尽管明政府为其运作和维持付出了极大的代价，可是它绝没有使明代经济活跃到令人满意的程度。

---

① 邱濬所提奏折，载于《皇明名臣经济录》，卷 22 页 7~8；《明臣奏议》，卷 5 页 80~83。关于王宗沐所提建议，参见《海运志》（美国国会图书馆缩微胶卷第 534 号）。
② 参看客肇祖：《李贽年谱》（北京，1957 年版），页 3。
倪元璐所提建议，载于《倪文正公年谱》。
③ 《荆川文集》，卷 4 页 4；卷 8 页 39。
星斌夫在其大作《明代漕运研究》第 340 页等页中也引用了唐顺之所写一些段落。
④ 参见第 94 页注释③。

第五章
宫廷供应品的漕运

关于宫廷所需物品的供应,明代并未形成一套连贯的政策。在明王朝统治早期确立土地税时,明廷准许一些行省通过向宫廷进贡若干农产品方式完成自己所承担的税额。但是,向宫廷到底要供应哪些物品,我们没有找到有关规定清单[1]。随着时间的流逝,供应品的组成和质量都发生变化了。它虽然不再反映各省所产物品哪些是盈余的,不过多少反映了宫廷需要哪些东西。在宦官催促的影响下,皇帝通常在旧的供应物品之外,命令进贡新品种。从理论上说,新增加的物品应该从供应地区所承担的土地税中扣除,而实际上,明廷常常"忽视"扣除,有关地区必须毫无补偿地进贡。而且,先例一开,除非撤销,有关府县就必须维持、继续。通常的做法是,明廷通过官僚体制将有关命令层层传达;最后,接受命令的县份负责征收和运输,由明政府所设仓库和接收点负责接收。明王朝统治中期过去后,地方政府经常支付银两,以取代物品。整个程序极为复杂。乱上加乱,明廷在16世纪晚期和17世纪早期派遣宦官到各地充当采办人。向这些宦官提供物品和服务,很少得到相应补偿。此外,明廷有时也采取购买办法,用现金支

---

[1] 《大明会典》有几卷列举了这些宫廷供应品的种类。何士晋特别在《工部厂库须知》(玄览堂丛书本)卷9中,也列举了一些供应品。有关农产品基本上有哪些,它们是怎样作为土地税征收的,可以参见《明史》,卷82。

第五章　宫廷供应品的漕运

付所得物品①。

不过,本文为了研究方便,可将通过漕河运输的宫廷物品分为三类,即:由纳税人运输到北京的,由中央政府运输到京城的,由商人运输但随后由明廷购买的。纳税人运输的物品,最重要的是净米、金花银和棉布。一般说来,丝织品、瓷器、容易腐烂的食品和建筑材料,由政府自己派遣劳力运输。到明王朝统治崩溃时,一部分木材从平民百姓手中购买;硫磺、铜、铁和漆等物品也是如此。

在京城所需物品中,除了占主要部分的煤、木炭、毛织品、琉璃瓦、搪瓷器和占小部分产于华北的丝织品外,其他任何大批运输的物品都产于南方。用于建筑的石头,从徐州附近运来,但是由于笨重,用一种称为"陆上驳船"(overland barges)的特殊装置来运送。除了这一特殊的物品外,所有其他物品实际上都是通过漕河从产地江南漕运到北京的。

毫无疑问,白粮在供应品名单上所占位置最为重要。白粮,不仅要供宫廷人员和宗人府食用,还有一部分要作为宫廷酿酒的原料。至于宫廷酿酒每年需要多少白粮,可从这一事实反映出来,即宫廷酿酒每年要消耗的毫无例外地从淮安地区运来的发酵饼,就达50多万磅②。

每年有214 000石白粮,是根据长江下游5府即苏州、松江、常州、嘉兴和湖州③所承担的税额征收的。把它们运送到北京,是这些地区的固有职责。有关县份在知县的安排下,派遣一些所占土地较多的大户来充当"解户"。由于解运是一种灾难性的义务,所有拥有势力的家庭总是想方设法躲避,负担不可避免地落到平民百姓的头上。"解户"

---

① 还请参见陈诗启的大作《明代官手工业的研究》(武汉,1958年版),页110~132。
② 《大明会典》,卷217页4328。
③ 《明史》,卷79页10。

一般为5年1期。"上任"之后,解户就须在"任期"内每年解运两次。每一次解运,他要负责400石到500石的白粮;这是平均每艘漕船的一般运载量①。

地方政府交给解户负责解运的白粮,征收时,按照每石白粮兑换1.7石粗米比率征收。此外,要征收0.8两到0.9两的银子作为服务费②。从这时起,责任就重重地落到了解户的肩上。他必须要照看粗米晒干、去壳、打包、雇船装运,自己要解运到北京去。在张家湾所需驳船摆渡费,要他自己承担。如果河水结冰,他必须安排卸下漕米并存放好,以待来春再解运。到了北京后,如果朝廷粮仓还未查收,政府接收收据还未交到他手头,他的职责也就还未完毕。

人们普遍认为,每艘船只的装运,官方津贴约为400两银子,不足以支付花销。我们至今没有找到有关记载,使我们能确信明政府支付了船只雇用费。但有资料说,每艘船只"每次来回获利几百两"。人们时常抱怨,船只驾驶者一路上总是找借口索取额外支付。更常见的是,船主同官吏的勾结非常密切。有关官吏在物品起运时就坚持解运者必须雇用受他们保护的船只③。

解户虽然是为政府服务的,可是并未得到相应的特权和豁免。穿越急流时,他们虽然可以得到政府劳役的帮助,但必须交费。通常是每3个急流交费10到15两银子。同样,每穿过一座水门,要交费0.5两到0.6两④。一路上,每艘船只所有交费加起来约为65两。

在几个征税站,解户所雇船只还要停下来接受检查。这又为负责征税站的官吏提供了敲诈勒索的机会。在明王朝统治后半期宦官负责收税时,解户必须缴纳通行税和货物税;这与普通商船并无区别。

---

① 《天下郡国利病书》,第6册页83。还请参见陈诗启的大作《明代官手工业的研究》(武汉,1958年版),页110~132。
② 《天下郡国利病书》,第6册页84。
③ 《天下郡国利病书》,第7册页26;《明臣奏议》,卷34页658。
④ 《天下郡国利病书》,第6册页50。

1610年,有人上奏万历帝,请求废除这些苛征①。

民解民运、运载白粮的船只,通常于农历五月从产地起程上路。经越淮河运河河段时,它们必须让漕船首先过去。为此常常延误几十天,导致船只冰冻季节才达到华北。从1604年起,上述5府提供额外补助,每船50两银子,以缓解因冰冻而导致行程受阻的解户②。

在北京,白粮查收时要缴纳5%的附加费。此外,还须缴纳白粮所占仓库空间费和存放白粮的劳力服务费。这些花费也由解户自己承担。按照明廷的规定,后一笔缴纳为每100石所查收的白粮不能超过8.6两银子。可是随着明代后期行贿受贿和非法勒索盛行,每名解户在接受官吏查收粮食之前通常要缴纳这个数的两倍③。

解户所承受的痛苦严重,无止境。地方史中关于他们悲哀的记载数不胜数。看来,他们遭受到的经济损失达到了倾家荡产的地步。16世纪后期,有一份上交给隆庆帝的奏折,这样写道:"(民运之家)无不破矣。"④明王朝统治后期,悲惨解户的处境在大众心中留下了深刻的烙印,民间传说中都有反映。有一则传说,描述了一名身无分文、无依无靠、处于绝望境地的解户,流落北京街头,最后乘着画中的船只回家。《古今图书集成》(有时,该文献用西方语言翻译为《康熙百科全书》)收录了这个传说⑤。《古今图书集成》的编辑者感到,这个传说是虚构故事的典型代表,收录了它,就可以保证这部普通参考文献包含了虚构故事的内容。

从解户这种悲惨的故事中反映出,白粮运送到北京的过程,无论怎样说都是极为昂贵的。有文献指出,每石大米的运输给纳税人带来

---

① 《天下郡国利病书》,第6册页85。
② 《天下郡国利病书》,第6册页20。
③ 《天下郡国利病书》,第7册页31。
④ 《明史》。卷79页10。
⑤ 《古今图书集成》,第116册页18。

的负担多达8倍①。换句话说,只是为宫廷提供粮食和酒水,就要耗费国家160万石大米。

棉布的运输情况,同白粮情况非常相似。棉布同白粮一样,作为土地税的一部分,也是在长江下游地区征收。不过,布匹毫无例外地来自8个县(嘉定、太仓、昆山、武进、宜兴、华亭、上海和青浦)。在早期规定布匹定额时,每年要运输200 000匹时,每匹按照取代税粮的土地税来征收。到17世纪,定额逐渐增加到322 744匹②。虽然就中央政府所关心的问题来说,兑换比率并未改变,但是在地方上,特别是在那些土地税逐渐削减的地区,以及在税收体制于16世纪改变之后,兑换比率发生了有利于布匹的变化。在17世纪早期征收土地税时,1匹优质布匹可以取代1.3石到2.5石粮食,1匹粗布取代0.7石到1.0石粮食;至于到底兑换多少,各县不同。每匹布匹也要征收0.2石粮食或相应的钱币,作为运输费用;各地普遍如此。优质布匹的官定价格,为每匹0.7两银子;粗为0.34两。这比市场价格高了许多③。但是比较起来,兑换率对于以纺织品来纳税的人来说仍然有利。因此原因,好几个县专门规定只准许少数农人用银两或布匹来完成纳税任务,其他农人则必须以粮纳税。同样,敌对性的地方之间总是存在着妒忌性的较量,相互之间为争取以更多的布匹数额来完成所承担的税额而产生了激烈的斗争④。

一般说来,对于以布匹纳税的人来说是幸运的,而对于承担布匹

---

① 《天下郡国利病书》,第7册页33。
② 《天下郡国利病书》,第6册页47。但是《大明会典》在卷30中指出,每年运送的棉布定额为433 000匹。参见《大明会典》,卷30页879。
③ 《天下郡国利病书》,第6册页12;第6册页41;第6册页67;第6册页68;第6册页79。
人们接受的市场价为每匹棉布0.2两银子。参见西鸠定生(Nishijima Sadao)的大作《支那初期棉业市场的考察》("Shina Shoki Engyo Shijon on Kosatsu"),载《东洋学报》,卷31期2,页274(1947年10月)。
④ 《天下郡国利病书》,第7册页74。

运输的解户来说,则同粮食解户一样,也是非常悲惨的。这些解户同样是5年1任。他们通常也是由所确定的所占土地较多的"大户"来担任。根据一份关于华亭县情况的文件所说,所占土地超过2 000中国亩或者拥有的银两达10 000两的地主[1],就要担任解户。

县衙门以银两支付的形式征收税布,然后将银两币一次性交给解户。解户收到银两后,就同纺织者订立合同,按照官方有关规定生产布匹。每匹布匹须长40英尺,宽2.5英尺到2.6英尺,重3.75磅。如果布匹据此生产出来了,地方官吏就在每匹布上盖上图章。但是,当地的验收决不能担保北京的满意。北京接收官员(在明王朝后期毫无例外地由宦官担任)可以挑剔地拒收任何一匹布匹或者全部。当时的一名作者一针见血地批评他们的验收标准,就是"以入贿之多寡为美恶"[2]。

同上述民解民运大米的解户悲惨遭遇完全一样,布匹解户也遇到了船夫所带来的麻烦、因漕船优先通过而导致的耽搁、水门和征税站负责官吏的敲诈勒索。每名解户每运输1匹布匹,通常要损失0.2两到0.3两银子。如果被拒收,那么重新购买并重新运到北京,每匹布匹就会给他带来的损失多达0.6两到0.7两。就华亭县的情况来说,每年要运送16 185匹优质布和48 935匹粗布,总价值为30 847两银子,由4人充当解户负责运输。他们到北京,需8个月到10个月的时间[3]。毫无疑问,他们所遇到的危险非常大,所承受的经济损失非常沉重。有名县官于1610年就悲痛指出:"吴中一闻此役,如赴死地。"[4]在17世纪,有些地方取消了解户。在嘉定县,由一名县丞(assistant to the magistrate)负责处理。不过在其他地方,比如在松江县[5],解户一直存

---

[1] 《天下郡国利病书》,第6册页79。
[2] 《天下郡国利病书》,第6册页20。
[3] 《天下郡国利病书》,第6册页80。
[4] 《天下郡国利病书》,第6册页79。
[5] 《天下郡国利病书》,第6册页20。

在着。

每年多达1 012 729两的金花银,经由漕河运输①。一般说来,也是民解民运。不过在明代后期,一些府县看来由政府官吏负责运输。至于详细情况,并不都很清楚。在金花银征收占1/3的长江三角洲,每千两要额外从纳税人身上征收8两,作为服务费②。征收上来的银两要熔化,铸成椭圆形的银锭,每块重约4磅③。其间的损失,要由解户承担。有本地方志指出,江南有个县每年要运输4次④。为了确保运输,必定采取了某些安全性措施,但是怎样进行的,并不清楚。从事铸造工作的工匠包括在运输队里,他的职责明显在于负责重量和纯度。户部官员负责验收。他们验收后,银锭就交由承运库存放,变成皇帝个人的开支⑤。在这笔定额为百万挂零的金花银之外,用银两征收的税收,看来也是用同样方法来处理的。不过,存放于太仓库的银锭除外。太仓库是户部负责管理的保管库,它所存放的银锭虽然是公共资金,但是,明政府绝未明确规定就作为公共资金而拨付。皇帝只要愿意,随时就可以重新分配并转用。正德帝于1507年就下令太仓库拨付200万两给承运库。嘉靖帝于1549年同样下令太仓库拨付,拨付数目达320 000两⑥。1578年后,万历帝的个人收入每年膨胀到200 000两,而这笔资金是由太仓库拨付的⑦。

明廷从纳税人身上征收了各种各样的物品,数目成百上千。要把它们分类,看来不可能。《宁国府志》(《宁国府的历史》)的作者虽然

---

① 《大明会典》,卷30页878。
② 《天下郡国利病书》,第6册页41。
③ 何士晋:《工部厂库须知》,卷2页38。每锭重约4磅,是根据何士晋在注明日期为1612年农历四月初五的上奏中所说得出的。
④ 《天下郡国利病书》,第6册页90。
⑤ 鹿善继《认真草》,卷16页233~234。
⑥ 堀井一雄(Horii Kazuo):《金花银的展开》(Kingagin no Tenkai),《东洋史研究》(*Toyoshi Kenkyu*),卷5期2页47(1939年11月)。
⑦ 《明史》,卷79页15。

设法做了一份清单,但它仅仅包括了他所在地方缴纳的物品①。首先有 13 种物品出现在清单上,即黄蜡、蜂蜜、肥猪、肥鹅、鹿、药味药材、鹿皮、箭支、扫帚、历日纸等②。但是,作者列举完后,又想到了一些清单上并未包括的物品,有山羊、铅木、金箔、猫竹和丝线。即使把这些物品补充进去,清单也决不能覆盖宁国府所有缴纳的物品。大家都能清楚地发现,宁国府每年缴纳给北京的 500 支毛笔,清单上就没有,而接收点的记录则有记载③。这只不过是物品种类很多、难以列举的一个例子。

蜡是用于照明的主要原料。在 1574 年,将近 50 万磅须在长江下游地区和浙江省征收。除了一部分已经兑换成银子支付外,大约 160 000 磅要经由运河运输;126 000 磅茶叶和 200 多磅灯芯也是如此④。

同年,宫廷使用的染料,总共有 13 种,总重量 50 万磅多,需要运输。同染料一块运输的,是 130 000 磅的生漆、56 000 磅的明矾、120 000 磅桐油、90 000 磅铜和黄熟铜、27 000 磅锡和 1 000 张牛皮⑤。要找到随后经由漕河运输的物品到底有多少,比较困难;但是长江下游河谷提供了大多数染料,并连同淮河地区一道提供了大多数牛皮和桐油。锡开采于湖广,漆来自浙江、南直隶、广东、福建和四川⑥,而生漆明显产自浙江省的温州⑦。毫无疑问,把这些物品运往北京,大多数路段必须经由漕河。

---

① 《天下郡国利病书》,第 9 册页 46。
② 此处所列较原引书少"乌梅",只有 11 种。——译者注
③ 何士晋:《工部厂库须知》,卷 9 页 62。
④ 《明神宗实录》,卷 22 页 9。
⑤ 《明神宗实录》,卷 23 页 2。
⑥ 何士晋:《工部厂库须知》,卷 9 页 2;项梦原:《冬官纪事》(丛书集成第 1450 册),页 2。
⑦ 《明史》,卷 82 页 4。

至于毛笔,除了5 000支由宁国府提供外,另外5 000支由同样位于南直隶的太平府提供,还有10 000支由浙江省运来①。纸张,看来全部由南方省份提供,其中湖广占主要部分。在1491年,明廷所消耗的各种各样颜色的纸张,有260万张产自湖广②。在17世纪早期,浙江、江西和湖广每10年就须向明廷提供666 666张红纸和绿纸,1 333 333张白纸;这些纸张看来毫无例外地用于布告和装饰③。此外,明廷每3年或5年也要购买8种纸,总数达16 000 000张④。还有,朝廷日历的出版,既是皇家特权又是皇家职责。在15世纪中叶,每年需印509 700册⑤;所需纸张重达20吨到30吨。为此,必须提供一定数额的纸张。

明廷好像要把物品种类延伸到非常复杂的程度,还规定家用工具由各省地区提供。每年,南直隶的池州府运输了5 481把芦苇扫帚和3 913支竹耙⑥。正如前面已经提到,宁国府也提供了扫帚。看来,这些物品从未兑换成银两来完成。

15世纪中叶每年运输给太医院的药材,超过130 000磅⑦。由于中药反映的是全国各省各自所有的代表品种,因而更多的是,每个地理分区各自承担相当部分。在此基础上作保守估计,有一半药品要经由漕河运输。万历帝在位期间,药品兑换成银两,支付完成⑧。

向北京提供的食物,可以分成两类。牲畜以及能够存放的食物,由地方政府提供。容易变质的及其他食物,在南京交付给朝廷船只负

---

① 何士晋:《工部厂库须知》,卷9页62~63。
② 《明孝宗实录》,卷53页4。
③ 何士晋:《工部厂库须知》,卷6页72。
④ 何士晋:《工部厂库须知》,卷6页39~40。
⑤ 《春明梦余录》,卷40页59。
⑥ 何士晋:《工部厂库须知》,卷9页62。
⑦ 《春明梦余录》,卷40页59。
⑧ 陈诗启:《明代官手工业的研究》,页124。

责运输①。其中一些船只具有冷藏功能。

在15世纪后期,成化帝规定每年给予宗人府享用的牲畜不应超过100 000只②。有一份未注明日期的报告指出,大部分牲畜,包括猪、羔羊、鹅,产自浙江、江西和南直隶。报告还强调说:"路途弯远,牲口每致瘦损。"③在整个明王朝统治时期,南方省份所承担的牲畜供应,多次兑换成银两支付。在1468年,兑换率规定为1头猪1.7两,1只羔羊1两④。后来,万历帝也作了类似规定⑤。但是,于明王朝统治崩溃时期所编写的南方一些府县地方志证明说,许多地方仍然继续供应的是物品。在其他地区,比如前面提到的宁国府,运送了一些猪、山羊和鹅。常州府的江阴县每年供应了13 000磅熏鱼⑥。不过,《淮安府志》(《淮安府的历史》)反映说,向该地索取的食物兑换成银两支付⑦。于1632年所写的一份报告表明,向苏州索取的蜂蜜,用银两支付⑧。

军事供应,无论是原材料还是制成品,都征自平民百姓⑨。虽然炸药由工部生产,但硫磺和硝酸盐均由平民百姓提供。1575年,明廷所需硝酸盐达400万磅,硫磺200万磅。有资料表明,这些物品的征收,每10年1次⑩;在明代后期,也向商人购买⑪。硫磺看来是从海外输入的,因此必须经由漕河运输。在后面段落中,我们将讨论此问题。

有关铁的供应细节,并不十分清楚。虽然《明史》中说在明王朝统

---

① 《明史》,卷206页1;《续文献通考》,页3070。
② 《明史》,卷82页2;余继登:《典故纪闻》,卷14页232。
③ 黄训:《皇明名臣经济录》,卷31页88。
④ 《大明会典》,卷116。
⑤ 陈诗启:《明代官手工业的研究》,页124。
⑥ 《大明会典》,卷217页4337。
⑦ 《淮安府新志》,卷12。
⑧ 《崇祯存实疏抄》(上海1934年影印本),卷1页102。
⑨ 《明史》,卷82页4。
⑩ 《明神宗实录》,卷36页1。
⑪ 何士晋:《工部厂库须知》,卷6页4;卷6页5;卷6页38;卷6页94~96。

治早期就有上百万磅的铁运送到明廷,但是在当时任何记述中都找不到这些铁是否经由漕河运去的①。至少在16世纪,明廷手中看来拥有足够的铁来供使用。在1575年,先前由几省所承担供应的铁和麻,兑换成银两支付②。很可能,坐落在北京东北面的遵化铁厂很好地保持了对明廷的供应,另外从通行税收入中所得作为补充。早在15世纪中叶,正统帝规定遵化的铁生产应取代江南的供应③。1509年,遵化生产了1 944 000磅生铁、277 300磅熟铁和82 000磅钢④。据说在1581年,遵化铁矿被抛弃了⑤。但是于1592年所写的一份备忘录,指出位于遵化的兵工厂制造了大量武器⑥;而这只有在铁矿和提炼厂都在生产的情况下才有可能生产出来。在明王朝统治末期,明廷规定福建和浙江两省每年向北京运送912 000磅铁,其中福建承担90%⑦;与此同时,另外还有5 555磅从水路通行税收入中获得⑧。

麻来自水路通行税。在漕河地区和位于江南的运河地带,麻从货物通行税征收中索取。在其他地区,则以钱币征收。黄铜、青铜、胶水和羽毛(后两种用来制造箭)的征收,也实行同样的政策。虽然其他物品的征收相对较少,但麻的征收每年超过了154 900磅,胶水超过了13 500磅⑨。

弓、箭、盔甲和刀剑,部分由工部生产,部分由地方政府提供⑩。看来,坐落在江南的几个府全部都承担了永久性的份额供应,要么提供

---

① 《明史》在卷81页14中指出,运往宫廷的铁有1 000万磅。但是《春明梦余录》在卷46页59中认为超过了1 200万磅。
② 何士晋:《工部厂库须知》,卷2页36。
③ 《春明梦余录》,卷46页59。
④ 《大明会典》,卷194页3934。
⑤ 陈诗启:《明代官手工业的研究》,页119;《大明会典》,卷194页3934。
⑥ 《明臣奏议》,卷31页580。
⑦ 何士晋:《工部厂库须知》,卷6页92。
⑧ 何士晋:《工部厂库须知》,卷9页45~61。
⑨ 何士晋:《工部厂库须知》,卷9页45~61。
⑩ 《明熹宗实录》,卷12页31;何士晋:《工部厂库须知》,卷6页68~80。

第五章 宫廷供应品的漕运

这些武器的产品,或者供应诸如竹、牛筋、箭杆和羽毛这样的原材料。1428 年,浙江省一名官员为金华和台州的百姓利益着想,上奏明廷请求说:"户口较洪武时耗减,而岁造弓箭如旧。"①万历帝在位期间,每年有 1 280 000 支箭由南直隶、浙江、江西和福建等 5 省的 12 个府提供②。各省每年供应的羽毛,有时超过了 22 270 000 只。在明代后期,这些供应大幅度下降,应完成的份额大部分用银两支付③。

南方省份还分担了冬季服装的供应。冬季服装是用棉花缝制的,有红色、绿色和蓝色,每件重约 4 磅。这种服装分配给前线戍守军队,虽然由各省布政使司独家缝制④,但负担当然地转嫁到平民百姓身上。或许,这种服装每年不少于 25 000 件到 30 000 件要经由漕河运送的。

在明王朝统治早期,甚至连作为马饲料的草料也漕运到北京。在南京出发时,每艘船只运载 1 000 捆草料。但在长途旅行后,"十束在船,十坏六七"。15 世纪早期,根据周忱的建议,兑换成银两支付⑤。

正如本文在第三章中已经指出,明廷虽然在南京维持大约 2 000 艘漕船负责运输供应品到坐落在北方的京城,但是总是出现船只短缺的现象。1612 年,北京兵部致函南京兵部说,为了照顾后者不要开支过大,已经将运输船队全体船员返程路上的所需花费增加到 10 464 两银子⑥。船队装载着南方物品到达北京,返程时,每艘漕船可得银 24 两作为补贴。按此计算,10 464 两可以分配的漕船达 436 艘。这件官文虽然没有说明这笔资金花了多长时间才积聚起来的,但是提到了漕船是分成 3 组到达北京的。无论怎样,我们从中可以得出一幅总的关于漕船运载量及其花费高昂的画像。

---

① 《明史》,卷 164 页 7。
② 何士晋:《工部厂库须知》,卷 6 页 71~77。
③ 《大明会典》,卷 191 页 3872~3874。
④ 何士晋:《工部厂库须知》,卷 6 页 71~77。
⑤ 焦竑:《国朝献征录》,卷 60 页 3。
⑥ 《明清史料》,乙编,卷 1 页 3。

不可否认,丝织品一直是那些在役漕船所运载的最重要的物品。即使丝织品的总重量超不过其他种类的物品,但至少可以说,其所值钱币在所有各种供应物品中占第一位。大部分丝织品,由明廷设于南方的机构负责织造。这些宫廷织造厂从明王朝统治早期时起就设于南直隶①。从1460年起,明廷每年还派遣宦官到长江下游去从事采办②。除了宫廷织造厂织造的外,南直隶和浙江省10府地区每年也要供应一部分;这些是根据它们所分担的土地税份额而征收的。有时,明廷还征收了额外数量的丝织品。这些额外的丝织品,通常要从供应府县所分担的税额中减去。如果供应还不足,就要购买③。1463年,在南直隶和浙江征收了120 000石粮食,专门支付10 000匹丝织品④。明代中叶后,通常从盐税收入中提取资金购买丝织品(食盐的流通,受到中央政府严密的控制)。此外,在扬州所征收的通行税,也作为丝织品购买资金使用⑤。

明廷之所以极为重视丝织品,不仅仅是因为它们的使用价值。事实上,丝绸可以象征着官员们所穿的官服是与众不同的。明王朝建立者规定,商人永远不准穿戴丝织品。在明政府保护下的丝织品织造,不仅要向宫廷人员提供制服,还要为贵族、通过各级科举考试的士子、政府官员及其家属提供相应服装。对于和尚和藩属的朝贡使者,明廷也给予和赏赐一些。在皇帝的同意下,明政府采纳的设计图案非常广泛。原材料织造成服装时,每件的前胸后背、袖子和花边,同它件是不同的,从而表明衣着者的官品和地位⑥。

各种资料中关于有多少丝织品运到了北京的记载,极大地不同。

---

① 《明史》,卷82页9。《大明会典》,卷201页4031。
② 《明史》,卷82页9;卷157页13。
③ 《大明会典》,卷201页4031。
④ 《天下郡国利病书》,第6册页69。
⑤ 《续文献通考》,页2934。
⑥ 《明史》,卷82页9~10。

《大明会典》记载说,每年有 25 436 匹另加 16.15 英尺的丝织品运到北京,每匹宽 2 英尺,长 35 英尺。另外,每 10 年采办的丝织品,总数达 150 000 匹。此外,每闰年(按照农历,闰年有 13 个月)须多交 2 679 匹另加 28.82 英尺①。明政府为接收站和收购点制定的手册,说每年运到北京的总数为 28 685 匹另加 19.15 英尺,闰年增加的有 2 611 匹另加 20.35 英尺②。《明史》中随便记载说,16 世纪早期每年运到的总数为 24 000 匹③。1621 年,有名巡抚提交的上奏,指出江南四府每年织造的丝织品,总数为 12 555 匹④。

但是,有一份提交给弘治帝的上奏指出,在 1501 年,宫廷仓库收到了 278 287 匹丝织品;这年期间,检验查收的有 312 372 匹⑤。该上奏还强调说,拨付给采办丝织品的宦官作为所需花费,包括 60 000 两银子和 16 000 吨食盐。根据食盐的价值⑥、拨付的钱币数和宦官采办团通常花费等来判断,宦官采办运输的丝织品总数,应是《大明会典》中所记载的 5 到 10 倍。

在 1597 年,又一次拨付 21 000 吨食盐给采办团⑦。但没有说明其中有多少食盐用于购买丝织品。还值得指出的是,有时最后对丝织品要加工的内织染局(the Bureau of Weaving and Dying),在 16 世纪后期雇用的宦官和政府劳力,达到 11 500 多名⑧。

1624 年,有名御史上奏天启帝,弹劾负责太监。这份上奏进一步

---

① 《大明会典》,卷 201 页 4036。
② 何士晋:《工部厂库须知》,卷 6 页 66。
③ 《明史》,卷 185 页 9。
④ 《天下郡国利病书》,第 8 册页 49。
⑤ 黄训:《皇明名臣经济录》,卷 31 页 35。
⑥ 产盐地区的官定卖价仅为每吨 1.8 两银子。参见《天下郡国利病书》,第 12 册页 46。但是从各种文献的零星记述中,我得到这样一个印象,即商人每吨所付银两很少低于 7 两。《春明梦余录》中提到。在明王朝统治末期,加上附加费,每吨食盐所售价格高达 15 两。参见《春明梦余录》,卷 35 页 48。
⑦ 《天下郡国利病书》,第 12 册页 6。
⑧ 王世贞:《弇山堂别集》,卷 99 页 6。

证明了丝织品数量远远超过了 5 位数,其说道:"夫袍段以四十万,分为十八运。"①我们虽然不能准确指出到底生产了多少,但相信在 16 世纪,每年丝织品数量,包括宫廷织造厂所织造的、各省征收的和购买的,应超过 25 万匹。关于成本,每年由明廷所承担的纯支出就明显超过了 25 万两银子②,不足数目则由各地承担,总成本不可能少于 50 万两。除了 5 000 匹丝织品由山西省供应外③,其他则安排南直隶和浙江两地承担。在苏州,安排 8 艘船只永久地专门运输纺织品,并在 1624 年增加了 2 艘④。杭州、南京和其他河港所安排的专门运输船只,应接近这个数。

当时相当多的记述一致谴责明廷派遣宦官从事丝织品采办是错误的。毫无例外,所有采办宦官事实上都在敲诈勒索,图谋私利,而由他们支配的物品和劳力很少得到相应报酬,白白供给。1525 年,南京知县指出,有时在生丝已经存放于朝廷仓库时,负责太监仍然要求江宁和上元两县供应⑤。由于负责运输丝织品的漕船装载较轻,因而宦官总是利用船舱和货舱携带私货,或者出租。关于出租情况,利玛窦在其第一次到北京的旅程中就发现了。他在《札记》中证明说:"太监们有时出租宫船的空舱赚钱。"⑥1600 年第二次到北京时,他自己就在运载丝织品的一艘马船上。下面一段,摘自其《札记》:

  一位身居要职的太监率领六艘马船载着丝绸,正要动身去北京。利玛窦神甫和他的同伴们在这样一艘船上分到了一个舒适的位置,地方宽裕,不但放得下个人的行李,而且还可以堆放一所

---

① 《明臣奏议》,卷 37 页 715~719。
② 《明史》,卷 82 页 10。
③ 《明史》,卷 235 页 5。
④ 《明臣奏议》,卷 37 页 715~719。
⑤ 《明世宗实录》,卷 91 页 17。
⑥ 利玛窦:《十六世纪的中国——利玛窦札记(1583—1610)》,页 307。

新房子和一座设备齐全的教堂所需的家具。这个船队是由那位给利玛窦神甫之行签署官方文件的皇帝顾问派遣去北京的①。

皇帝的服装,由专门船只负责运输,一路上享有的特权比运载丝织品的还要大。龙袍作为神圣不可亵渎的物品,不能同普通物品放在一起。后来满族人掌权后,明显地继承了这一做法。1656年荷兰外交使团到中国后在漕河上航行时,就发现了为皇帝运载丝织品的船只,全船都装饰起来,雕梁画栋②。

这样,丝织品一路上的额外处理费用,同上述估计数字并不符合,使已经过于浪费的采办支出更加昂贵。1624年,苏州巡抚反对增加运载丝织品的船只,指出增加船只,就意味着不但增加维修费,而且要增加漕河劳役人数和服务开支③。于1501年分配的16 000吨食盐,所占船只应为100艘到200艘。还有资料表明,宦官一路上持着朝廷许可证,却运载未经许可的食盐,谋取私利。注明日期为1505年的一份上奏,就指控说:"此辈若明得旨,便于船上张揭黄旗,书写'钦赐皇盐'字样,势焰煊赫,州县驿递官吏稍稍答应不到,便行捆打。"④

除了丝绸外,江西的瓷器也由宦官负责采办。到底采办多少,看来没有规定,但是产量仍然很大。产量最多的一年,是1433年,生产了443 500件。其次是1571年,生产了105 770件;接着依次是1582年,96 624件;1583年,96 000件。1591年,明廷规定生产159 000件。在此数完成之前,明廷又突然命令多生产80 000件。直到1610年,任务才得以完成⑤。

位于景德镇的瓷器工厂,建造于14世纪晚期,或者修建于15世

---

① 利玛窦:《十六世纪的中国——利玛窦札记(1583—1610)》,页356。
② 安东尼·弗朗科斯·普雷沃斯特:《耶稣会士的历史性旅行》,卷5页253。
③ 《明臣奏议》,卷37页719。
④ 《皇明名臣经济录》,卷23页3~4。
⑤ 《大明会典》,卷194页3919;《明史》,卷82页11。

纪早期。据说,该工厂周边界线超过了1英里,分成23个部门①。工人从附近各县征召而来。他们的报酬由这些县份提供;或者作为法定劳役,他们为明廷提供服务,而无报酬。看来在明代后期,瓷器工人,尤其是专业技术人员,是招募而来的②。16世纪中叶,景德镇总共有58家官窑,另有20家民窑。对于某些特定种类瓷器的生产任务,官办瓷窑经常转交给民窑来完成,付给报酬③。景德镇由于生产繁忙,吸引了众多旅行者的注意。杜·哈尔德就在其大作《中国社会简史》一书中对景德镇作了如下描述:

    只有江西一个城镇在生产瓷器,它的名字就叫景德镇。该镇长1里格,人口约有100万④。

  官窑不仅生产饭桌上使用的瓷器,还生产诸如棋子、鱼缸之类的奢侈品。朝廷规定的颜色和图案,不能模仿,违背者要受死刑处分⑤。

---

 ① 蓝浦:《景德镇陶录》(1815年版),卷1。
  还请参见佐久间重男(Sakunai Shigeo)《明代景德镇窑业之考察》("Mindai Keitokuchin Engyo no Ichikosatsu"),载《清水博士追悼纪念明代史论丛》(*Shimizu Hakase Tsui to Kinen Mindaishi Runso*)(东京,1962年),页462。
 ② 蓝浦:《景德镇陶录》,卷1;佐久间重男:《明代景德镇窑业之考察》,页468、470、472。
 ③ 瓷窑到底有多少,一直有争议。之所以出现争议,原因或许在于没有一个大家都接受的标准,到底什么样的才能称得上瓷窑。本文的数字,是根据傅振伦的研究得出的。参见其大作《明代瓷器工业》(北京,1955年版),页15。
  但是,无论是佐久间重男还是江西省的官方研究机构都相信,明代后期的瓷窑数超过了900。参见佐久间重男的大作《明代景德镇窑业之考察》,页482;江西轻工业厅陶瓷研究所:《景德镇陶瓷史稿》(北京,1959年版),页109。
 ④ 杜·哈尔德(Du Halde):《中国社会简史》(*General History of China*),卷2页10。
  但是,这个数字明显是夸大了的。根据《明世宗实录》卷240页6中所记载,1540年,景德镇人口约为10 000人。《景德镇陶瓷史稿》估计在明王朝统治崩溃时期,景德镇人口增加到100 000人。参见《景德镇陶瓷史稿》,页109。
 ⑤ 《明史》,卷82页11。

宣德帝在位期间,有名负责瓷器制造的宦官,就因将皇家产品分给亲密朋友而被处死①。

瓷器运到北京后,交由负责为皇家准备宫廷宴会和食物的宗人府负责。食物食用完后,宫廷侍从经常占有器皿②。1504年,宗人府报告说3个月内就有23 345件不见了③。1609年,一名御史写道:"一入宫门……无复返还之望。"④被贪污偷盗的瓷器通过各种途径,总有一天要进入市场的⑤。皇帝本人也要卖掉一些⑥。这些情况反映了明廷需要制造和补充的数量巨大。由于手头的资料不多,我们只能推测,每年生产的瓷器总量大概在35 000到50 000件之间⑦。

瓷器的包装和运输,由地方政府负责。在饶州府,由7个县提供劳力。装满瓷器的柳条箱县县中转,到达南直隶的池州府,然后大概在那里由南京派遣而来的船只装载运输。据说,"一岁数限"向北京运送瓷器。每次运送所需开支,"少者不下千金,而夫力装具不与焉"⑧。但是,随后经由运河的运输,看来由明政府负责。而且在明王朝统治后期,陆路中转为水运所取代⑨。

宫廷消费的酒瓶,用质量中级的瓷器制造,由坐落在进入漕河处附近的仪真和瓜洲大批量生产。这两个酒瓶制造厂由工部负责管理,每年要烧制100 000个⑩。运输这种酒瓶,无须特别处理。每30个酒

---

① 《明史》,卷82页11;余继登:《典故纪闻》,卷9页148。
② 《明史》,卷82页2。
③ 余继登:《典故纪闻》,卷16页267。
④ 《神庙留中奏疏类要》,4(应为第四册,户部卷2、页6——译者注)。
⑤ 《春明梦余录》,卷6页64;沈德符:《万历野获编》(1827年版),卷24页13~14。
⑥ 《春明梦余录》,卷27页9。
⑦ 1436年朝廷工厂没有生产时,地方政府为明廷生产了50 000件。参见佐久间重男的大作《明代景德镇窑业之考察》,页466。
⑧ 《景德镇陶瓷史稿》,页111。
⑨ 《景德镇陶瓷史稿》,页31、111。
⑩ 《大明会典》,卷194页3918。

瓶,就装成1小包。然后搬到运输漕粮到北京的船只上,顺便就运到北京了①。

砖块的运输过程同酒瓶相同。砖块由临清砖厂生产,年产量为100万块。1574年后,减少到700 000块②。运输漕粮的每艘船只,要顺便运输40到48块;民船减半③。有的资料说,有时,每艘民船需顺便运载340块,后来减少到40块;即使是运输净米的船只,也不能例外。船主要想免于携带,需交付0.6两银子;这笔支付,涵盖了从漕河端点到登记站的处理费④。以这一比率计算,从张家湾运输100万块砖头到北京,要花费15 000两。

只能为宫廷建筑使用的釉砖,由苏州烧制生产。不过,明政府并未设置永久性的釉砖厂,只是在需要釉砖时,才规定长江下游6府地区负责提供劳力和生产设备⑤。明廷通常拨付一些钱币,其中部分作为生产补助费。1596年到1598年的修建计划投入实施时,明廷拨付了20 000两银子⑥。包括处理费在内的实际成本费,超过了此数10倍到20倍。运输釉砖,要用特殊的驳船⑦。

用于建筑的花岗石,生产于淮安—徐州地区,而石灰则由北京附近的马鞍山生产。至于木料,除了一种特殊木料由山西省五台山供应外,大量由湖广、四川和浙江等省提供。

从四川起运的木料,必须走3 000多英里,才能运到北京。通常的处理方法是,每20到30根扎成1只木排,每只木排由40个劳力负责运输;他们到达北京,需要3年时间。每只木排的运输费用,达到

---

① 《通漕类编》,卷4。
② 《明神宗实录》,卷29页10。
③ 《通漕类编》,卷4;《天工开物》,卷2页3。
④ 《天下郡国利病书》。第7册页38。
⑤ 《大明会典》,卷190页3848;何士晋:《工部厂库须知》,卷4页39。
⑥ 项梦原:《冬官纪事》,页1。
⑦ 利玛窦:《十六世纪的中国——利玛窦札记(1583—1610)》,页307。

60 000两银子①。明廷,包括皇帝及大臣的办公场所和皇室生活起居住所,在1514年、1541年、1557年、1596年和1597年不断毁于火灾。为了修补被毁建筑,明廷在16世纪和17世纪早期大部分时间里不断在修建。为此,明廷拨付大笔资金以支付各种建筑材料;其中大部分用于支付木料费②。

在16世纪晚期,旅行者常常看到运载着"皇木"的船只在漕河上穿梭。归有光就在1541③年南行日记中开篇写道:"下张家湾:皇木蔽川,舟阻隘,仅得出。"④利玛窦在其《札记》中对16世纪结束时的情况作了如下描述:

> 经由运河进入皇城,他们为皇宫建筑运来了大量木材,梁、柱和平板,特别是在皇宫被烧毁之后……⑤

利玛窦所作的另一描述如下:

> 神甫们一路看到把梁木捆在一起的巨大木排和满载木材的船,由数以千计的人们非常吃力地拉着沿岸跋涉。其中有些一天只能走五六英里。像这样的木排来自遥远的四川省,有时是两三年才能运到首都。其中有的一根梁就价值达三千金币之多,有些木排长达两英里⑥。

在1557年的修建中,明廷派遣一名侍郎和都察院御史负责收取

---

① 黄训:《皇明名臣经济录》,卷48页13;《春明梦余录》,卷46页63。
② 《春明梦余录》,卷6页9~10;《明史》,卷241页4。
③ 应为1562,作者误。——编者注
④ 归有光:《震川先生集》,卷6页8。
⑤ 利玛窦:《十六世纪的中国——利玛窦札记(1583—1610)》,页306。
⑥ 利玛窦:《十六世纪的中国——利玛窦札记(1583—1610)》,页307。

木料。从四川和湖广获得11 280根圆木(其中一些的圆周达10英尺),从浙江所得数目不详①。看来,明廷为此支付的钱币数目较少,而大部分花费由有关省份承担,从它们应缴纳的土地税税额中扣除。仅湖广一省,所支付的银两就达3 390 000两②。这笔开支或许包括了从未得到报酬的劳力服务。有证据表明,对于这些没有什么技术的苦力来说,他们被征召服劳役并无报酬;同时,因事故和其他原因而导致的死亡人数,一县就接近1 000人③。

据说,1596年的修建耗费了9 300 000两银子④。使用的圆木,总共有160 000根⑤。其中一些横梁,长达90英尺,圆周14英尺⑥。要把它们漕运到北京,毫无疑问地给相当多的劳力带来了艰难困苦。利玛窦神甫在其《札记》中所写的一句话,即"成千上万的苦力,沿着漕河岸,步履艰难地跋涉",就深刻反映了被地方政府征召而来的劳力所承受的痛苦。《明史》中的记载,也反映了此点:"郡县有司,以迟误大工逮治褫黜非一,并河州县尤苦之。"⑦还有资料证明,木料经过水门时,各种船只都必须靠在一边等候,许多船只都被失去控制的圆木撞毁、损坏⑧。

1596年修建主事(director)留下的文件,反映了木料除了上述来源之外,还要从民间购买一定数量,作为补充。明廷规定,由商人运到北京、圆周为5英尺或大于6英尺的圆木,工部按照官定价格支付购买;民船运输的桅杆也是这样⑨。这些文件虽然没有进一步提供购买

---

① 焦竑:《国朝献征录》,卷59。
② 《明史》,卷82页8。
③ 《万历疏抄》,卷8。
④ 《明史》,卷82页8。
⑤ 项梦原:《冬官纪事》,页4。
⑥ 项梦厚:《冬官纪事》,页14。
⑦ 《明史》,卷82页8。
⑧ 项梦原:《冬官纪事》,页4。
⑨ 项梦原:《冬官纪事》,页7。

后的情况如何,但是指出,有一段时期,木材商运送到北京的木料达44 000件。很有可能,其中大多数是木板、厚板和形状较小的圆木①。

当然,明廷并未因修建项目完成而不再获取木料。在1527年,明廷因各种需要而消耗了8 120根圆木,另外还消耗了从四川运来的6 710块木板和厚板②。北京的一个皇家木料场,永久地派驻1 000名士兵。他们的唯一职责就是保护堆积起来的木料③。

用来制造皇家家具的木料,通常由南京工部提供。1478年,为了打造皇帝个人藏书室所用的书箱和书架,用了600块木板,就由南京工部提供,运输2次才运到。虽然没有提到到底由多少艘船只负责运输,但是提到了为了从漕河南方端点运到宫廷木作场,拨付了450两银子④。1548年,木作场打造了40张龙床,为此消耗了从浙江运来的1 300根圆木。到16世纪末,木作场每年要消耗27 880根圆木和大小不同木板;这些全部由南京提供⑤。

根据南京兵部尚书提交的一份报告,在16世纪早期,每年要安排280多艘船只运输木料、竹子和家具到北方京城,同时要安排110多艘船只运输水果、新鲜蔬菜、鱼、腌制食品和熏肉⑥。另一段资料指出,大约在同一时期,需要162艘船只来运输鲜花和食品⑦。从今天的角度来看,食品运送过于浪费。但是明廷声称,这些食品是用来祭祀的,使人们相信食品运输是不得不完成的任务。众所周知,所有这一切,都是从永乐帝开始的。他在迁都华北地区后,就规定南方供应食品,作为皇家神祠的祭祀品。两艘船只来往于京城和留都之间,专门运输祭

---

① 项梦原:《冬官纪事》,页4。
② 黄训:《皇明名臣经济录》,卷48页6。
③ 《味水轩日记》,转引自《古今图书集成》,第781册页10。
④ 何士晋:《工部厂库须知》,卷9页72。
⑤ 何士晋:《工部厂库须知》,卷9页29;卷9页72。
⑥ 《明武宗实录》,卷5页9。
⑦ 王琼:《漕河图志》,卷3页20。

祀大典上使用的物品①。随着时间推移,供应名单上涵盖的物品越来越多,数量越来越大,运输船只亦就成倍增加。从明王朝统治中叶以来,供应名单上所包括的物品种类,有石榴、枇杷、巴婆果、柿子、苹婆属种子(seeds of sterculia platanifolia)和油香(olea fragrans)。

家禽和牲畜由江南许多府县供应,在南京征收,由海关负责运输到北京。其中一些物品由于需要冷藏(比如鱼),因而在江北建造了冰窖②。这样,供应品的征收就超出了最初的意图和使用目的,成为需要认真处理的理由。需要2艘船只运输茶叶,2艘运输油香,5艘运输竹笋,4艘运输荸荠;这一事实说明了运输量达到什么程度③。此外,运载宫廷消费的食品,在通过水门时最有优先权;一路上,经常有200名到300名法定劳力帮助它们航行。由于这些船只所载较轻,宦官就有充分机会走私。在15世纪末期,负责济宁水门的一名官员坚持阻止宦官夹带私货。他最终被控告反对向皇家神祠运输物品,未经详细审讯,就被降级到8品④。

宫廷和宗人府每年消费的食盐,加起来达到234吨⑤。这笔供应由淮安地区提供⑥。因此,必须走漕河才能运到北京。明廷使用的香,每年达到35吨,看来主要是从广东购买⑦。

同漕运物品相比,在北京购买原产地在南方的商品,被认为属于非常特别的种类。直到万历帝在位期间,解决突然短缺物品的需求,一直是一项严格的紧急措施。明代早期,少数非常重要的物品就常常以这种方法获得。然而到16世纪后期,明廷比以前更常常光顾市场。

---

① 王世贞:《弇州史料》(1614年版),卷15页15。
② 《天下郡国利病书》,第8册页3。
③ 王琼:《漕河图志》,卷3页20。
④ 《明史》,卷223页1;《吴都文粹续集》(影印四库全书本),卷43页24。
⑤ 《大明会典》,卷30页881。
⑥ 《弇州史料》,卷15页3。
⑦ 《明史》,卷82页6。

第五章　宫廷供应品的漕运

在这时,看来明廷要想得到铜这种先前由云南省供应的物品,非常困难①。有时,工部选派负责官员到南方购买铜;随后,在京城购买。每年所需的铜,达到24吨。按照每吨157.5两银子的价格,由几个政府批准销售的商人卖给。此外,还要购买1.5吨锡②。1524年,也由于云南省延误供应,明廷不得不从市场上购买了1 000两黄金③。

正如前面已经提到,硫磺和硝酸盐定期从商人手中购买;这些物品,看来是从海外输入中国的。在明王朝整个统治期间,大量硫磺有许多次是由来自日本和琉球(台湾)的进贡使者带到北京的④。有4次,即在1434年、1451年、1468年和1539年,日本提供了13 300磅硫磺,作为它进贡礼物的一部分。在1468年,随同日本贡使到中国的日本商人,另外提供了40 000磅硫磺来出售⑤。从这可以看出,硫磺是如何得来的。在17世纪早期,产自广东和四川的漆也可从北京市场上购买,每年下达的购买数量指标为40 000磅到65 000磅⑥。有资料说,工部所属机构虞衡司(the Bureau of Inspection)负责取样、检验购买的铁、纸张和皮革⑦。然而该资料又说,这些物品都有正常的供应渠道;之所以购买,很有可能是为了补充供应,或者是为了解决对规格较高的特别产品的需求。我们手中虽然没有资料表明明廷有哪些杂货品种通常是由地方储藏供应的,但是在南京,龙眼、青豆、荔枝和芝麻由宗人府每月购买。毫无疑问,北京也自己购买。有段资料表明,购

---

① 《明史》,卷81页15;何士晋:《工部厂库须知》,卷6页98。
② 何士晋:《工部厂库须知》,卷7页3~4。
③ 《明世宗实录》,卷38页9。
④ 《明史》,卷322页7;陈诗启:《明代官手工业的研究》,页21;《续文献通考》,页3062。
⑤ 牧田谛亮(Makida Tairyo):《策彦八昭记的研究》(*Sakugen Nyumyoki no Kenkyu*)[京都(Kyoto),1955年],上,页284、345、347、352。
⑥ 何士晋:《工部厂库须知》,卷9页2;卷9页4。
⑦ 何士晋:《工部厂库须知》,卷7页1~8。

买杂货时,明廷通常支付的价格多于市场价的10%①。

在北京购买1596年修建项目所需木料时,明廷破坏了自己的传统做法。该项目是万历帝批准的。但是,项目主事者个人反对"中饱奸商"的政策,故意阻止从商人手中购买;正如上面已经提到,大量需求后来由有关省份官员从南方提供②。在下一章讨论漕河贸易功能时,我们要进一步探讨此事件。

上述各点表明明廷维持了自己相对自主的经济地位。它的供应方法——大多数通过调拨解决——使得它相当大地从市场分离开来。这一点,连同可能由宦官来监督进行生产的劳役制度,毫无疑问地阻碍了全国的工业发展③。所有这一切与漕河的关系如何,模糊不清,难以用明确而清楚的词语来回答。不过,考虑到宫廷供应品大量通过漕河水道运输,考虑到明廷在半数程度上占用这条南北交通干线,任何人要想把漕河运输情况对整个发展产生的影响分开来,是很困难的。

从基本上来说,明代官僚对如何发展国民经济有自己的独特观念。只有士子——官员才能解释什么是非生产性的(nonproductive)。他们认为人们的生活必须是简朴的,不能穷奢极侈。奢侈生活只有在皇帝的批准下才能享受;即使要享受,也必须在供庆典仪式使用的外衣下进行,或者,至少要同宫廷和皇庙产生一点联系。只有至高无上的宫廷及其皇家圣陵、圣祠,才有权享受华丽和奢侈。如果未经朝廷同意就提议发展和促进被认为是危害农业的工艺技术和贸易,就要被深深打上冒犯、违反国家根本的烙印。这些就是当时社会占主导地位的基本思想观念。最有可能,无论在什么情况下,明代皇帝和大臣都要把这些观念包装起来,付诸实施。而这些思想观念,只有在设置漕运体系以及其特点受到限制的情况下,才能得到极大的顺利推行。最

---

① 《春明梦余录》,卷27页1。
② 项梦原:《冬官纪事》,页4。
③ 吴晗:《明初社会生产力的发展》,《历史研究》,1953年第3期页71。

后,明廷变成一种张开血嘴的庞然大物,迅速吞没了全国的额外生产。它所设置的宗人府,是成千上万人的"食堂"。在一定程度上,明廷也变成了消费品的分配中心。它把各种各样的供应分配给贵族家庭和政府官员(对于后者来说,明廷的分配,作为他们官俸不足的补充)。这样,明政府就进一步把国家顶层的购买力取消了,私人商业没有什么发展的机会和余地了①。

---

① 还请参见贺凯的大作《明朝时的传统中国》,页 31、69。

第六章
征税、商业、旅行和劳役

一、征税

影响漕河地区商业发展的商业税有四种。商税是一种普遍征收的国内货物税,开始于明代早期。除了农用工具和教育材料不交税外,其他所有在市场出售的物品,都必须交税。纳税多少,相当于该物品售价的 1/30。明王朝开始征收货物税时,在全国设置了 400 多个收税站,虽然其中一些后来合并或者并未收税。到 17 世纪早期,有 11 个得到保留①。商税虽然通常是明代中央政府的收入,但是除了在北京和留都以及重要城市的收税站由明廷所派官吏负责处理外,其他收税站却由各省官员负责。直到明王朝的统治进入崩溃时期,普遍的做法是任命府县推官(judges)充当收税官。收入所得,只有小部分上缴中央政府;大部分被地方政府留下来作为自己的开支,或者作为救济资金。至于中央政府和地方政府各自得了多少,各地的划分是不同的②。

---

① 吴兆莘:《中国税制史》(上海,1937 年版),上册,页 169。
② 佐久间重男:《明代商税征收与财政之间的关系》(Mindai ni okeru Shozei to Zaisei tono Kankei),《史学杂志》,卷 65 期 2 页 58~59(1956 年 2 月)。《续文献通考》,页 2937。

第六章 征税、商业、旅行和劳役

船钞,或称船舶吨税,起源于商税。1423年,一名都察院御史报告说,自北京成为全国的首都以来,漕河地区的贸易增长了2倍。他建议由中央政府在沿河城镇负责征收货物税①。1429年,明政府确立征收船钞。从南京到北京,明政府把漕河分为5段(从南京到淮安,从淮安到徐州,从徐州到济宁,从济宁到临清,从临清到通州)。运载能力为100石的船只,每过一段,就要按照政府票据缴纳100贯钱②。根据当时通行的兑换率计算,这一数字大约相当于1.25两银子③。这样,这种运载能力的船只如在京城和留都之间不停地航行,就要缴纳大约6.25两的货物税。

通行税同通过税相似,因为它是根据运载能力来征收的,而不管货物的价值如何。除了在临清以外,其他各地在征收船钞后,不再征收普通的货物税。15世纪中叶前,发生了许多减轻船钞缴纳的变化,主要有:缴纳率大幅度减少了60%,徐州和济宁不再征收;与此同时,位于漕河北段端点的收税站搬到了河西务。万历帝在位期间,通行税收税站在全国得到保留下来。其中4个位于漕河地区,分别在扬州、淮安、临清和河西务;其他分布在九江、杭州和浒墅关④。

抽分,是一种单独对造船物料进行征收的特别的商品税。划分到这一类的,有木料、竹子、麻、桐油、铁、煤和木炭。诸如钉子和铜线这样的制造产品也包括在内。抽分缴纳,以实物进行(在明王朝统治后期,在相当大的程度上兑换成钱币缴纳)。习惯上,抽分的征收由工部人员负责。征收所得,拨付给为漕船船队造船、由政府管理的几个船坞(关于船坞情况,参见本文第三章和第四章)。抽分收税站在北京附近有4个,南京附近有1个,淮安附近有1个。其他分布在正定、兰州、

---

① 《明太宗实录》,卷125页1。《明史》,卷81页17。
② 佐久间重男:《明代商税征收与财政之间的关系》,《史学杂志》,卷65期1页1~28(1956年1月);卷65期2页46~65(1956年2月)。
③ 1两银子等于8贯铜钱。参见杨联陞的大作:《中国的货币和信贷》,页67。
④ 《明史》,卷81页17~18。

广宁、荆州、太平、芜湖和杭州①。

除了上述三种商业税外,还有一种商业税。各城镇的货栈和货摊常常发现它们必须缴纳一种许可税,这种税就称为"门摊税",通常3个月缴纳1次②。常见的是,由在城镇里的商人头面人物一次性将门摊税缴纳给地方官吏,他们反过来就有权从各个商人那里征收门摊税。

上述税种的规定在表面很整齐、简洁。商税对消费品进行征税,门摊税对商人进行征收,船钞的征收由户部负责,而特别商品税即抽分的征收由工部负责。但在很大程度上,这种简单和整洁仅仅停留在纸面上,实际上的处理情况完全不同,完全偏离了最初的规定。

没有理由认为应该批评偏离是由于缺乏法规整理而造成的。事实上,明代税收程序,规定得非常充分。《大明会典》中记载了北京在15世纪中叶商税的征收比率情况③。实际上,市场上出售的每种商品都有自己的征税名目。在商品税征收名单上,不仅包括了诸如丝织品和高级瓷器之类的奢侈品和诸如胡椒和苏方之类的进口商品,甚至还包括价值低些的商品,比如手绢、草鞋、西瓜、鲜肉和论斤计算的大葱。临清收税站的收税规则今天看来已经找不到了,但是据说,它们随着被清王朝继承下来,写在纸张上长达105页,所包括的商税则例一千九百余条④。淮安收税站的收税规则,写在纸面上也非常多。两组工作人员,每组17人,在第三组下班时,轮流作为检查人员和办公人员⑤。收税站的全部办公雇员,看来超过了130人⑥。

---

① 《明史》,卷81页15~16。
② 《续文献通考》在页2937中记载了1578年各个城市的门摊税征收情况。关于淮安地区的征收情况,还可参见《天下郡国利病书》,第11册页43。
③ 《大明会典》,卷35页1020~1022。
④ 张度等纂:《临清直隶州志》(1782年版),卷9。
⑤ 《漕河一覕》,卷7。
⑥ 杜琳:《淮安三关统志》(1686年版),卷2。

第六章　征税、商业、旅行和劳役

然而，尽管有关法规的规定非常仔细，尽管收税队伍庞大，可是征税体制的运作从未摆脱官僚的影响和操纵。混乱情况部分是由明廷自己带头造成的。既然细目表上已经宣布了税征率，因而很自然，整个征税收入要随同商业发展情况而起伏。但是令人不可相信的是，明廷同时又规定了各个口岸每年要收多少税。在明王朝统治后期明政府搜刮全国以额外增加收入时，有关税收数额被极大地提高了。既然明廷这样强迫，也就不能再期望它的官吏遵守已经规定好的税征率。

明廷在不同时期所发布的命令，进一步证明了税收系统内外都存在着许多不法行为。在1444年前，收税站的低级官吏和附属人员是没有薪水的，他们的报酬以所办事务收入情况为基础进行支付；这是一种导致税收腐败的根本因素，只有在明廷发布一道上谕后才得以补救①。明廷于1469年发布的一道命令，禁止对属于漕船船队的船只征收船钞②。漕船属于普通的执行官商事务的漕军船只，不应该缴纳船钞，而在事实上却要缴纳，明廷不得不专门发布命令免除缴纳；这说明了收税官吏超越权限、任意专断的情况。1502年，明廷禁止贵族和皇家田庄管理人员私自设置收税点，非法收税③。1525年，明廷又发布命令，宣布向船员所消费的食物和燃料征税是非法的④。

收税官吏其他非法情况，包括暗中索取、罚款和强迫捐献、贿赂。1499年，吏部尚书倪岳就疏言：

　　近年以来，改委户部官员出理课钞……往往以增课为能事，以严刻为风烈……常法之外，又行巧立名色，肆意诛求，船只往返过期者指为罪状，辄加科罚；商客资本稍多者称为殷富，又行劝

---

① 《明英宗实录》，卷119页7。但是，据称同当时的欧洲各国海关的征收相比，明代的征收公平、合理。参见贺凯的大作：《明朝时的传统中国》，页8，注34。
② 《续文献通考》，页2933。
③ 《续文献通考》，页2933。
④ 《续文献通考》，页2933。

141

借。有本课该银十两,科罚、劝借至二十两者。少有不从,轻则痛行笞责,重则坐以他事,连船拆毁。客商号哭水次,见者兴怜①。

正如倪岳所指出,强迫捐献的常用借口就是修建官府衙门和举行官船下水典礼。其他借口有"助工"、"济漕",等等。看来在整个明王朝统治时期,这些非法情况一直存在。超出于规定外的征税,不仅得到了明廷的纵容,有时甚至得到了它的同意。都察院右佥都御史吴琛于 1465 年向明廷建议,对通过徐州附近急流的船只征收"济漕"②。他提出一项计划,规定对政府官吏征收的"济漕"要根据其官品、等级,对商船征收的则根据其所载货物的价值。缴纳以粮食进行,数目在 0.5 石到 0.7 石之间。他在上奏中继续说道:"至河冻,可得米数千石。"很容易理解,明代地方当局在各种场合一定也推行了类似的做法,从而全面地破坏了现存税收规则和体制。

政府官吏对商人的罚款通常很严厉。在上述倪岳所提上奏 140 多年后,另一名内阁成员、户部尚书倪元璐于 1643 年上奏崇祯帝,也要求减轻商人的痛苦。该上奏提到了北京崇文门收税做法,指出在一件衬衫或一件丝织品从税收名单上被遗忘纳税时,所罚的不仅仅是这件衬衫或丝织品,还包括被遗忘商品所在名单上的其他商品的双倍缴纳。该上奏继续指出:"凡一单所开货物,多至二三千件,数十商之所共也。以一货失报,而重罚数千件已报不漏之税……"③

除了上述严厉的罚款外,我们还可发现对许多同罚款一样不合理的做法,户部的命令是无力改正的。由于官居户部尚书,倪元璐个人不得不进行调查,并将调查结果上奏皇帝,企图改正。而这正反映了这么一个事实,即严厉罚款之类做法已经存在相当长的一段时间了;

---

① 《春明梦余录》,卷 35 页 38。
② 《明宪宗实录》,卷 22 页 2。
③ 《续文献通考》,页 2938。

第六章 征税、商业、旅行和劳役

根据传统,负责征收的官吏和宦官实质上与户部没有什么隶属关系,户部对他们是无可奈何的。

然而,在税收由官吏负责时,也有一些地方采取了灵活机动的加强税收的政策,其结果是出现了另一种极端的事例——过于宽松地征税。下面两个事例虽然并不发生在漕河地区,但仍然具有典型性和代表性。1521年,邵经邦受命担任荆州税官(collector)。在3个月里,他就完成了荆州所承担的税额。于是,他就完全暂停征税,在是年其他月份里,准许商船免税停靠荆州港。1565年,杨时乔担任杭州税官。他制定了一项"诚实"的措施,征税比率完全以商人自己所说为基础,官方并不检查所说是否属实①。这种自由和宽厚,主要是由于有关税官的征税态度而出现的,得到了他们同时代人的高度评价。看来,这种措施如何同明王朝税收结构吻合,并不是他们认真关心的问题。不过在我们看来,这些事例反映了到明代中叶,明廷分配给各个口岸、尤其是位于南方的口岸的税额,保持在中等水平。显而易见,各个口岸轻松地完成了任务。

无论何时,征税官员都会将优待办法毫不掩饰地传给同事。《漕河一觊》中收录了一份官文,虽然没有日期,也没有署名,但我们从中可以清楚地看到有关情况。这件官文可能是工部下属一个机关写给另一个下属机关的信函,信中要求采取相同政策,因而两个机关的步调就会一致。从该信函中摘录一段列于下:

> 在一些事例中,一些用意不良的船主,依仗船上载有的北上或南下官员的势力,走私桐油、麻和铁线。而该税官通常都放行……如果严格地执行征税规则,税率就会多达三四两银子。即使少些,也有二三两。首先,一般同意放行;然后,要么减少或者

---

① 《明史》,卷206页24;卷224页21。

143

豁免缴纳①。

　　左佥都御史祁彪佳也很坦白。他在日记中写道，1643年，他从北京到南方。由于安全原因，其他几艘船只跟着他，彼此保护（祁彪佳此行，发生于清军进入漕河地区之后）。在临清，税官何任白免除了祁彪佳所雇船只的税，而且免除了随同他一道往南整个船队的税（祁彪佳说明自己的船只装载了枣子）。在这之后，何任白为了进一步表达自己的好意，拿出一张纸条，上面列举了应缴纳各税；如果按照规定，他应该对祁彪佳一行进行征收的。祁彪佳写了一封感谢信。在淮安，这位左佥都御史并未坐等优遇降临，自己写了一封信给税官，直截了当要求免税。看来只是在夏镇，他才遇到了一些困难。充当夏镇税官的是一名皇族成员，他索取的缴纳比官定的多了许多。祁彪佳则拒绝缴纳。最后，他的船只按照一般规定交了税②。

　　上述不规则情况毫无疑问地给我们的事实调查带来了麻烦；不过，我们仍然可以从各种资料所提供的信息中勾画出税收体制运作总情况。很明显，直到16世纪晚期，商业税只是作为国库收入的补充。1488年，全国的货物税和船只通行税两者的收入加起来不到4 600万贯铜钱。由于是年规定，以政府票据缴纳的每贯铜钱官定价值为0.003两银子，因而收入不到138 000两银子③。1544年，所得收入为5 200万贯多一点④。由于明廷于1529年颁布了一项新法令，规定铜钱和银子的兑换率升到每贯0.005两，因而收入大约值260 000两银子⑤。尽管事实上收入在56年里双倍增加了，但是同诸如土地税、盐税的收入相比，商业税所得收入仍然很少。在这些收入中，主要部分

---

① 《漕河一觎》，卷9（此句原文尚未找到，因而直译——译者注）。
② 祁彪佳：《祁忠敏公日记》，第五册，1643年阴历九月二日。
③ 《续文献通考》，页2934。
④ 《续文献通考》，页2934。
⑤ 《续文献通考》，页2934。《春明梦余录》，卷35页41。

第六章　征税、商业、旅行和劳役

来自漕河地区;对此,我们将在以下几段中加以探讨。

对于明王朝统治早期各种物品的征税率来说,我们不得不以《大明会典》中所记载 1451 年货物税征收细目表为根据。该表指出征税比率并未完全遵循三十税一模式。有位日本学者指出,对诸如食品、棉花、麻和布匹之类生活必需品的征税,比对奢侈品要轻得多①。还可进一步指出的是,这样的征收意味着更多的征税,到政府仓库的报到登记费和储存费也包括在内。在整个征收细目表上,铜钱是缴纳的钱币单位。由于征收细目表是在有关确认政府票据贬值的政策制定之前公布的,因而不可能按照每种物品的市场价计算出精确的百分比比率。如果征收严格按照铜钱缴纳,那么缴纳就很高,令人难以承受。另一方面,如果铜钱就是政府票据中的同一单位,如果支付是按照纸币的市场价值进行,那么对大多数物品来说,缴纳比率就应该在或者接近 2% 到 5% 之间②。

在这一点上,我们有必要再次以前面已经提到的观点为依据,即官定比率虽然低,但是商人所缴纳的必须大幅度地超过官定比率。在整个明王朝统治时期,很少有对商业税缴纳比率的抱怨,大多数是针对非法征收和重复征收。重复征收在明王朝统治后期更加明显。在 16 世纪晚期,从河西务到北京长约 70 英里的河段上,就有 3 个收税站③。祁彪佳日记中所提到的夏镇收税站,在官方报告中并未提到其征收情况;看来也未对该站收入情况进行查账。可是该收税站的设置,对商船来说增加了额外负担。按照规定,淮安收税站只能征收抽

---

① 佐久间重男:《明代商税征收与财政之间的关系》,《史学杂志》,卷 65 期 2 页 62 (1956 年 2 月)。

② 比如,猪肉每斤(大约 1 又 1/4 磅)纳税 100 文。如果征收严格地按照官定比率 (1 000 文兑换 1 两银子),那么缴纳就会超过猪肉本身的价值。

另一方面,丝织品是根据其等级征税的,每卷纳税 15 贯、20 贯和 25 贯。1488 年,明廷规定,每贯兑换 0.003 两银子。如果按照此规定,每卷丝织品纳税税额分别应在 0.045、0.06、0.075 两之间——这是十分低的。

③ 《春明梦余录》,卷 35 页 39。

分和船钞,不应征收货物税。可是在16世纪,此规定明显再没有得到遵守。《淮安府新志》记载说,该站对12种的货物征收了通行税,其中包括纸张、瓷器、丝织品、药材、酒和醋。据记载,此后又对53种新物品征税①。此外,在16世纪结束之前,各个收税站在各自所辖区域就开始征收几种税,整个征税规定混乱到了极点。淮安收税站所征收的特别货物税,不仅包括抽分,而且延伸到对船只的净价值进行征税。最后,船只要通行,就必须缴纳其建造成本的1/30。与此同时,船钞的征收仍在进行,虽然这种缴纳仅仅是名义上的。如果船头宽5英尺,就要缴纳0.029两银子②。

在16世纪晚期,到底是什么才可以称为造船原料也是一个问题。有一个事例,是一个商人运载1船煤到华北去。在淮安,工部代理人要征税,理由是煤用来生产铁钉,而铁钉是造船必需品。但是随后该商人仅仅继续行驶52英里后,桃源县(1914年改名为泗阳县——译者)又对同一货物即煤进行征税。县衙门官吏声称,煤属于普通消费物品,应在货物税征收之列③;很明显,这种解释不同于工部代理人所作的延伸解释。这只不过是无数个混乱征税事例中的一个。毋庸置疑,一定发生了许多其他事例,受害者所遭受的悲痛,未能得到清楚表达,亦就未能得到伸张。还可以指出的是,在52英里这么短的路程里就重复征税一次。

这样,当一艘商船进入漕河水道并从瓜洲向北京驶去时,船只要被征税4次,所运载的货物要被征4次或5次,可能还更多些。即使三十税一的规定仍然得到遵守,连续征税加起来也要高了许多。下面两个事例可以帮助我们勾画出税率情况。第一个事例是:在16世纪后期,一些商人从黄河和淮河地区运载大量粮食(主要是小麦、大麦和

---

① 《淮安府新志》,卷12。
② 《天下郡国利病书》,第11册页43。
③ 《漕船志》,卷7页114。

豆），经越淮安，到南方去。从 1566 年开始，明政府征收运输特别税，1 个税逐渐膨胀到 4 个税。到 16 世纪末，4 个税的税率加起来为每石粮食 0.028 两银子；这大约等于要缴纳 10%。当商人们把粮食运到瓜洲时，或者说在往南走了 140 英里之后，类似的征税就在等待他们。另一个事例是：在 1596 年宫廷的修建中，主事者反对购买木料的政策①，指出如果要购买 160 000 件木料，明政府就会损失对 32 000 件木料的征税②。税率明显为 20%，虽然该税率包括了位于漕河河道以外其他几个河港的征税；在这些河港，如荆州、芜湖和南京，木排必须扎好。

考虑到这一切，我们有充分理由认为，在 16 世纪和 17 世纪早期，无论运载什么货物通过漕河主要河段或全部河段，五花八门的通行税加起来很少有少于货物价值 20% 的。我们还可以得出一个合理的推断，即对奢侈品的征税，是按照或高于 50% 的税率进行的。

附录 4 中收录了明政府自 1599 年以后有关各个口岸的税额分配。看来，税额数字包括了船钞、货物税和对造船原料征收的特别商品税即抽分。值得指出的是，明廷所得商业税收入来自 8 个主要口岸，其中有 4 个坐落在漕河这个为当时明人称为"运输河流"的河道上，有 2 个坐落在江南的漕河的支运河上；另外一个，虽然指的是北京的崇文门，但它的收入几乎全部也是来自漕河运输。只有坐落在长江中段上的九江，才无可争辩地位于传统上以大运河著称的运河体系之外。

同样有意义的是，在 1599 年前，位于漕河干线沿线的五大口岸和收税站，即扬州、淮安、临清、河西务和北京的崇文门，所得收入是南方三大口岸加起来的 2 倍。但是在 1621 年明廷增加税额时，大部分额外负担分配给后三大口岸来承担。比较地说来，对前五大口岸的增加是正常的，临清和河西务所承担的税额甚至在实质上减少了。明廷随后又在 1625 年作了增加，临清和河西务同样未增加什么；同时，虽然扬

---

① 《天下郡国利病书》，第 11 册页 43。
② 项梦原：《冬官纪事》，页 4。吴兆莘：《中国税制史》，上册，页 117。

州、淮安和崇文门所分派的税额大幅度增加了,可是仍然少于分派给杭州、浒墅关和九江的任务。结果,明廷两次增加,使它从这三大南方口岸每年所得收入达到 225 000 两银子;这大致同它从位于漕河河道上的五大口岸所得 254 329 两收入相当。

对于这种收入重心的转移,我们可以作出两个可能性的解释。其一,明廷最初在规定各口岸承担的征收任务时,可能过分地注意了漕河运输干线,规定它所承担的税额可能过高。虽然明廷致力于增加收入,但也在重新分配税收任务,使漕河和南方这两大地理系统所承担的税额达到平衡。其二,在 16 世纪晚期和 17 世纪早期,南方因经济增长而繁荣起来。与此同时,瓜洲—北京之间漕河河段的商业发展达到饱和,甚至后退。而长江河谷的商品交流和资金流通所受到的限制明显少于漕河河道上的贸易所受到的限制。两种不同的商业氛围最终导致了两种不同、可以看到的结果,即南方的商业运输水平在往上发展,而漕河地区的则在往下滑。在这种情况下,明廷重新调整各口岸的税收任务,不过是对这种经济发展趋势的承认。不过很有可能,这两种解释都可能是正确的。

任何人只要对漕河沿线五大口岸的记录进行分析,就会被有力数字进一步吸引。在 1599 年前,扬州和淮安的征收,加起来只有临清、河西务和崇文门的征收的一小部分。这反映了在明王朝统治早期,扬州和淮安这两个位于漕河入口处的口岸只征收船钞,而未征收货物税。即使在后期淮安开始征收货物税时,也仅仅是限于对货物清单上所列货物进行征税,而不同于坐落在华北的其他 3 个口岸对所有货物都要征收货物税。在这种征收政策下,我们几乎可以推想出当时的实际情况是:漕河上的商品运输,主要是向北,通常是一路运输到北京。临清,由于自己所处的地理位置具有重要意义,也是一个令商品运输感到满意的目的地。从南方运输而来的商品运到这里后,可以向华北几省散发。相比起来,位于漕河中段的商贸,其幅度就要小得多。在下一部分讨论商业时,本文要对此作更多的探讨。

淮安收税站的收入增加,特别是1625年增加,主要是对粮船加倍征税带来的①。找不到证据证明,淮安地区的商业在总体上发展了。扬州的情况也可能是这样。另一方面,临清和河西务税收下降,是由于经济发展下降和华北省份购买力降低的情况造成的。

对明代商业税作了一定研究的佐久间重男,指出在明王朝统治早期军事行动频繁之时,商业税的征收维持在一个高水平;在中期,特别是在15世纪中叶,商业税的征收大幅度削减了;但是到16世纪末期和17世纪早期,由于政府赤字巨大,明政府加速度地再次增加了征收。他的观点同我们对漕河地区税收情况的研究相同。但是,佐久间重男先生也指出,在万历在位期间宦官负责所有税务时,非法征收非常普遍,大部分税收都被税吏放入自己腰包,只有20%到30%提交到国库②。他从未解释他是根据什么得出这种百分比的。他或许也发现,在一个充满叙述资料但缺乏有力数据的领域里,历史学者自己可以利用可用资料,大胆地作出推断。

二、商业

有关明代商业情况的资料非常缺乏。到目前为止,我们一直只能以文人—官僚的记述为资料进行研究。而这些文人—官僚,由于对私有事业持悲观的看法,因而认为这个问题庸俗、低下,不值得记述。而商人从自己的立场出发,一生致力于剥削他人的劳动成果,因此,他们在获取利益的同时,为自己"赢得"了应该得到的厌恶和蔑视。随着这

---

① 《天下郡国利病书》,第11册页43。
② 佐久间重男:《明代商税征收与财政之间的关系》,《史学杂志》,卷65期1,页23(1956年1月)。

种思想观念的流行,商业对社会发展来说就不过是一种附属物。充其量,它是一种人们不得不忍受的必须需要的"魔鬼"。明代大多数官员从不承认物品有效交流同样会在整体上给国家带来幸福①。既然这种偏见在知识分子中盛行,那么我们就不感到吃惊,在他们所留下的大多数记述中,涉及私有商业活动的较少。

即使官员在描述有关商人情况时,他们的观察也由于眼光有限而受到极大的限制。我们在收集明代官员所提交的备忘录时,不断发现许多记述都是讨论商人的生活。其中一些记述在极力辩护明政府是仁慈的政府时,也对商人公开表示了一定的同情。即使如此,同情也从未脱离过人道主义的角度。举例来说,有些记述批评超额征税,并不是因为这种做法限制了国民经济的发展,而是因为损害了天子那宽宏大量的名声。把私有商业视为抽象的实体,看来是当时作者的能力达不到的。

位于漕河地区的一些府县,其地方志保留下来了;关于临清和淮安收税站的记录,也保留下来了。不过,对这些资料进行考察,发现记载情况完全令人失望。在每一页上,有关作者都沉湎于讨论风景、公共建筑、个性和民间传说之类话题;我们找不到有关停靠口岸船只运输的商品总数的记载,也找不到有关多少船只从事运输的记载,这些资料没有给我们留下任何线索来评价商人的资本化、获利幅度以及贸易方法等情况。前面提到的地方志,虽然列举了各有关地方的产品,也列举了主要进口品,但这些列举只是一个大概,并未提供有关数据使我们的陈述充分有理。除了这些资料之外,我们只能利用明代官员在特殊场合所写的文献。这些文献的一些记述,有时碰巧地给我们的

---

① 我认为这是一个大胆的认识。几个明代作者,比如邱濬、顾炎武与倪元璐,所写的文件,的确反映了他们的经济眼光和洞察力超越了所处时代。不过,这并不能改变我的看法,他们绝大多数同时代人对经济问题完全无知。导致无知的,不仅是缺乏知识或经历,而且是他们缺乏抽象思维的能力。

第六章 征税、商业、旅行和劳役

研究内容带来了阳光。虽然漕河地区的贸易活动非常广泛,为我们的全面讨论提供了话题(这对本章其他部分的讨论也适用),但在事实上,由于资料缺乏,我们勾画不出大体情况。

最后,我们希望中国的编史工作能够走出上述这种死路和僵局。我们今天所面临的困难,不能全部解决。帮助历史学者进行更深入探讨的工具和方法,希望能够找到。首先,成千上万商人一定留下了无数私人记述、信件、分类账、合同,甚至收据,因为有关这些对于传统的编史内容来说并不在内的资料,从未得到认真的寻找。只要努力去寻找,就会没有问题地找到其中一些遗失的文献。中国大陆学术界现在正朝着此方向努力。在新证据开始堆积到一定数量时,经济史研究的水平毫无疑问地要跃上新的台阶。不过在这个时代到来之前,我们不得不根据令人失望的文献进行研究。因此,我们下面所作的研究,不过是提出一个大概而粗略的轮廓;我们目前的期望,仅此而已。

同明政府供应流动情况类似,漕河上的商品运输也以北方为主要去向而引人注意。南方所产几大重要产品,包括丝织品、瓷器、棉布和木料,构成了区域之间贸易的龙头商品,主要就是通过漕河运输到北方去的;其他南方产品,比如纸张、漆器、桐油、皮革、有色金属和干果,也是如此。毫无例外,海外输入的商品,其中有胡椒和苏方,实际上也是通由漕河水道运输到北方。北方省份所产商品,能够提供给江南市场的,主要是棉花和羊毛纱线。一般说来,这种贸易是不平衡的,北方主要是买方,南方则主要是卖方。

但各地内部的贸易同样重要。在漕河的地理复杂和税收过重情况下,私船感到与其跑完整个漕河水道,不如在其中一段之内跑短程更为有利。明代时期的旅行者经常提到,他们在行程中不得不换船。由于他们所出资乘坐的船只通常是货船(这种货船把自己的甲板出租给行人),他们在旅行日志中的有关记述,强烈地反映了这些货船经常从事短程货物的运输。在这种情况下,绝大多数货物属于农产品。它

151

们的运输虽然对全国经济的发展产生不了什么重大影响,但是拓宽了地方物资交流,增加了农业收入。

每一个迹象都表明,坐落在漕河沿线的城镇因商业发展而大大受益。在扬州,最初来自其他省份的居民占该地总人口的 1/20;其中大多数为商人,来自徽州和山西①。在 15 世纪和 16 世纪,淮安人口的增长,从城墙内延伸到城墙外,发展到不得不在旧城之外建造新城的程度②。到明王朝统治末期,淮安城缴纳门摊税的零售商多达 22 种③。据记载,淮安城拥有的熟练工匠由两部分组成,一部分是外来工人,占 2/3;另一部分是本地人,占 1/3④。彼得·冯·霍姆于 1664 年(或者说在本文所探讨时期后的 20 年)率领荷兰使团经过淮安时,旅行日志认为该城是中华帝国的第八大城市⑤。由于徐州附近的漕河急流咆哮,因而修建了一条绕开急流的备用运河,来往船只可以选择走这条备用运河。坐落在备用运河上的夏镇,虽然建城于 1587 年⑥,建立时期较晚,但是在不到 50 年的时间里,它就发展成为一座重要的口岸,明廷因而派遣一名皇族成员坐镇该处充当税官⑦。《济宁县志》虽然对该处商业记载很少,但作者以怀疑的口气承认说:"其地……为河渠要害,江淮货币、百贾会集,其民务为生殖,仰机利而食。"⑧《张秋镇志》的作者则骄傲地叙述了自己家乡的繁荣。他指出,张秋由于坐落在漕河河道和今天黄河河道交叉的十字路口上,周围 70 英里内邻近地区所生产的大量产品,云集于此。他估计说,张秋市场上出售的商品,有

---

① 滕井宏:《明代盐商之考察》,《史学杂志》,卷 54 期 6,页 66~67、109~110(1943 年)。
② 《天下郡国利病书》,第 11 册页 45。还请参见卷 11 页 1 中的地图。
③ 《淮安府新志》,卷 12。
④ 《古今图书集成》,第 120 册页 29。
⑤ 安东尼·弗朗科斯·普雷沃斯特:《耶稣会士的历史性旅行》,卷 5 页 257。
⑥ 《天下郡国利病书》,第 15 册页 40~46。
⑦ 祁彪佳:《祁忠敏公日记》,第 5 册,1643 年农历八月二十二日。
⑧ 《古今图书集成》,第 81 册页 15。

第六章　征税、商业、旅行和劳役

20%来自临清,50%产自任城,60%到70%来自东面的兖州府(此句中的百分比可能有问题,原文如此——译者)。他作出结论说,张秋,"都会之区也"[1]。他的评论是有道理的,因为另一个文献反映说,那时坐落在张秋水边的仓库、货棚和停泊船只的地方伸展到三四英里远[2]。从张秋往北一些,就是临清。《临清直隶州志》的编撰者明显对商业没有什么兴趣,不能给我们的研究提供什么帮助。《临清直隶州志》仅仅写道:"临清多大贾……且其人皆侨居,不领于有司之版籍。"[3]但是我们知道,临清作为所属各县的府城,建造于洪武帝在位期间。其城墙建造于15世纪中叶,周长3英里以上。1516年,为了防备地方农民起义,临清采取了一项谨慎的措施,即"筑罗城以卫商贾之列肆于外者"[4]。临清的地位,是作为从漕河运来的货物向华北内陆各府县散发的运输中转站;这一点从货物接收地区的地方志中可以证实。比如,《河间府志》就记载说,河间出售的包括农用工具在内的金属器具,来自临清;纺织品原料也是如此[5]。崔溥在其日记中提到,他在临清遇到了一群来自辽东的商人。他获悉,这些商人为了完成交易,打算在临清停留两个月[6]。

1600年左右,明代一位作者列了一份全国最大城市的清单,清单上所列城市排序如下:北京、南京、杭州、镇江、广东、福州、苏州、松江、淮安、扬州、临清、济宁、仪真、芜湖和景德镇[7]。在15座省会城市中,有5座坐落在漕河地区,其他几座在不同程度上依赖于漕河,或者散发自己的生产品,或者输入消费品。

---

[1] 《天下郡国利病书》,第15册页21。
[2] 佐久间重男:《明代商税征收与财政之间的关系》,《史学杂志》,卷65期1页11(1956年1月)。
[3] 《天下郡国利病书》,卷16页3。
[4] 《古今图书集成》,第82册页45。
[5] 《古今图书集成》,第70册页27。
[6] 崔溥:《漂海录》,页198~199,1488年农历三月十五日。
[7] 滕井宏:《明代盐商之考察》,《史学杂志》,卷54期6页72(1943年)。

除了前面部分探讨的商业税外，目前我们手头没有资料，因而不知道商品总数量情况。在各种各样通过漕河运输的商品中，虽然棉布看起来占有主要地位，但其贸易规模到底有多大，无从知晓，我们也只能冒着出错的危险，进行推测。大部分布匹生产于松江。清代一位作者叙述指出："前朝标布盛行，富商巨贾，操重资而来市者，白银动以数万计，少亦以万计。"①这段叙述表明，每年销售总量即使未超过100万两银子，也应接近此数。买方或许来自全国各地，但主要来自山西、陕西、北京和前线地区②。这种情况同我们在第四章中所指出的情况相符合；在该章中，我们认为北方省份为了完成自己向前线卫所供应的份额，宁愿从南方购买棉布穿过内地各省运输到前线去，而不愿经由陆路运输粮食。运输棉布，实际上也是毫无例外的，必须经由漕河。根据手头可用资料来判断，每年运输的棉布，其价值应该大约为50万两银子。由于17世纪早期布匹的批发价估计为每匹0.3两银子③，因而每年应该运输了100万匹布匹。松江生产所需的棉花产自山东省，而且主要是产自东昌府和兖州府④。从该产地往南运输，同样要走漕河水道⑤。临清和济宁最可能作为装卸河港。当时的一名作者就对棉花和布匹的交易情况作了概括性的叙述："北土广树艺而昧于织，南土

---

① 叶梦珠：《阅世编》，转引自西鸠定生(Nishijima)：《支那初期棉业市场的考察》(Shina Shoki Engyo Shijo no Kosatsu)，《东洋学报》，卷31期2页274(1947年10月)。

② 西鸠定生：《支那初期棉业市场的考察》，《东洋学报》，卷31期2页274~277(1947年10月)。

③ 《天下郡国利病书》在第6册页79中指出，供应给明廷的棉布，每匹的官定价格为0.3两到0.7两银子之间。但是这比市场价高出许多。西鸠定生指出，每匹的普通价格为0.2两。参见其大作：《支那初期棉业市场的考察》，《东洋学报》，卷31期2页274(1947年10月)。

④ 西鸠定生：《支那初期棉业市场的考察》，《东洋学报》，卷31期2页265~266(1947年10月)。

⑤ 西鸠定生：《支那初期棉业市场的考察》，《东洋学报》，卷31期2页267(1947年10月)。

第六章 征税、商业、旅行和劳役

精于织纴而寡于艺,故棉则方舟而鬻于南,布则方舟而鬻诸北。"①

应该指出的是,有些资料表明,北直隶的纺织业,尤其是河间府,在明代晚期和清代早期不但逐渐赶上了南方的纺织业,而且给南方布匹生产商带来了强有力的竞争。对北直隶来说,它的优势在于与原料产地和市场的路程方便;这样,它的产品不但价格降低了,而且在质量上可以同南方产品竞争②。而南方纺织业所受到的压力显而易见;这可视为导致向北方运输急剧下降的原因之一。不过,这种发展趋势在明代晚期的记述中没有得到广泛证明。《河间府志》就一点也没有记载该地区纺织业的兴起情况。1782年刊刻的《临清直隶州(sub-prefecture)志》指出,直到是年临清流通的棉布,仍然来自坐落在漕河上、恰好位于其南面的济宁③。此外,正如我们在第五章中探讨的那样,到明王朝统治末期,明廷所消费的大量布匹毫无例外地来自江南8县,并未规定北直隶要供应多少。这就令人难以相信北方的纺织品生产已经达到相当规模的程度。很有可能,贸易下降是其他原因——诸如北方省份购买力降低——导致的。

虽然丝织品在漕河贸易中占有主导地位。可是其交易情况却无记载。虽然漕河上每个河港的地方志都清楚地提到了丝织品是主要贸易商品,可是其贸易量甚至连一般运输量,仍然模糊不清。毫无疑问,丝织品是经由漕河运输到北方的,并到达了明帝国遥远的角落。1489年,来自中亚一个藩属的贡使因在临清购买50多箱茶叶和丝织品、违背明帝国法律而被扣留④。记载表明,该贡使取道河南,可能是沿着黄河旧道而来到漕河地区的。这个插曲证明了丝织品首先运到

---

① 王象晋:《木棉谱序》,转引自《元明事类抄》,卷16(应为卷24——译者注)页24。
② 西嶋定生:《支部初期棉业市场的考察》,《东洋学报》,卷31期2页279、280、281(1947年10月)。
③ 张度等纂:《临清直隶州志》,卷2。
④ 《明孝宗实录》,卷25页10。

临清，然后被来自远方的买方买去。谈到17世纪早期西北的经济下降时，顾炎武将之同丝织品联系起来，写道：

> 陕西为自古蚕桑之地，今日久废弛，绸帛资于江、浙，花布来自楚、豫。小民食本不足，而更卖粮食以制衣，宜其家鲜盖藏也①。

顾炎武在其另外一部著作中也提到了长江三角洲所制造的丝织品出售于西北市场的情况，指出在1626年，来自前线地区的一个特殊购买团来到苏州，任务是购买价值"好几万两"②银子的丝织品。不过从一般意义上讲，由于这种买卖毫无例外的是由官府代理人负责的，因而不能视为商品贸易。

考虑到有关私人贸易情况的记载一般被省略，我们不得不思考丝织品贸易的可能发展程度到底有多大。即使丝织品贸易发展到一定的程度，也可能是以小宗买卖进行的。从佐伯有一所收集的关于1611年纺织工人起义的文献中，我们可以设想丝织业的组织松散，同工业革命前英国的纺织业非常相似，即是说，占主导地位的是家庭生产，而非工厂和作坊③。生产方式决定了市场交易方式。质量的高低不一，价格表规范化和出售管理集中化，最容易导致商人的作用降低到较小的程度。而商人的作用较小，反过来又导致商业活动并不引人注目。

---

① 顾炎武：《日知录》，转引自西鸠定生的大作《关于明木棉的普及问题》，《史学杂志》，卷57期4页14（1948年）。

② 顾炎武：《亭林余集》，卷12。

③ 佐伯有一（Saeki Yuichi）：《明末织工暴动史料类辑》（Minmatsu Shokko Bodo Shiryu Ruishu），载《清水博士追悼纪念明代史论丛》（东京，1962年版），页611~635。

傅衣凌指出，苏州地区约有1 000个存放丝织品的货栈；这些货栈负责处理邻近地区乡村的产品。参见其大作《明代江南市民经济试探》，页81。

显然，棉花办货行也存在类似情况。商人通过代理人将棉花原料分发给各户纺织女工，付给工资。然后由代理人将产品收集起来，交给商人在市场上出售。参见傅衣凌的大作《明代江南市民经济试探》，页86。

第六章　征税、商业、旅行和劳役

这样,贸易或许就没有什么内容值得记述。虽然这种理论在现在已经发现的材料中得不到证实,或者遭到反对,但是在前一部分所引户部尚书倪元璐关于税收的上奏中,却可得到支持。倪元璐强调指出,在北京,每种税则通常都包含了几千种物品(它们反映了数十名商人的购买力),税率样品是"一件衬衫和一段丝织品"①。

瓷器贸易的情况同样模糊不清。显然,除了明廷制造外,景德镇所产瓷器大部分用于交易。江西省轻工业局近来所作的一项研究估计说,到明王朝统治末期,私有瓷窑每年制造总量为3 600万件②。在这基础上,瓷器制造业带来了数百万两银子的贸易。因此,瓷器产品成为省际贸易的一种主要商品。许多瓷器是按照富户的要求生产的,上面刻有购买者所要求的特殊图案和印记。我们从这一事实中也可以看出私人购买发展的程度。有些卖给山西省贵族家庭的瓷器,大概生产于1514年,今天得以保留下来③。在中华民国时代到来之前,瓷器运输主要是经由水路④。毫无疑问,漕河在瓷器运输中占了相当大的比重。但是,有关其交易情况的记述非常少。

《淮安府志》记载说,在前13种税征商品名单中包括了瓷器⑤。《河间府志》证明说,明代晚期活跃在河间城的瓷器商,来自景德镇所在的饶州府⑥。据报告说,在北京,来自各藩属的贡使返回时装载了大量瓷器。有个时人记载说,他看到了"几万辆马车"运载着瓷器离开京城,马车上的柳条箱和包装有30英尺高⑦。

尽管水路运输圆木要遇到无数困难,但是木料贸易仍然是漕河商

---

① 《春明梦余录》,卷35页38(查原书没有此句话,可能出处有误——译者注)。
② 《景德镇陶瓷史稿》,页109。
③ 《景德镇陶瓷史稿》,页220。
④ 《景德镇陶瓷史稿》,页31、111。
⑤ 《淮安府新志》,卷12。
⑥ 《古今图书集成》,第70册页27。
⑦ 《景德镇陶瓷史稿》,页252。

业发展中的一个重要组成部分。更主要的是，这是由于事实需要所决定的。看起来，漕河沿线所有府县没有哪一个供应的木料能达到令人注意的地步，因而不得不由长江以南省份提供。北京所需木料除了部分由山西省供应外，大量木料来自四川、湖广和浙江。在漕河区域内，购买木料的主要地方是京城和淮安地区。

就其他种类的商品来说，难以从现在手头的资料中判断总的贸易数量。不过，我们可以从一名负责1596年宫廷修建项目的官员留下的回忆录中找到一点线索。这名官员就是工部郎中（Section Chief）贺盛瑞。当项目仍然处于计划阶段时，贺盛瑞检查漕河北部顶端收税情况，发现不知在什么时期里，有44 000件圆木和木板由木料商运入北京了，其中一些圆木的周长不到5英尺[1]。显然，是北京的木料价格使商人的钱袋子鼓了起来。随着木料贸易的发展，许多船主选择在漕河端点附近的崇文门卸下货物，以便以较高价格将从漕河打捞起来的木料卖掉。

我们在第五章探讨宫廷供应品时已经作了部分讨论，说在1596年的宫廷修建项目实施中，明廷一度决定项目所需木料全部由购买所得。正是项目主事者贺盛瑞终止了该项决定的实施。两个不同文献对此事作了详细的叙述。其中一个文献是贺盛瑞的儿子所写，另一个是贺的一个追随者所写，材料都取自贺自己的记述[2]。这个事件在历史上虽然并不是什么重大事件，但反映了那个时代的惯例和官僚作风。它们对总体上的商业发展，尤其是木料贸易产生了决定性的影响。

作为修建主事人，贺盛瑞一直反对购买木料政策。他计划木料由南方省份供应。根据贺盛瑞自己所说，许多木材商对明廷有影响力的官员游说、行贿。这些官员反过来就劝说万历帝下令购买。万历帝下

---

[1] 项梦原：《冬官纪事》，页4。
[2] 贺仲轼：《两宫鼎建记》（丛书集成第1498册）；项梦原：《冬官纪事》。

第六章　征税、商业、旅行和劳役

令后,贺盛瑞郎中看来政治上失败了。但是,他大胆地对购买加上了一系列条件,以致导致合同对木材商完全没有什么吸引力。为了宣布他的新规定,他把"数十名木材商"召集起来,要他们跪在自己的案桌前,毫无保留地告诉他们。他宣布说,木料不能视为"皇木",仅仅是一种普通商品。因此,在过漕河的缓斜水面和水门时,不能享有优先权,在航行时也不能享受官府劳役的帮助。此外,无论是雇用官船运输还是民船运输,一路上如果因事故而导致船只损坏、损伤,木材商都要负责并赔偿。木料只有在运到崇文门之后,才能以万历帝批准的价格购买,而不能预先支付。还有,木材商不能免纳普通的货物税,而这货物税达到货物所值的20%。正如他所预料,"新规定"终止了购买政策的实施,没有一名木材商愿意以这样的条件供应木料。他的专断处理激怒了许多站在木材商一边的朝廷官员。后来,他们以莫须有的指控将贺盛瑞逮捕下狱。不过,他的努力成功了,大批木料通过官府代理人从南方获得①。

从这一事件中可知,尽管一些官吏采取抑商态度,尽管运输困难,木材商在漕河地区的生意仍然比较兴隆。显然,在16世纪最后几年里,资本集中的程度较高。卷入同贺盛瑞进行斗争的木材商达"数十"。这个数字虽然模棱两可,但是,他们为了准备向整个1596年宫廷修建供应160 000根圆木,能够游说明廷采取购买政策。这一事实表明,他们的作用绝不是小规模的。

在淮安,最大的木料购买者也是政府。在第四章中,我们提到清江浦船坞要为漕船船队打造船只递补船只。在高峰时期,该船坞一年内打造的船只达746艘②。即使在低谷时期,每年也能打造500艘到600艘。在16世纪和17世纪早期大部分时间里,所需木料要从私商

---

① 项梦原:《冬官纪事》,页4。
② 《漕船志》,卷3页12~14。

159

手中购买。由于每艘船只所需木料价值57.8两银子①,那么全部所需木料的价值就应该在29 000两到35 000两之间。这一估计看来同船坞的预算相吻合。记载表明,在17世纪前25年里,船坞的收入来自3个收税站,每年达44 510两②,其中主要部分用来购买木料。因此,政府购买为木材商的商业活动提供了广阔的空间。

但是同北京的情形相比是不同的。在北京,商人非常渴望同明廷签订购买合同;而在淮安,只要有可能,商人就要避免同官府订约。有资料指出,在1603年到1605年间,每根圆木,官府付给商人6两银子,而且圆木的大小没有说明。银两是预先支付的,而木料有时在二三年后才提供③。但是,对木材商来说,这种交易似乎无利可图。清江浦船坞负责官员抱怨说:"木材商不愿意提供木料。如果不施加压力,他们不会答应的。"④在另一份文件上,该官员写道:"以往淮安的木材商达六十多人,而现在仅有七八人。"⑤证据表明,在明政府拨付给船坞的资金拖欠时,木材商被迫供应的木料,不但不能获利,甚至还要赔本。明政府交给淮安的供应合同,变成了一种木材商为维持许可证而必须完成的任务。这不可避免地阻碍了私人事业的发展,阻碍了商业的发展。

与此同时,南京附近的税吏给木材商带来了另外的困难。官方文件表明,南京附近的一个机关和清江浦船坞虽然都是工部的下属机关,但相互之间偶尔发生争吵。后者指责前者强行从根据合同须向船坞提供木料的商人手中购买木料,并指责负责征收商品税的官员也给木材商带来不必要的耽搁。文件中提到,除非水面前的木排达到100

---

① 《漕河一觇》,卷11。
② 《漕河一觇》,卷11。《古今图书集成》,第689册页27。
③ 《漕河一觇》,卷7和卷8。
④ 《漕河一觇》,卷7(此句原文尚未找到,因而直译——译者注)。
⑤ 《漕河一觇》,卷9(此句原文尚未找到,因而直译——译者注)。

第六章　征税、商业、旅行和劳役

多个，征税官员才不干涉，才准许通过①。提供给清江浦船坞的木料，也要像普通商品一样纳税；清江浦船坞负责官员并未对此提出异议。只有在木料滞留和强行购买导致船坞船只打造计划搁浅时，他们才提出抗议。如果政府合同都摆脱不了这种官吏滥用权力行为时，那么其他商人所遇到的问题就更糟糕。

的确值得怀疑的是，在木材商仍然在做生意的情况下，正如前面几段提到一样，木料仍然大量运到北方去。木材商一路上是怎样解决所有问题的，虽然并不清楚，但是在清江浦，每年征收的船只打造原料税所得收入达到 11 000 多两银子。该口岸按照货物价值进行征税，实行三十税一。这样，往北方运输的木料，其价值应超过 300 000 两。把在清江浦南面出售的圆木和木板每年贸易量加上，漕河上的木料交易，每年价值可能接近 50 万两。

在明代经济史上占有首要地位的食盐，以特殊方式参加到漕河运输中来。两大主要产盐区都位于漕河的东面，都在海岸上。渤海湾每年的食盐产量，价值 180 000 两银子，淮河河口湾和长江三角湾的总收入为 680 000 两，渤海湾的收入介于后两地的收入之间。在 16 世纪晚期和 17 世纪早期，三地的收入加起来在全中国总收入中占 2/3 多②。毫无疑问，这三地的食盐，绝大部分首先要经由漕河运输，才能分散运输到内地各市场。沧州、张秋、清江浦、扬州和仪真，都是批发商经常停靠的口岸③。但是盐商在从官府代理人手中购买食盐后，所走的贸易路线大体上为东南方；这不同于其他商品沿着漕河南北干线运输。这样，即使大部分食盐从漕河而来，但常常只是经由了其中一小段，走

---

① 《漕河一览》，卷 8。
② 《漕河一览》，卷 11。
③ 《天下郡国利病书》，第 16 册页 20；卷 16 页 42。《古今图书集成》，第 70 册页 27。《皇明名臣经济录》，卷 51 页 6~7。牧田谛亮：《策彦八昭记的研究》（京都，1955 年），上，页 266。

完漕河大段水道的食盐很少①。

不过,由于到食盐产地很方便,诸如腌肉和腌鱼这些防腐食品在漕河地区非常普遍。此外,积极活跃于漕河地区的许多富商,是作为盐商开始的。一旦发家致富后,他们就把自己的商业活动延伸到其他商品中去②。他们之所以如此,部分原因在于明政府的强迫。明政府收到盐商的缴纳后,盐商常常发现自己不能运输食盐,而且有时是长时期不能运输,因此采取了措施③。商人不得不在其他方面寻找生计。到明王朝统治末期,在漕河商业中占控制地位的有两大著名商人集团,即徽商和晋商。徽商是以茶叶贸易起家的,晋商最初则作为盐商发展起来的④。

上面叙述的,是构成漕河商业运输主要部分的主要商品。其他种类的商品,或者只是小规模地在漕河上运输,或者运输历史达不到上述主要商品那么悠久的程度。《明史》在叙述16世纪俺答汗蒙古族部落的进贡贸易时,虽然只是顺便提到,商人运到前线地区的皮革,来自

---

① 有几个例外情况:首先,产于山东半岛顶段的盐,根据行政命令,专门向徐州—邳县地区供应。参见《明史》,卷80页1~2。这部分食盐的运输或许是经由漕河的。

1505年,明廷利用渤海地区所产盐收入来为购买丝织品提供资金。1516年,宦官刘允到西藏所携带的食盐,除了淮海地区所生产的12 000吨外,还加上了产于渤海地区的2 000吨。无论是淮海地区还是渤海地区,产品都将利用漕河很长一段河道来运输。参见《皇明名臣经济录》,卷23页3~4;《明臣奏议》,卷16页2788。据记载,成化帝的舅父周寿也经由漕河走私食盐。参见《明史》,卷300页13。

② 滕井宏:《明代盐商之考察》,《史学杂志》卷54期5页66~67(1943年)。

③ 《明史》,卷80页7。《明神宗实录》,卷322页3。

④ 何炳棣在《扬州盐商:对18世纪中国的商业资本主义化的个案研究》("The Salt Merchants of Yang-chou: A Study of Commercial Capitalism in Eighteenth Century China")(载《哈佛亚洲研究杂志》,卷17页130~168)对此作了很好的概括。作者在文章中指出,在18世纪,盐商是"中国的不可匹敌的'盐王'",30家盐厂每年可获利200万两银子,所有这些盐商的家庭在明王朝统治时期都从事于食盐贸易。同引书,页152、153、156~166。

参见中国人民大学编:《明清社会经济形态的研究》(上海,1957年版),页222。

第六章　征税、商业、旅行和劳役

于华中和华南①;但是至少有一个记载证明,在17世纪早期,牛皮从清江浦出发往南运去②。据记载,产于江南的桐油运到淮安地区出售③。甚至到清代中叶,一名天主教牧师看到漕河上的船只"装载着木料、纸张和油",往北"运到北京,作为建筑之用"④。另一个文献提到,1590年左右,坐落在淮安的炼油厂大批量生产桐油,其中一部分运到南方市场上出售⑤。

不过,产于北直隶和山东的水果,不断运往南方。据记载,产于这些地区的枣子和栗子在浙江省的杭州出售⑥。在前面一部分探讨征税时,我们提到了左金都御史祁彪佳得到免税经由漕河水道时,他所在的船只就运载了枣子。水果以及产于山东和河南的粮食,有时由运输漕粮到北京的南返船队运往南方。工部一名官员发现,这些船只违反规定,运输的大米、豌豆、梨、小麦、枣子、桃子、梅子和芝麻有时达"数百包,或数百石"。他在一个具体的事例中引证说,漕军的一名小旗就被抓住,在他的货舱里不但发现了40包梨,还发现了50箱猪鬃和60捆牛皮⑦。

漕河上的粮食运输,主要从黄河和淮河到靠近长江的漕河入口处;这和宫廷进贡品的运输方向相反,似乎是明代后期的一大发展。作为商品的粮食,主要有小麦、大麦、豌豆和少数大米。从淮安附近征收粮食通行税,始于1566年。在17世纪早期,税率为每石粮食0.028两银子。据记载,此项收入每年可得30 000两⑧。这一数字,是以每

---

① 《明史》,卷222页11。
② 《漕河一觇》,卷8。
③ 《漕河一觇》,卷9。
④ D. 盖达:《运河帝国》,页52。
⑤ 《漕河一觇》,卷9。根据该文献中所叙述的生产能力,每年的产量应超过150万磅。
⑥ 王洪:《毅斋诗文集》(四部丛刊本),卷7。
⑦ 《漕河一觇》,卷8。
⑧ 《天下郡国利病书》,第11册页43。

163

年粮食运输 100 多万石为基础征收所得的。看来,100 多万石的数字过分高了,令人怀疑。同时,30 000 两银子的收入,同 1621 年明廷规定淮安河港的税征任务总数几乎相当①。很有可能,一些资料中出现了引用错误,这使得我们难以最后认定前面提到的估计是正确的。

　　同上述粮食运输方向相比,食物(foodstuff)运输显然出现在漕河的其他河段上②。这种运输,只是促进了区域供应,并未必然地建立什么清楚的贸易路线,或者说未发展出什么特定的贸易方式。1782 年刊刻的《临清直隶州志》记载说,临清作为商业都会,需要从其他地区输入粮食(gratin)。该地方志进一步指出,输入的粮食来自临清西面的河南,南面的济宁,北面的天津,虽然从后者收入的粮食只是高粱③。在这一点上,我们可以确信的是,漕河内的粮食流通利用了所有可用方法,其结果在整体上是令人满意的。利玛窦的记述也证明了这一点。他就个人经历写道:"沿途各处都不缺乏任何供应,如米、麦、鱼、肉、水果、蔬菜、酒等,价格都非常便宜。"④

　　从有关其他并不在本文研究范围内的时期的记述中,也可看到农产品在地方贸易占有重要的地位。1748 年刊刻的淮安府志,列举了漕河运输有哪些主要商品。除了苏方、胡椒、皮革、桐油、蜜饯、毛织品、丝织品和棉布外,水果、蔬菜、粮食、药材、丝茧和动物骨也榜上有名⑤。

---

　　① 参见本文根据《续文献通考》页 2937 所列出的附录四。《春明梦余录》,卷 35 页 42。吴兆莘在其大作《中国税制史》上卷页 175~176 中所列图表与本文所列类似。不过,在他所列图表中,崇文门的数据写为 48 900 两银子。
　　佐久间重男在其大作中也编了一组数据。参见其大作:《明代商税征收与财政之间的关系》,《史学杂志》,卷 65 期 2 页 61(1956 年 2 月)。他的数据同吴兆莘所列和本文所列均不相同。
　　② 不知作者这样划分的逻辑原因到底在何处,因而将其所用"食物"一词的英文附上。——译者注
　　③ 张度等纂:《临清直隶州志》,卷 2。
　　④ 利玛窦:《十六世纪的中国——利玛窦札记(1583—1610)》,页 306。
　　⑤ 尹继善:《淮安府志》(1748 年版),卷 14。

第六章　征税、商业、旅行和劳役

1778年刊刻的《淮关统志》提到的商品有草席、大米、酒、猪肉和萝卜①。1879年刊刻的《通州志》记载说，通州城内外有8种市场。在附近的张家湾，市场有：粮食市、木材市、猪肉市、牛市、鱼市、水果市和钱币交易市②。

根据上述探讨的一般情况，我们可以得出结论：漕河力所能及的商业运输，促进了物品的交流；这种交流在地方层次上所起的作用，或许比在全国层次上所起的要大。然而，商业运输所遭到的无数个困难，不可避免地阻碍了商业的发展。在这些困难中，除了金融制度混乱之外，主要有：明政府执行了错误的税收政策，明代官员一般采取抑商态度，可以在一定程度上给予商业法律保护的合理的司法制度缺乏，等等。另外，仅仅是漕河水道的地理特征，也能够限制漕河地区商业的大幅度发展，更不用说使用漕河来航行的主要是官府及其代理人，也不用说宦官和漕军带来的非法竞争；而这些，都是商人不得不面对的。

虽然我们还未从原始资料中找到证据证明，但是，本文所探讨的明代时期的商人，他们可以利用的交通工具，看来丝毫没有漕河贸易所特有的商业运输船队的特征。很有可能，直到中国近代时期，大多数船只，同那些在内陆水域行驶的类似，是由农人驾驶的。而农人只是利用农闲季节受雇从事短途运输。这个原因也会限制私有贸易的发展程度。

如果漕河成功地、经济地将中国南北连在一起，如果两大地域的购买力和生产力结合起来，如果可以因物资、劳力、生产品和生产技术能够自由交流而受益，那么国民经济就会发展提高到新的台阶。可是无论如何，漕河都没有达到这个期望。其他运输系统，比如海运，对私有贸易的限制或许少些，双方之间组成的联系或许更有效。在16世

---

① 伊龄阿：《淮关统志》（1778年版）。
② 《通州志》，卷2。

纪和 17 世纪早期,漕河这条南北运输干线沿线的商业发展明显落后于华南的发展;关于此点,我们在前面部分中已经指出了。在明王朝统治的最后时期里,这一趋势更加明显。大约在工部官员对木材商从 60 多位减少到七八个感到悲伤的同时①,户部尚书赵世卿于 1602 年报告说,在河西务,布匹存放量从 160 匹下降到大约 30 匹;在临清,同时注册的 38 名商人中只剩下 2 人还在经商②。正如我们早就指出,这种贸易下降是由许多原因导致的,其中之一就是北方省份购买力下降。但必须指出,与此点相联系的是,漕河的商业发展从未建立在健全而宽广的基础之上,任何逆势都容易将之推到完全崩溃的边缘。

三、旅行

漕河虽然并不是唯一一条连接京城和南方的路线,却是最繁忙的旅行路线。1524 年,明廷公布了一个时间表,作为政府官吏的指南,上面对从北京到全国各州各府的旅行时间作了规定。既然时间表如此规定,水路交通运输就毫无例外地以此作为计算基础,所有从漕河开始的旅行据此而定③。明代官员经常取道漕河的情况,在当时的诗中也能得到证实。明代时期所写的诗,提到漕河地区风景的数不胜数。在这些诗的作者中,有很多是著名人物,如薛瑄、郑善夫、李东阳、刘大

---

① 《漕河一覕》,卷 9。
② 《明神宗实录》,卷 376 页 10。
③ 《嘉隆新例》(玄览堂丛书本),页 2~9。

夏、韩文、严嵩、夏言、归有光、黄道周、张国维、吴梅村和顾炎武①。虽然难以将旅行诗人遗留下来的诗编在一份完整的名单里,但是根据美国现在可以利用的资料来估计,至少有50位明代作者在他们所作诗词的证明下,曾经沿着漕河旅行过。

另一部分人物,从他们的传记中摘录一些记载,可以证明他们也是一些有身份的人物。曾经于1500年官居户部尚书的吕钟,此前于15世纪70年代在南返途中,因非法雇用漕船运载他母亲的遗体而被逮下牢②。曾经担任过兵部侍郎的张敷华,所乘船只于1506年在徐州附近急流中失事,幸免于难③。于1511年任职户部尚书的费宏,因所乘船只在临清被纵火犯烧毁而成为牺牲品。他的船只起火后,个人所有完全被毁④。王阳明,一位镇压过宁王叛乱的著名学者。据记载,他于1512年在南行途中,在船上同朋友谈论古典研究⑤。曾经担任过吏

---

① 武除了明代作者的一些全集外,从《明诗纪事》和《古今图书集成》各个部分中也可找到描述漕河旅行的诗词。《漕河图志》在卷7中也收集了一些。正文中所提到的人物,他们所写的诗词名字,所出资料,列表如下:

作　者	著　作	诗　名
薛　瑄	《薛文清公集》	《仪真三咏》《黄河阻风》《高邮阻雪》
郑善夫	《郑少谷全集》	《南旺湖三首》
李东阳	《怀麓堂全集》	《过安平镇减水石坝有怀》
刘大夏	《明诗纪事》	《沛县舟中》《初至张家湾》
韩　文	《韩忠定公集》	《泊摄州》《都门晓出》
严　嵩	《南还稿》	《南旺湖》《过吕梁》《至徐州》
夏　言	《明诗纪事》	《张家湾阻风》
归有光	《震川文集》	《壬戌南还作》《宝应县阻风》
黄道周	《黄漳浦集》	《关门待闸二章》
张国维	《忠愍公集》(《张忠敏公集》)	《观漕北发喜》
吴梅村	《梅村家藏稿》	《清江闸》《高邮道中》《黄河》
顾炎武	《亭林诗集》	《清江浦》《过苏禄国王墓》

② 《明史》,卷185页7。
③ 《明史》,卷186页7。
④ 《明史》,卷193页2。
⑤ 王阳明:《王文成公全书》(四部丛刊本),卷32页25。

部郎中的周顺昌,于 1626 年被抓武装押回北京时,走的也是漕河水道①。

大量的证据使我们确信,漕河在整个明代一直是旅行的主要路线。在一些情况下,旅行者恼怒于水道经常耽搁而走陆路。但即使在这种情况下,他们所走的陆路也是同漕河水道并行的,要么坐马车,要么坐轿子,或者步行。只要水道情况有所改变,他们仍然走水路。只是在很少的情况下,他们才经由陆路走完全部漕河地区。

得到皇权庇护的道教首领张真人,生前每年都要到北京拜见皇帝,可能是为皇帝主持祈福活动。明政府只是为他来回提供官船。从 1480 年起,明廷又把这一特权给予孔子后裔享受②。这进一步表明,漕河作为一条明政府招待国宾的水道而发挥作用。

到北京参加科举考试的士子,大多数取道漕河水路。1572 年,归有光在第七次到京应试途中,发现所乘船只在大约离张家湾 160 英里的地方即兴济受阻于冰冻。他估计受阻的船只接近 1 000 艘,都是向漕河北段终点驶去的。根据他所说,"半天下之士在此矣"③。在明王朝统治后半期,科举考试每 3 年于农历三月举行。有名官员在谈论时间如此安排时指出,士子参加完科举考试后返回时,就不会因漕船运输漕粮而耽搁④。据估计,到京城参加明政府举行的最后一次科举考试的士子,有 4 000 多名⑤。可以想象,他们同时离开北京,会给交通带来麻烦。

漕河还是许多藩属使者到北京所走的官道。在这些藩属使者中,

---

① 周顺昌:《周忠介公烬余集》(丛书集成第 2165 册),卷 21 页 25。朱祖文:《北行日谱》(丛书集成第 3440 册),页 6~8。
② 周顺昌:《周忠介公烬余集》(丛书集成第 2165 册),卷 21 页 25。朱祖文:《北行日谱》(丛书集成第 3440 册),页 6~8。
③ 归有光:《震川先生别集》(四部丛刊本),卷 6 页 7。
④ 《春明梦余录》,卷 41 页 14。
⑤ 《古今图书集成》,第 65 册页 30。

第六章　征税、商业、旅行和劳役

最著名的是日本幕府时代所派的使团。来华的日本使者经由漕河时，或者由于卷入了一系列事件，或者由于明人的偏见，声名狼藉。据记载，于1453年派来的使团在临清抢劫，并打伤了设法调查案情的明军军官①。于1469年派来的使团，购买了几名汉人，男女都有，企图带到日本；只是到淮安时，由于漕运总兵干预，阴谋才未能得逞，被买汉人才获得自由②。于1495年来到中国的使团，其首领于次年从北京返回日本途中，在济宁进行谋杀活动③；日本人的记载也证实了这一事件④。其结果是，日本接着于1512年派遣使团来到中国到达漕河地区时，明政府地方官员拒绝向他们提供劳力和食物⑤。

从今天的角度来看，日本人只有走完漕河整个水道才能到达北京，非常奇怪。但是在明王朝统治时期当海运实际上已经停止时，这是很容易理解的。此外，1656年，或者说仅仅在超出本文所探讨时期的12年后，荷兰使团来到中国时，他们走的路线是：首先从广州到英德，然后溯着北河坐船到南雄，接着弃水路走陆路翻越山梁到达南安。从南安出发，沿着赣江到长江。到南京停留后，也走完漕河全段到达北京⑥。很清楚，我们要想明白地了解漕河水道在本文所探讨的明代时期所具有的显著地位，所了解的地理特点不能仅限于今天的，还必须了解得更多一些。

漕河不仅仅是连接沿海地区的水道，还是连接边远地区的道路。在15世纪和16世纪，从北京出发的旅行者经由漕河到达陕西和西藏。据记载，在15世纪30年代，明廷任命一名官员到陕西担任水利专

---

① 《明史》，卷322页7。
② 《明史》，卷153页7。
③ 《明史》，卷322页8。
④ 牧田谛亮：《策彦八昭记的研究》上，页374。
⑤ 牧田谛亮：《策彦八昭记的研究》上，页374~375。
⑥ 参见安东尼·弗朗科斯·普雷沃斯特《耶稣会士的历史性旅行》卷5中收录的吉恩·尼尤霍夫(Jean Nieuhof)书信集(*Papers*)。

使,他就走漕河到临清,然后走陆路到新任所上任①。有记载说,西藏于1506年派人到京城进贡,朝见正德帝。由于喇嘛所讲的故事给正德帝留下了深刻的印象,他于1516年派遣亲信宦官刘允到西藏邀请喇嘛到北京。刘允此行,大概是以西藏地方使者为向导。他的队伍,由100多艘船只组成。船只运载着食盐和茶叶,作为旅行费用开支。船队从北京出发,南行到仪真,来到长江。然后溯江而上,到达四川。当船队在漕河航行时,所有"漕船为之阻滞"②。

除了贡使外,至少有一名藩属王在漕河上旅行过。苏禄国王于1417年到北京朝见。他返回自己国家的途中,死于德州,并被葬在那里③。

虽然在原始资料中还未找到专门叙述关于在漕河上旅行的作品,但是那时所写的旅行日志和札记,有些得到保留。它们分别是下列人物于下列时间所写的:崔溥,1488年;策彦周良,1539年和1547年;归有光,1562年;利玛窦,1598年到1599年,1600年;祁彪佳,1634年、1636年和1643年;吉恩·尼尤霍夫,1656年;彼得·冯·霍姆,1664

---

① 《典故纪闻》,卷11页190。
② 《明史》,卷331页4。《明臣奏议》,卷14页252。
作者所引与原文不符,今按原文译出。至于作者所说,意思直译为:"所有其他船只,无论是北上的还是南下的,无论是官船还是民船,都停留下来,不准航行。"——译者注
③ 《亭林诗集》,卷4页16~17。

第六章　征税、商业、旅行和劳役

年;勒康特神甫,1687 年①。

虽然上述作者所写的旅行日志和札记在背景上各不相同,但所持观点有一点是相同的,即:在漕河上旅行并不是一件令人幸福、顺利的事。归有光从苏州北上到北京,花了 38 天的时间。但是,正如前面已经指出,由于漕河冰冻,他不得不用 5 天时间走完最后的 160 英里②。祁彪佳,从他自己的日记中反映出他是一名有魄力、性急的人物,于 1634 年南下时,只花了 28 天时间。但是在最初的 12 天里,从北京到济宁,他是骑着马旅行的。此外,在最后一段行程里,他步行一小段,然后坐着轿子走完最后 10 里。在 1636 年的行程中,他坐船而下到达德州,然后走陆路;这样,水路在他此次行程里仅占 1/3。他于 1643 年所写的日记,反映他此次行程总时间为 41 天。在最后一天,即第 41

---

① 牧田谛亮在《策彦八昭记的研究》中收录了策彦周良(Sakugen Shuryo)的日记。归有光所写的札记,收录在《震川先生别集》卷 6 页 1～14 中。约翰·迈克斯基尔把崔溥的《漂海录》译成了英文。本文在前面几章中引用了几段译文。至于原始资料,则收录在牧田谛亮的《策彦八昭记的研究》卷 2 里。

本文在第四章里引用了祁彪佳的一则日记。可参看 106 页注④。

安东尼·弗朗科斯·普雷沃斯特在其大作《耶稣会士的历史性旅行》引用的 3 个文献,虽然其时间同本文所探讨的时期稍有出入,但是许多观察对我们的研究具有巨大的参考价值;考虑到清代对明代建立的行政体系修改并不多,尤其具有参考价值。我们可以从这些旅行日志中追索同漕运体系运作有关的制度和惯例。我们相信,漕运体系早已建立起来了。

在 3 份文献中,尼尤霍夫书信集是以吉恩·尼尤霍夫 1656 年的旅行日志为基础而编辑的。吉恩·卡彭特(Jean Carpentor)将之译成英文并编辑出版。卡彭特还指出,他对原稿自由地加上一些评论。《阿诺德·蒙坦那斯书信集》(The Arnold Montanue papers)是以彼得·冯·霍姆所写的旅行日志为基础编辑的。彼得·冯·霍姆是荷兰东印度枢密大臣和财政大臣(Dutch Privy Councillor and Treasurer of the East Indies),于 1664 年到达北京。在他旅程中,以荷兰使节的身份出现。最后一份文献,是路易十六于 1687 年派到中国的一群天主教神甫所写的工作日志,一般称为勒康特书信集。杜·哈尔德在其大作《中国社会简史》中也引用了这个文献的主要内容。参见第 2 章注释 4(不知作者指的是《中国社会简史》第 2 章 3 注释 4,还是该文的第 2 章注释 4,如是后者,则没有说明。——译者注)。

② 归有光:《震川先生别集》,卷 6 页 7～8。

天,他到达高邮附近;或者说,离漕河入口处还有 60 英里远。这最后一段行程完全是水路,对他来说似乎最难走;在这段路程的中段,他的船只不断搁浅。关于此点,我们从其日记中摘录一段加以反映:

  9月4日:辰刻,从上闸得水,舟方行三十里……复阻浅。

  5日:遣奴子询上闸无水,舟愈浅,竟不能行。乃作书与何任白,封下闸以蓄水。

  6日:方睡,听榜人报水已盈尺,亟起自行牵挽,乃过浅。然行不十数,辄遇回空粮舡阻塞……子戎服率童仆共牵挽,夜行十余里①……

利玛窦在其《札记》中指出,他于1598年第一次到北京时,明政府拒绝他进入京城。返回南方时,他对自己的经历作了这样的记述:"回程的空船装载旅客几乎是不要什么钱的,但这一次船主的贪婪使得这艘船非常不适于乘坐,因为它缺少武器的保护并且没有足够的水手。"从北京到临清,他花费了整整1个月的时间,才走完这段长500英里的路程。关于这一点,他写道:"一旦冬季来临,中国北方地区所有的河流都结厚冰,河上航行已不可能,车子则可以在上面通过。"从他的记述中,我们虽然难以判断利玛窦神甫到底在临清被耽搁多久,但是可以得知,直到来年春天,他才能继续南下②。

利玛窦于1600年第二次前往北京途中,乘坐的是运输丝织品的官船。在中国文献资料中,这种船叫"马船";利玛窦神甫则称为"马快船"(cavalier)。利玛窦写道:"所谓的马快船都由宫中太监指挥,通常都运行迅速,八只或十只船一队。"③在这里,他又没有写出具体的时

---

① 祁彪佳:《祁忠敏公日记》,第5册。
② 利玛窦:《十六世纪的中国——利玛窦札记(1583—1610)》,页315。
③ 利玛窦:《十六世纪的中国——利玛窦札记(1583—1610)》,页307。

第六章 征税、商业、旅行和劳役

间,但说明了马船比普通船只有优先通过权。他认为,它迅速穿过"几条狭窄的河道","大大缩短了他们的旅程"①。这些评论只不过是进一步证明了享受不到此种优先权的旅行者,只能在过于拥挤的水道里多耽搁几天。

策彦周良所保存的日本贡使旅行日志记载说,1539 年,使团在获准起程出发到北京之前,不得不在宁波停留了 195 天②。在停留期间,宁波知府向使团说明他们长时间耽搁的原因在于"递北多水,梓宫南来"③。"梓宫南来"这后一句,明显指的是嘉靖帝母亲的遗体经漕河运到南方来安葬的事件。根据其他资料的记载,明廷这一年规定,为了躲避送葬队,3 000 艘漕船迟到北京④。很清楚,漕河运输因这一所谓重要国事而完全暂时停顿。

日本使团最终得以成行起程后,从长江进入漕河处算起到漕河北段端点张家湾,用了 85 天时间才穿越了整个漕河地区。返程时,同一路程用了 66 天。大约 9 年后,下一个日本使团走的也是同一条路线,但是其北上情况并不清楚,因为我们手头拥有的旅行日志记载到中途时就突然没有了⑤。

有趣的是,日本于 1539 年所派使团,准备于农历十二月初一渡过长江。但是,这一计划因"潮水量不够"而耽搁。从漕河南段换船进入长江,渡江,随后换船进入长江北面的漕河,总共用了 4 天时间⑥。1547 年使团在浙江省停留将近一年后,于 1548 年下旬到达漕河的入口处。这支由 5 艘船只组成的船队,打算从仪真附近的水门进入漕河。然而,明政府负责官员拒绝了。返回瓜洲时,绞盘机把船只提升

---

① 利玛窦:《十六世纪的中国——利玛窦札记(1583—1610)》,页 358。
② 牧田谛亮:《策彦八昭记的研究》上,页 53,99。
③ 牧田谛亮:《策彦八昭记的研究》上,页 77。
④ 《明史》,卷 144 页 10。
⑤ 牧田谛亮:《策彦八昭记的研究》上,页 269。日记记载到达沧州时结束。
⑥ 牧田谛亮:《策彦八昭记的研究》上,页 109~111。

越过缓石坡。在这过程中,使团的行李不得不卸下。农历元月十六日,旅程结束①。诸如此类的记载再一次证明了本文第二章所作出的观察,即船只无论是进入漕河水道还是离开,只有在农历每月中旬前半期潮水升高方便改道时,才能顺利地进行。

大约 60 年前(1488 年左右),崔溥从瓜洲到张家湾,用了 36 天时间。但是他也遇到了船只改道从漕河南部端点进入长江的困难。他在日记中写道:"水浅,必待潮至……"②

依赖潮水改道,以及在此过程中不断卸下行李或货物,经常导致了商船不能继续航行。就无官员身份的旅行者来说,十有九个事实上在漕河入口处要换船。他们北上到清江浦再次换船。因此,这种从漕河入口处行驶到清江浦的船只,很少越过水闸继续向北行驶;它们只是在这段水道航行,同在其他段水道的船只一样在各自水道里提供短程运输服务。

关于这一点,利玛窦写道:"从扬子江来的私商是不允许进入这些运河的,但居住在北面这些运河之间的人们除外。通过这项法律是为了防止大量船只阻碍航运,以便运往皇城的货物不致糟蹋。"③不过我们有理由相信,利玛窦此点观察是错误的。我们知道,明廷并未颁布什么严格规定,禁止商船进入漕河。只是坐落在仪真和清江浦由明政府修建和管理的水门,商船不能使用。民船只要愿意,常常可以在缴纳通行费后越过水闸。不过,由于花费巨大,常常抑制了商船纳费通行。

1571 年,负责黄河水利的河道总督发现,同拥有势力和地位的官员有联系的商船经常可以通过清江浦水门,这些商船的船主要么行贿,要么送礼物。在大多数情况下,花费七八两银子可以通过。由于

---

① 牧田谛亮:《策彦八昭记的研究》上,页 244~247。
② 在崔溥《漂海录》的英译本页 172 中所指的日期是 1488 年阴历二月二十一日。
③ 利玛窦:《十六世纪的中国——利玛窦札记(1583—1610)》,页 306。

第六章 征税、商业、旅行和劳役

这一做法普遍流行,河道总督因而建议最后向民船打开水门,纳费后可以通过。明政府采纳推行。随后,清江浦水门收费标准按照船只大小而定,最低为5两银子;在仪真,收费"大幅度减少"。这一政策推行了3年。1573年,有人抱怨,由于水门常常打开,导致河道里的水量减少,不能维持到可以行船的水平。明廷乃颁布一道命令,恢复到先前的严厉控制政策,并规定水门每年只能在夏季打开3个月,让漕船通过,其他种类的船只则只能由绞盘机提起越过石缓坡①。即使是在明政府官员护送下的日本贡使,也不能通过仪真水门;这一事实说明了该命令严厉执行的程度。既然船主愿意缴纳七八两银子以通过水门,那么越过石缓坡要缴纳的费用就更多。结果,许多商船都不愿意继续往前航行。或许就是因为这个原因,利玛窦确信的确存在着一个禁止商船进入漕河的政策。

根据上述情况,我们完全可以说,在漕河上旅行常常令人恼怒。这种恼怒在诗歌里面不断得到反映。在正常情况下,诗歌并不是理想的历史资料,因为诗人在作诗时常常带着感情色彩,并不是从客观角度来写的;诗歌追求完美性,会隐蔽了客观表象。不过在目前情况下,我们并不是从一两首诗歌来看问题的,而是对大量诗歌的内容作了比较。值得指出的是,抱怨和恼怒并不是普遍性的。

明代时期有由28位旅行者所写的42首诗歌,同本文关于论述在漕河旅行的情况有关,我们对这些诗歌作了研究。正如我们所想到的一样,虽然其中大多数是描述漕河风景和优雅情感的,但是有4首描述了漕河水位下降导致船只搁浅的情况,有3首叙述了风大导致船只躲避的情况,有1首描述了结冰致使行程受阻的情况,有1首描述了河水泛滥导致行程延期的情况。此外,还有3首都提到了漕河沿线发生的自然灾害,有1首谈到了船夫的悲伤。

---

① 《天下郡国利病书》,第12册页77。

显然，上述情况在清代没有得到什么改进。吉恩·尼尤霍夫书信集中提到："有时,水位很低,船只不能航行。"①彼得·冯·霍姆使团于1664年到北京,走完漕河全段,用了68天。其旅行日志到处有诸如"沙堤""风过大,寻找躲避场所"和"水深只有3.5英尺,难以航行"之类的记载②。清廷召集编辑明史的学者,至少有2名于1679年指出,他们经由漕河旅行时遇到了许多困难③。清代一名官员于1836年所写的旅行日志,进一步证明,即使在19世纪,冰冻、干旱和强风交替发生,致使旅行者行程受阻④。1876年,盖达神甫发现,漕河中段的一条支运河干枯,其他地方的漕河河水只有2英尺深。在另一种情况下,他发现漕河北段完全冰冻长达15天到20天⑤。

由于牵涉到的不确定因素很多,不能冒险耽搁的旅行者常常弃水路,走陆路。利玛窦指出,居住在南京、于1600年起程前往北京的一名大臣,为了在万历帝生日那天到场,就是弃水路,走陆路⑥。1626年,位高权重的宦官魏忠贤下令逮捕周顺昌⑦。与此同时,周的一位朋友、门徒急忙前往北京解救。这位朋友在日记中写道,他取道漕河水路到清江浦,然后走陆路。从清江浦到北京,用了17天时间⑧。这段行程如果走水路,所需时间毫无疑问要多两三倍。

但是在另一方面,对于那些有足够时间的旅行者来说,弃水路走陆路就不完全值得。因为正如利玛窦所说,在漕河上旅行悠闲、舒服,

---

① 安东尼·弗朗科斯·普雷沃斯特:《耶稣会士的历史性旅行》,卷5页259。
② 安东尼·弗朗科斯·普雷沃斯特:《耶稣会士的历史性旅行》,卷5页342~352。
③ 朱彝尊:《曝书亭集》(四部丛刊本),卷6页8。汪琬:《尧峰文抄》(四部丛刊本),卷2页2。
④ 李钧:《转漕日记》,收于王锡祺所编:《小方壶斋舆地丛钞》(1962年影印本),卷8页4549~4589。
⑤ D.盖达:《运河帝国》,页56~58。
⑥ 利玛窦:《十六世纪的中国——利玛窦札记(1583—1610)》,页301。
⑦ 关于周顺昌事件牵涉到什么,可参见贺凯的大作:《晚明时期的东林运动》(尤其是页155),载费正清编:《中国的思想和制度》(芝加哥,1957年)。
⑧ 朱祖文:《北行日谱》,页7~8。

第六章 征税、商业、旅行和劳役

一路上总有美酒佳肴提供①。除了在明王朝统治的最后数年外,供租船只很多,价格合理。这些船只通常在水面上等候着,在几分钟内就可以谈好条件。归有光就指出,他随时都可以轻松地雇到船只,无须事先订约。根据他描述的情况看来,片刻就可以起程。

旅行者可以雇乘的船只,大多数是货船,每艘可带一两名旅行者。这种船只在归有光的记述中得到充分反映。他对兴济附近受阻于冰冻的船只数了一下,"几及千艘"。他在南返途中,再次提到:

初,同行者常有百艘,南旺分而为二,先行五六十艘,出会通河,舟皆散。是日风阻宝应,又以百数②。

归有光虽然没有指出他所计算船只的类型,但是强调说,他在旅行中有几个同伴,各人各租一艘船只。一路上,他们相互拜访,在甲板上饮酒。当船只停泊时,他们结队观赏风景。但是他们都没有出现同朋友共享船舱的事。既然这样,这种船只属于载客船,但又完全不像。在前面一部分中,我们已经指出祁彪佳所乘的船只就运载着枣子。

由于不知什么时候总是出现被迫耽搁情况,因而一有可能,船只就全速前进,不论什么气候,也不论是白天还是黑夜。在归有光的记述中,我们就发现有这样的记载:"尤寒,刺舟者须眉皆白。"③在另一种场合,他写道:"月出,九船顺风张帆,樯皆挂灯如列星,迤逦行柳树间。"④他还提到其他几种情况,称他从听到"公鸡晨叫"到船停。由于这样努力,再加上环境最为有利时,船只行驶的路程就会长得多。归有光在南返时指出,他所乘船只有一次在24小时里走了100多英里。

---

① 利玛窦:《十六世纪的中国——利玛窦札记(1583—1610)》,页306。
② 归有光:《震川先生别集》,卷6页13~14。
③ 归有光:《震川先生别集》,卷6页6。
④ 归有光:《震川先生别集》,卷6页6。

崔溥的日记里也有类似船只在公鸡晨叫前就起程的记载。在祁彪佳的日记里，除了记载他个人在晚上使船只摆脱浅水的阻碍情况外，关于1643年旅程，以这句开头："开舡，彻夜行。"①

在枯水季节期间，船只总是全速航行经过位于中段、每次打开时间非常短暂的水闸。由于宦官左右的特殊船只总是可以直接通过水闸，因而有时其他种类的船只就跟在后面。下面一段摘自归有光的记述，就反映了此种情况：

> 夜争新闸，舟楼雁翅间，前行者几败。止仲家浅，漏下二十刻，闻闸下喧呼声，乃龙衣船至。闸启，又行②。

一名官品低微官员于16世纪早期所写的一首诗，以更富有情感的色彩描述了类似情况。这首诗现在译成为英文。虽然英文竭力在措辞上保留汉文原意，但是口气更为强调，目的是要把汉文那默默的抗议和表达的讽刺语调表达出来。这首诗的汉文如下：

过　闸③

张　合

日斜候得闸夫来，

鼓击锣鸣闸始开。

独有龙舟先得行，

南都中使进鲜回。

---

① 祁彪佳：《祁忠敏公日记》，第5册，1643年农历八月十七日。
作者所引与原文不符，今按原文译出。至于作者所说，意思直译为："离开张家湾，船只彻夜行。"——译者注
② 归有光：《震川先生别集》，卷6页11。
③ 《明诗纪事》，卷8页1460。

第六章　征税、商业、旅行和劳役

　　同上述记载不同,策彦周良的日志记载说,运载着日本贡使的 5 艘船只很少设法匆忙到达目的地。除非要躲避强风,这支船队常常是早上出发,晚上停泊,好像在按照详细规定的时间表安排行程。之所以如此,部分原因在于这些由贡使使用的船只是明政府提供的,每站行程要劳役的帮助。正如日志中所反映,这些船只运载过重,每艘要由 40 名劳力帮助前进,还不必计算在船板上驾驶的 11 名水手①。因此,只是在偶然情况下,船队才多前进一段时间,进入月光明亮的夜晚。船队本身不尽力行驶,从来不像民船一样在 24 个小时连续不断设法前进。

　　显然,并不是所有官船都要走完漕河全段。策彦周良一行于 1549 年北上期间,在扬州换船②。彼得·冯·霍姆使团占用了 15 艘船,其中 7 艘有荷兰人乘坐,8 人由明政府所派护送人员和翻译人员乘坐。虽然旅行日志也提到了船夫一路上跟着使团到了北京,但是船队在淮安和济宁换了船③。为什么这样安排,并不清楚。

　　探讨到这里,叙述一下驿站(the relay station)的情况看来是很恰当的。在仪真和张家湾之间,总共有 42 站④。它们是平均设置的,每站平均距离 25 英里,这是一天的正常行程。驿站不但为官船提供苦力,还向途中官员提供根据官品而定的食物。向日本贡使提供的食物,有大米、肉、豆浆、酒、蔬菜、胡椒、茶叶,还提供蜡烛和木炭。有时还提供鸡蛋、鹿排和乌龟⑤。正如旅行日志所指出,常常导致耽搁的原因,要么是驿站没有及时提供食物,要么是苦力没有了。

---

① 牧田谛亮:《策彦八昭记的研究》上,页 241~242。
作者没有注明注释在何处,这是译者根据判断所加。——译者注
② 牧田谛亮:《策彦八昭记的研究》上,页 247。
③ 安东尼·弗朗科斯·普雷沃斯特:《耶稣会士的历史性旅行》,卷 5 页 343、346、352。
④ 《通漕类编》(美国国会图书馆缩微胶卷第 535 号),第 6 册。牧田谛亮:《策彦八昭记的研究》上,页 300~303。
⑤ 牧田谛亮:《策彦八昭记的研究》上,页 99~101、页 304。

然而,驿站不仅仅是一种供应机构。它还是重要的通信中心,是明廷通讯系统的组成部分。传递官文和其他信件是其主要任务。它们所派出的信使走陆路,每24个小时可走110英里多,因而常常超越乘船的行人。以这种方式,它们为途中官员提供宝贵的服务。虽然在途中,日本贡使及成员可以收到信件,也可以写信送出,信件先于他们到达。他们一定行使了这种通讯特权。祁彪佳的日记也反映,在他到达一个重要口岸之前,他要来的消息早就传开了,他的朋友和亲信下属能够及时地接站,作礼节拜访。他也一路上事先发出了信件。

关于漕河旅行者可以得到的其他服务,我们知之甚少。但是,勒康特书信集有一段反映了耶稣会传教士于1687年到达淮安时的所见所闻及经历:

> 漕河总理在这里下榻。他占据了驿站,而这种驿站应该为皇帝所派人员提供食物和住宿。由于驿站完全被他占用了,所以我们只能住进一家用草席和茅草搭成的肮脏茅房。这时是寒冬,寒风凛冽,雪花冲进我们睡躺的地方,难以抵御①。

利玛窦在其《札记》中提到,他在前往北京途中带着一张在澳门购买的汇票。他发现,这张汇票在路上不适用,随后在北京没有一家客户愿意接收兑换。不过,他后来还是找回了本钱②。这看起来表明,在17世纪晚期,旅行者可以利用银行的服务了。

在17世纪后半期,来自欧洲的旅行者发现了几点同漕河旅行有关的风俗习惯。彼得·冯·霍姆使团所写的旅行日志记载说,在长江南岸、正好面对着漕河入口处的地方,矗立着一座寺庙。在过江前,行人常常要到寺庙里献上供品。日志强调说:"如果不事先祭祀就渡江,

---

① 杜·哈尔德:《中国社会简史》,卷1页85。
② 利玛窦:《十六世纪的中国——利玛窦札记(1583—1610)》,页314。

第六章　征税、商业、旅行和劳役

是难以想象的。"①过黄河时,使团又遇到了"自称巫师、神灵的骗子"。彼得·冯·霍姆所在船只的水手给了骗子钱,特使也不得不跟着给钱②。这些故事虽然是偶然观察记下的,但的确反映了中国来往行人对通过江河极端不安。他们每次在渡过宽广的水面时,总是要寻求超自然的保护。策彦周良所写日志中也有同样祷告渡河平安的记载③。

法国使者把他们一路上观察到的中国人"独出心裁的欺骗手段"记载下来。有一个事例,指的是骗子用猪皮把木棍和泥土包好,伪装成火腿。法国使者也提到:

> 小偷和强盗很少诉诸暴力;相反,为了达到目的,他们宁愿采取阴谋诡计的手段。有一些盗贼,跟着帆船,神不知鬼不觉地混入船上。这些船只沿着漕河,把他们带到山东省境内。在这里,他们每天都要换船,因而难以被发觉……其中一些盗贼会跟踪一个商人达两三天,直到有机会下手偷盗或抢劫④。

这段叙述看来对本文研究并无什么重要作用,但它把漕河上运输繁忙、连续不断的图画向世人展现出来。如果漕河上的旅行者人数过多,那么就会常常发生正如引文中精确描述的偷窃行为。

"小偷和强盗很少诉诸暴力"的评论,或许适用于明王朝统治的大半个时期。除了少有的几次暂时中断航行外,漕河一直比较安全,未遭到土匪威胁。但是,崔溥一行于1488年在德州附近因土匪活动猖獗而短暂中断夜行⑤。在明王朝统治最后数年里华北陷于混乱和无政府状态时,旅行者不得不认真防备非法抢劫者。祁彪佳就遇到了抢

---

① 安东尼·弗朗科斯·普雷沃斯特:《耶稣会士的历史性旅行》,卷5页341。
② 安东尼·弗朗科斯·普雷沃斯特:《耶稣会士的历史性旅行》,卷5页344。
③ 牧田谛亮:《策彦八昭记的研究》上,页306、307、308。
④ 杜·哈尔德:《中国社会简史》,卷2页135。
⑤ 在崔溥的《漂海录》(英译本)页199~200中,指的是1488年阴历三月十七日。

劫。他在1643年南下途中,组织了7艘船只同路,互相提供保护,各船轮夜守望①。在1634年途中,有艘船只跟在他的后面,大概被土匪抢劫了。几天晚上后,当祁彪佳的船只躲避强风时,他发现"有数人踪迹可疑",因而叫仆人和船上杂役把他们抓住并捆绑起来。他明显认为这是处理问题的最好方法,不用伤害他们。事情过后,他极力公正地写在日记里。由于找不到证据证明把他们捆绑起来是正确的,因而正如他的日记所说,仅仅这样地结束此事:"至晓发舟,始释去。"②

四、劳役

如果没有劳役大军的支持,漕运系统就一天也不能运作。漕运行政系统,包括分支机构和附属机构在内,所需全部劳役从漕河沿线百姓中征召而来。他们各自被分派承担特殊的任务,即充当闸夫、浅夫、船夫、造船厂木匠、砖厂工匠、驿站信使、收税站杂役和护卫、坝夫、泉夫,以及充当组长和监督的所谓"老人"。于1507年担任漕河总理的王琼计算了一下,通州和仪真之间漕河河道的法定劳役为47 004人③。

劳役是由知县征召的。知县也有责任维持所辖县区内的漕河河段④。他在履行此项职责时,专门指派通判(judge)或典吏(a docket officer)来帮助。因此,从事维修漕河河段的劳役,仍然是在地方官员的直接控制之下。对于那些为漕河各机关服徭役的劳力来说,所需人数永久地由有关各县提供。这些县份要不时地注意把许多征召而来的

---
① 祁彪佳:《祁忠敏公日记》,第五册,1643年阴历八月二十日。
② 祁彪佳:《祁忠敏公日记》,第五册,1634年阴历五月三日。
③ 《漕河图志》,卷3页1。
④ 参见本文第三章有关"判官""管河通判"的论述。

第六章　征税、商业、旅行和劳役

劳役向所需机构输送。在本文第三章中,我们提到过在清江浦收税站服徭役的劳役就是由山阳县输送的。在徐州附近急流服徭役的劳力,也是用同样方法从邻县即萧县征召而来的①。此外,许多技术工匠及其家庭,按照规定是直接登记注册分派给漕河各机关的。每隔一段时期,每户家庭就需向有关机关提供一名劳役。服徭役是没有报酬的,官府也不供应伙食。在清江浦船坞,每两年就需134名这样的劳役服务90天②。

通过这一系列措施,日常的劳役输送就完全由基层政府负责处理。在很大程度上,明廷自己就免除了人力计划和分派的琐事。

在一些特定情况下,必须征召超过规定数额的劳役。比如在1453年徐有贞负责重修黄河时,召集了45 000名劳役③。1516年,宦官刘允受命到西藏,就敦促征召了10 000多名苦力为他的船队经由漕河服务④。1528年当漕运总督唐龙在邳县附近修建新沟渠时,征发了50 000名劳役⑤。在这样的事例下,虽然劳役征召超出了本文现在探讨的范围,虽然动员方法各不相同,但是负担毫无疑问落到了漕河沿线平民百姓的头上。有时,明廷为了缓解有关地区遭受的苦痛,会豁免一部分土地税。有时,会为劳力提供食物。但是无论如何,劳力在服徭役过程中的花费要由自己支付。

自16世纪晚期以来,在很大程度上劳役本人的确很少应征服徭役,而是雇人代替。但是,这并不表明徭役制度就寿终正寝了。上面提到的有关各县输送劳役的责任仍然存在,它们同需要劳役服务的机关之间关系仍然未变,技术工匠登记注册向漕河各机关分派的政策仍然有效,甚至从先前提供工人的真正的人力仓库(the exact manpower

---

① 《天下郡国利病书》,第11册页59。
② 《漕船志》,卷4页16。
③ 《明史》,卷85页7。《皇明文衡》,卷67页6。
④ 《明史》,卷185页16。
⑤ 唐龙:《渔石集》,页219。

183

pool）征收银两作为劳力支付。举例来说,上面已经提到,在徐州附近急流处服徭役的苦力是由萧县输送的。在徭役兑换成银两支付后,该县知县就无须再输送劳役。但是按照每个劳役 12 两银子的兑换计算,他必须把这笔银子征收上来,交给负责管理急流的漕河机构,使该机构能够招募同样数目的劳力①。在清江浦船坞服徭役的木匠,自己也可以不必服 90 天的徭役,但是作为豁免,每户注册登记须派一名劳役的家庭必须向船坞缴纳 1.8 两银子②。换句话说,除了可用钱币支付取代应征服徭役这点不同外,整个徭役制度同以前仍然一样,没有什么变化。此外,在大多数事例下,以钱币代替徭役并不是强制性的。愿意服徭役而不愿意以钱币代替的苦力,仍然可以服徭役。

很清楚,谈论一下劳役情况超越了本文研究范围。但是,我们这样做,目的只是在于描述漕河行政体系的显著特点,并对劳力征募制度作详细处理。此外,明代时期的劳力征召所涉及的问题很多,非常复杂。实际处理情况,各府州不同,各县也不同。虽然在缺乏一个与本课题密切联系的特定的可以展开的话题的情况下,为了方便研究,我们不得不讨论一些概括性的一般性问题,但是,我们可以发现,这种讨论能够使复杂多变的问题简单化。

从根本上来说,位于县级层次上的漕河劳役征召,来自三个不同但互相重叠的渠道。首先,拥有土地的有服徭役的义务。除了缴纳土地税外,各县的所有土地拥有者组成了一种供应劳力大军的"服徭役仓库"（a service pool）。被征者,或者自己服徭役,或者雇人代替。但是,这个仓库的成员及其家庭是不能免除其他义务的。第二种劳力大军,征发自各县所有在服徭役年龄的男性公民。第三种劳力大军,从各县各户征召而来。不论财产多少,也不论家庭大小,都是以家庭为

---

① 《古今图书集成》,第 695 册页 57。
② 《漕船志》,卷 4 页 16。

征收单位①。显然,这种制度有许多缺点。它产生于一种令人难懂的复杂设计,企图对全社会进行有效控制,但根本不可能。在明王朝统治后期钱币支付通行时,几种征召方式同时诞生。每一种都有其来源,都可以追溯到先前存在的、可以同它种区别开来的徭役。即使以"一条鞭法"而言,它虽然是明政府用来合并和简化徭役征召程序的,但实施起来并不方便,反而破坏了徭役制度;而这些令人麻烦的特点从未得到全部消除②。

我们感到很幸运,为漕河服务的大多数劳役属于第二种劳力大军。即是说,他们是从有关各县处于服徭役年龄的男性公民征集而来。要为漕运系统提供劳役的县份总共有 61 个。其中一些县份提供的劳役人数不过 50 人到 80 人,但是另一些不同。沛县一地就提供了 3 484 名,济宁 2 259 名,徐州 2 227 名③。有关各县的含义,不仅仅是指漕河经越的县份,还包括临近县份——它们的山中溪流被开发出来向漕河这条人工河道提供水源。在后者地区,征收而来的劳役主要是

---

① 参看山根幸夫(Yamane Yuldo)的大作:《明代华北地区役法的特点》("Mindai Kahoku ni okeru Hanekiho no Tokushitsu"),载《清水博士追悼纪念明代史论丛》,页 225。

② 参看梁方仲:《中国的一条鞭法税制》(马萨诸塞州坎布里奇,1956 年),页 65。《明史》,卷 201 页 14~15。参见爱德温·O.里肖尔和费正清合著:《东亚大传统》,页 339~340。

应该指出的是,"一条鞭法"这一词语并不意味着明政府进行广泛而统一的改革。它一般指的是各省当局为了在各自区域到达税收和劳役兑换的目的而发布的一系列行政命令,而这些行政命令,既不是系统化的,也没有一个全国统一的标准。"一条鞭法"或许包含了所有纳税人应该完成的任务,或许没有全部包含。一些地方在推行"一条鞭法"后,部分税收仍然征收实物,劳役征收仍在进行。

还应该指出的是,国家财政在"一条鞭法"推行后改善了一些。为了简化行政程序,地方官员或多或少努力去"一条鞭法"。在 15 世纪中叶后,中央政府只是要求几个省、府完成税收任务,至于其中许多细节由各省官员自己去处理,这样,地方官员可以随意操纵。那么就可以说,"一条鞭法"滋长了腐败。虽然它反映了以钱币代替实物和劳役进行征收的总趋势,但是对纳税人所产生的后果难以说明。在很大程度上,各地的推行情况不同。

③ 《古今图书集成》在第 689 册页 44~45 中列了一份漕河沿线服劳役人数名单。它同《大明会典》在卷 198 页 3975~3985 中所列名单极大不同。

充当泉夫;关于他们,本文在第二章已经提到了。

各县的泉夫人数虽然各不相同,但是有资料提到,有一个特别的地区,就分配了 426 名泉夫驻扎在 18 条这种流入漕河提供水源的泉流沿线①。由于流入漕河的泉流总数为"一百七十余"②,如果以同样比率来计算,那么看起来就需要不少于 4 000 人来看管水源。

根据 1576 年的统计,漕河上总共有 88 座水闸。每座水闸需要一名低级官员负责,由他转过来控制 30 名水闸起降夫。但是就水闸总数来看,仅仅有 2 001 名起降夫在值日③。显然,其中一些水闸的劳役人数显然不到 30 人。

迄今为止,我们所指的"挖泥工"包括操纵所谓"挖泥船"的劳力;但在实际上,挖泥看来完全是由人工进行的。挖泥工的组织单位是"浅铺"。每个浅铺负责一段长 1 英里以上的河段。在"老人"的领导下,挖泥工不但要保持所负责的水道畅通,还要负责维持和保护漕河两岸的沟渠。在一些地方,他们还须供应维修材料。比如在宝应县,每个挖泥工每年须供应 10 根木桩和 1 000 捆草④。在兖州,他们必须供应石灰、砖块和黄麻袋⑤。虽然分派到各个浅铺的劳役人数在 10 到 40 之间,但是大多数浅铺看来都多于 10 人,接近 40 人。整个漕河河段,由 790 个浅铺负责维修。这样,大约需要 20 000 名挖泥工。这还不包括扬州和仪真附近漕河入口处的挖泥工;在这个地方,每 3 年需要征发 12 712 名劳力来服徭役⑥。

在徐州和沛县之间的黄河河段沿线,安排有堤岸和沟渠维修夫。他们和普通挖泥工一样,也是负责保护堤道。但是,由于黄河在夏季

---

① 《天下郡国利病书》,第 15 册页 9~10。
② 《古今图书集成》,第 77 册页 30。
③ 《古今图书集成》,第 689 册页 45。
④ 《天下郡国利病书》,第 10 册页 35。
⑤ 《古今图书集成》,第 689 册页 45。
⑥ 《古今图书集成》,第 689 册页 45。

第六章　征税、商业、旅行和劳役

不断受到洪灾威胁,因而从农历五月中旬到九月中旬,他们必须生活在堤道上。在守护期间,他们有权选择把家人带到工地上来一块生活①。

在一些险要河道,专门安排苦力负责帮助官船通过;这些苦力要么称为"洪夫",要么称为"溜夫"。徐州附近,洪夫总数达1 500人②。在济宁附近的天井闸,分派了500名③。一份日期注明为1489年的文件指出,从天井闸到坐落在其南面的其他10个水闸,需要3 000多名④。不过,这些洪夫不同于那些拉着官船前进的纤夫。纤夫,没有固定数额,甚至不属于法定的为漕河服徭役的苦力。在大多数情况下,地方官员无论什么时候,无论在什么地方,只要找到了农人,就强迫他们效劳。由于漕河不断有运载着供应品到北京的所谓"马船",拉着它们前进就一直是沿线地区农人的痛苦负担。宦官左右的船只,满载着私货,臭名昭著,每艘常常需要40到50名纤夫拉着溯流而上。有关各县知县不时发现他们不得不召集这种苦力;而且有时,召集的人数只有达到数千之后,他们才能完成向运载着宫廷供应品的船队提供纤夫的责任⑤。

正如本文先前已经提到,清江浦船坞拥有一批注册登记的工人,来自各府州。至于总数,存在着争议。于1482年公布的一份官文说,有4 184名⑥;而另一份官文(虽然未注明日期,但大概要晚些)则说有5 390名⑦。这些工人是由15个府州提供的。他们类似于登记注册直接向船坞输送的工匠一样,每两年需服徭役3个月。从劳役征召的角

---

① 岑仲勉:《黄河变迁史》,页513。
② 《古今图书集成》,第695册页57。
③ 《天下郡国利病书》,第15册页10。
④ 《漕河图志》,卷2页40。
⑤ 《明史》,卷185页16。《典故纪闻》,卷9页152。李昭祥:《龙江船厂志》,卷2页2。
⑥ 《漕船志》,卷6页8。
⑦ 《漕船志》,卷6页11~16。

度来看,这些工人很有可能属于第三种劳力大军。即是说,他们似乎是从有关各县各户家庭征召而来的。

在为漕河提供服务的劳役中,只有在驿站服徭役的普通劳力才属于第一种劳力大军。即是说,他们来自土地所有者。明廷一直推行着这样一种政策,即:谁为官府提供某种特定的徭役服务,该种徭役所需工具和设备也由他自己提供。在驿站,要具备供信使骑坐的马匹,供陆上运载物品的骡车和牛车,供水路运输设备和载客的船只;这些负担结果都落到了众多家庭身上①。在整个明代时期,习惯做法是,由有关各县分派一些家境较好的家庭组成"劳力库",为坐落在所辖区域内的驿站服徭役。在前一部分中,我们已经指出漕河沿线共有42个驿站。根据明廷的规定,每个驿站需要5到20艘船只供换乘,每艘需要10到11名船夫来驾驶②。以此来看,在驿站线上就需要这种船夫3 000名到5 000名。

---

① 《古今图书集成》,第761册页54~55。
② 《古今图书集成》,第761册页54。

第七章
结 论

在前面的讨论中,我们似乎确立了一个牢固的地理决定论例证。首先,为了对付游牧在北部前线地区草原地带的蒙古族部落,明廷选择北京为首都。由于物品必须从1 000英里以外的南方运来,如何运输就成为全国性普遍关注的问题。华北地区的黄土土层决定了要想维持一条陆上官道是不可能的,水路运输仍然是唯一的解决办法。由于缺乏一条贯穿南北的自然河流,决定了必须修建运河。漕河虽然因此而出现,但是地形因素和气候因素限制了它的运输能力。随着历史的发展,漕河未能使明王朝的国民经济活跃起来。作为一条南北交通干线,平民大众从它身上享受到的利益未能达到期望的程度。虽然它为明廷提供了颇有价值的服务,但是,它也反过来限制了明廷的财政经济计划范围,致使明廷在最后统治的时期里不能适当地作出调整,以适应明帝国内外的历史变化。正如我们所了解的一样,历史发展在相当大的程度是由地理决定的。看来,这种地理决定论在漕运体系的运作中得到了最有力的证据。

这些证据虽然看来令人信服,但是完全依赖于明确因素的支持。关于明代时期主流思想所产生的影响,我们还未提到。在这里,我们要从完全离开思想史研究的角度,来对主流思想的影响作出概括。

过于强调历史的物质方面,有时不但未能澄清问题,反而变得更加复杂。就漕运事例来看,人们会问:在向京城供应成问题时,为什么不以海运方式来解决呢？为什么明廷在其统治的两个半世纪里一直依赖于漕河这条充满缺陷的内陆水道呢？即使明政府感觉到漕河是一条更安全的运输干线，为什么完全中止海运，甚至禁止臣民从事远洋活动呢？在供应问题日益严重时，为什么在北京的明政府不减少臃肿的人员，不取消许多不必要的机构，不简朴节俭，甚至不把更多的权力下放给地方政府呢？宫廷维持 100 000 多人员，忙于产生和分配消费品，从而导致已经承担着过重税收的漕河运输更加紧张，这有必要吗？显然，明廷所采取的每一种政策，并不都是根据自然需要所决定的。

为了把整个问题放入合适的角度加以透视，我们必须探讨思想观念和全国性的传统。只有这样，才能给予上述问题确切的回答。

应该指出的是，明廷在处理运输问题和具有重要性的国家事务时，采取了一种在传统中国以农为本情况下所形成的特有方法。即是说，稳定性的地位总是超越发展和扩张。就明人所关心的问题来说，虽然认为中国向来是世界的中心，但是必须保持其农业特点，不能兼容并包发展商业和对外贸易。中华帝国对外并不寻求领土扩张。同时出于安全的角度考虑，明王朝当局非常想把国土与世界隔离开来。只要可能，同世界各国的交往和联系减少到最低程度。很少以可以受益发展的眼光对待对外贸易①。海运的终止，不过是这种孤立主义政策的发展表现。

虽然难以确定明廷是什么时候发布第一道命令禁止海洋事业活动，但是毫无疑问，明廷在 15 世纪后半期严厉而清楚地推行了这一政策②。只是在 1560 年，由于辽东地区的粮食储备短缺，明廷暂时准许渤海湾进行海运。随着禁令解除，渤海沿岸商业发展起来③。但是，明

---

① 爱德温·O.里肖尔和费正清合著：《东亚大传统》，页 303~304。
② 根据邱濬于 1487 年提交给成化帝的上奏。参见《明臣奏议》，卷 5 页 80~83。
③ 唐顺之：《荆川文集》，卷 4 页 4。

第七章 结论

廷从未准许这种发展继续向前。一旦短缺得到缓解,明廷就再次禁止海运。在推行禁海令时,明廷拒绝商船的支持,致使自己后来在同后金的军事行动中处于孤立境地。此外,明廷于1585年发布一道命令,声称谁要是建造双桅杆以上的船只,谁就是要叛乱,就要受到死刑处罚①。这一系列法令,表明了明廷竭力永久地维持孤立主义地位。在这种情况下,明廷依赖于没有条件的内陆运输,只不过是关门政策的必然结果;而关门政策,是有意设计推行的,其性质并不是强迫中国依赖外在环境。

如何维持京城地位的方式,进一步反映了当时的国家思想观念。朝廷,不仅仅是中央政府的办公场所。它还是举行庆典、仪式的中心,国家财富和富丽堂皇的展览场所,甚至还是具有宗教意义的建筑群。它的宏伟壮丽,是其神圣至高无上的表现。在这里可以补充指出的是,传统中国的政府,既不是采取互相承认的方式,也不仅仅是推行野蛮强迫同意的政策。它从禁锢思想的发展中获取大多数力量。它通过严密完整的伦理说教,向臣民灌输忠诚,而这伦理思想是把理性认识同神秘尊严混合在一起的。既然这样,明廷并不把自己的活动局限于功利性职能。它为了确信自己的权威,必须要精心组织各种庆典和仪式,炫耀自己的富丽堂皇②。为了满足这一需要,它强迫漕河解决供应问题,特别是解决本文在第五章中所描述的那些供应问题。

正如本文在前面几章中所指出的那样,明王朝统治时期的漕运体系的运作,很难认为是获利性的。比如就漕粮来说,尽管为了运输而付出了高昂的费用,仍然不时以低于最初价格在北京市面出售。劳力的消耗,尤其是维持漕河河道的劳力消耗,常常不在漕运当局的考虑之列。在全国竭尽全力把粮食运到北方的同时,商人却在淮河地区把粮食运到南方。但是,如果从一个更广阔的角度加以思考,这样的滥

---

① 《明律解附例》,附录,页5。
② 贺凯:《明朝时的传统中国》,页41、页61~68。

用和错误做法只不过是一整套错误管理的一部分；而这错误管理，正是那个时代政府行政的特点。由于这样的行政细节很少得到广泛的注意，我们有必要费一点笔墨加以说明。

从整体上来看，明代帝王和大臣在财政金融方面从来没有方法意识和成本意识。从一开始，他们就没有从实际上不可分割的角度设想国家预算。他们随意处理财政问题，好像所有财政问题都是互不关联的。正是由于松散地构建国家财政体系，所以在整个明王朝统治时期，从未发展出一套有水平的金融体系。不仅银两、铜钱和价值不确定的纸币同时出现在政府分类账上，而且许多种类的物品就以原样缴纳上来，又以原样分发出去；这样，国家预算单上充满了杂七杂八的物品，读起来就像一份仓库清单一样。随着这种情况盛行，明代官员无眼光看清实质问题，思维局限于一些细小、无关紧要的问题上。他们总是从感觉出发，经常把税额提升到小数点下的 8 位数或 10 位数。1632 年，户部尚书上奏明廷报告说，大量以实物缴纳的税收还未征收上来；其中包括清单上由苏州缴纳的蜂蜜，它的所值还不到 28 两银子①。这份上奏是在全国纳税欠款超过 1 700 万两银子的情况下提交的。此外，钱币流通渠道也能反映缺乏系统。1592 年，北京所属宛平县向中央政府规定的 27 个兵站和机构（其中一些坐落在长城上）交货。可是，全部物品所值不到 2 000 两银子；其中一些物品所含价值不到 50 两，有一些甚至只有一二两②。我们并不感到吃惊，在漕河管理问题上，明代官僚同样设置了许多成本大、浪费多的程序。

从为明代官员辩护的角度，可以说当时他们管理的是世界上最大的帝国，既不能受益于统计技术，也无现代通讯设备可供利用。由于地域辽阔，一些陷阱是难以避免的。但是，这样的辩护并不能免除他们所有的错误管理。我们在这里要再次指出，导致错误管理的是被扭

---

① 《崇祯存实疏抄》，卷 1 页 102。
② 沈榜：《宛署杂记》（北京，1961 年版），页 49~50。

第七章 结论

曲的思想观念,而不是技术缺陷。

就明代官员的思维来说,他们采取的是一种僵化不变的经济观念。他们认为,中国总是拥有众多的人民,他们生产出来的物品数不胜数,需要多少税,都可以从他们身上征收。固定的收入水平,可以使他们能够支付固定的花费。这就是明代官员为什么不断指定某项收入用于支付某项开支并试图逐项加以平衡的原因。传统的儒家政治思想,其核心可以概括为"人性本善",也是他们的行政指南。追求个人私利仅仅是一种阻碍[1]个人道德水平升华的表现,谋利是说不出口的罪恶。因此,追求物质享受舒适和生活奢侈,会损害人性,必须予以抵制。即使是有利于社会环境改善的技术革新和进步,也不能鼓励[2]。明代帝王和大臣常常把"子民"的康乐挂在嘴边,但他们的目的不过是恰好说百姓能够生存下来,并不往上努力去改善"子民"的生活。正如我们在前面几章探讨各个问题时所指出的那样,他们制定的政策和习惯做法严重地限制了商业的发展,在一些情况下甚至把一些地方出现的自由市场扼杀在摇篮中。

这样,明代官僚一整套思想观念,无论在哪一方面都是同今天我们所了解的经济基本原则是背道而驰的。在这些思想观念支配下,自然地使他们自己丧失了机遇,不知道如何才能有效地进行商业管理。由于推行限制和消除商业竞争的措施,他们不再拥有能力去区别什么是获利事业,什么不是。他们反对改变国家的农业大国形象,不愿意去进行任何发展实验;这种情况可以说明他们那个时代的"新"政治观

---

[1] 原文为 prevertion,即使是大型汉英词典,也无此单词,可能是 prevention。下面几个单词也未找到。——译者注

[2] 不同的观点认为,花费是一种刺激经济增长的方法。这种观点在中国历史中并不是完全没有记载。参见杨联陞的大作《花费的经济原因——传统中国下的一个罕见观点》("Economic Justification for Spending-An Uncommon Idea in Traditional China"),载《中国制度史研究》(*Studies in Chinese Institutional History*)(马萨诸塞州剑桥,1961年版),页58~74。但是,正如标题所表明,这种观点从未流行。

念和思想观念,是缺乏独创性的①。

在15世纪早期设置的漕运体系及其附属机构,尽管存在着调查②不足,仍然是解决问题的方法,具有一定的合理性。但是在16世纪,这个体系由于僵化,其中许多设置明显过时了。到该世纪末和17世纪早期,明代官员明显落后于时代的发展了。他们管理国家的思想观念和现实之间的断裂,再不能以技术补救来解决了。根本原因在于他们的思想没有活力,已经僵化了。

漕河是一条人造河流。它的运作效率,不但同黄河的含沙量、高邮湖的水位和华北的冰冻季节有密切关系,而且在相当大的程度上取决于时人的看法及对种种问题的反映。漕河占有突出地位并一直是唯一向北京运输的干线,主要原因是什么?在漕河上运输的物品数量及品种如何?如何管理漕河?决定这一系列问题的,并不是自然环境,而是国家,是思想观念。这表明,历史既是人类思想实践的结果,也是人类辛勤劳动的结果。古代作者可以牺牲自由意志为代价,强调目的性③,或者强调生产力对人类意识④具有决定性的影响。但是当我们从真正的事实中看到的只是所有这些因素同时存在于人类历史中;它们混合发生作用的方式,使我们难以把它们相互区别开来,更不用说区分它们各自重要性的大小。

---

① 相比来说,明代时期西欧诞生了几位著名的经济学家。托马斯·蒙(Thomas Mun,1571—1641)、爱德华·米塞尔登(Edward Misselden,约1588—1654)和吉拉德·得·马里尼斯(Gerard de Malynes,约1586—1641)都是当时和明代同时的西方人物。在他们时代,诞生了重商主义理论。参见E.A.J.约翰森(E.A.J.Johnson)的大作《亚当·斯密前的先驱人物》(*Predessors of Adam Smith*)(纽约,1937年版)、马克斯·比尔(Max Beer)的《从13世纪到18世纪的英国早期经济学发展》(*Early British Economics From XIIIth to the Middle of XVIIIth Century*)(伦敦,1938年版)和查里斯·W.科尔(Charles W. Cole)的《科尔伯特前的法国重商主义》(*French Mercantilist Doctrines Before Colbert*)(纽约,1931年版)。

② 原文为inquinsic,可能为inquisition。——译者注
③ 原文为pedestination,可能为destination。——译者注
④ 原文为conciousness,应为consciousness。——译者注

附 录

一、印版图和草图

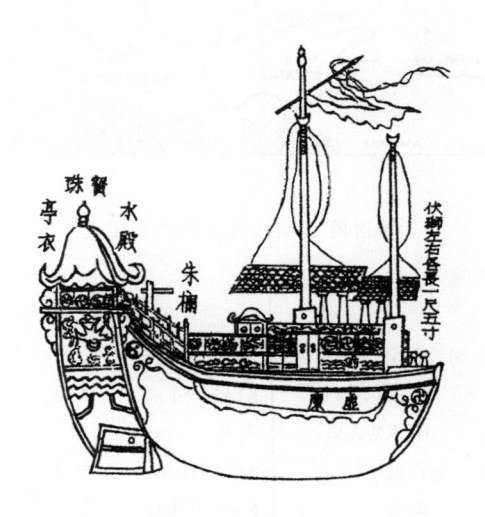

印版图:黄船模型(转引自《龙江船厂志》)

说明:原图的标题说,黄船的横梁有 15 英尺。这看来同《天工开物》中所说大多数水闸宽 12 英尺是矛盾的[宋应星:《天工开物》(万有文库本),卷 2 页 172]。但是,《古今图书集成》在第 63 册页 57 中清楚地指出,黄船停泊在位于北京附近的香河县。很有可能,这两部著作所利用的尺度标准是不同的。

明代的漕运

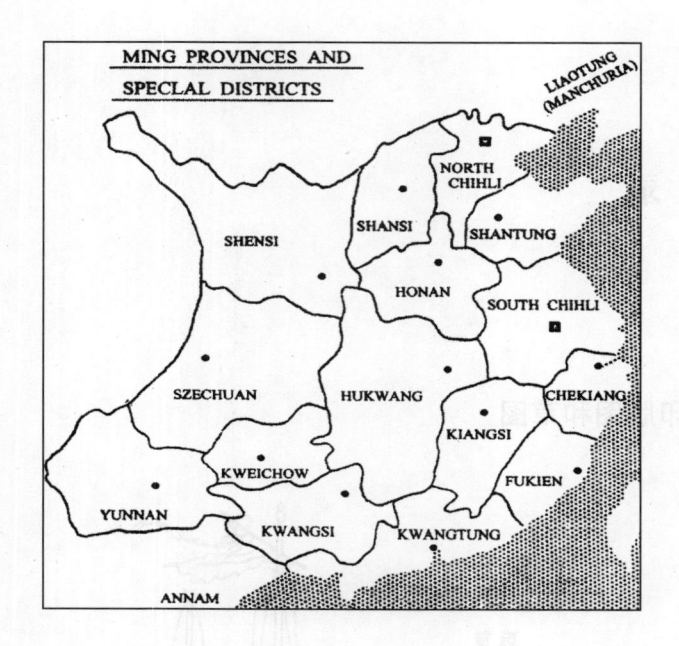

```
          MING PROVINCES AND
          SPECIAL DISTRICTS         LIAOTUNG
                                   (MANCHURIA)

                         NORTH
                         CHIHLI
              SHANSI          SHANTUNG
    SHENSI
                     HONAN
                              SOUTH CHIHLI

       SZECHUAN    HUKWANG            CHEKIANG

                          KIANGSI
              KWEICHOW           FUKIEN
      YUNNAN
               KWANGSI    KWANGTUNG
        ANNAM
```

草图图1：明代行省和特别区域

草图中的英文和相应的译文：

LIAOTUNG	辽东(满洲)	KIANGSI	江西
(MANCHURIA)		HUKWANG	湖广
NORTH CHIHLI	北直隶	SZECHUAN	四川
SHANXI	山西	KWEICHOW	贵州
SHENSI	陕西	YUNNAN	云南
SHANTUNG	山东	KWANGSI	广西
HONAN	河南	KWANGTUNG	广东
SOUTH CHIHLI	南直隶	FUKIEN	福建
CHEKIANG	浙江	ANNAM	安南

196

附 录

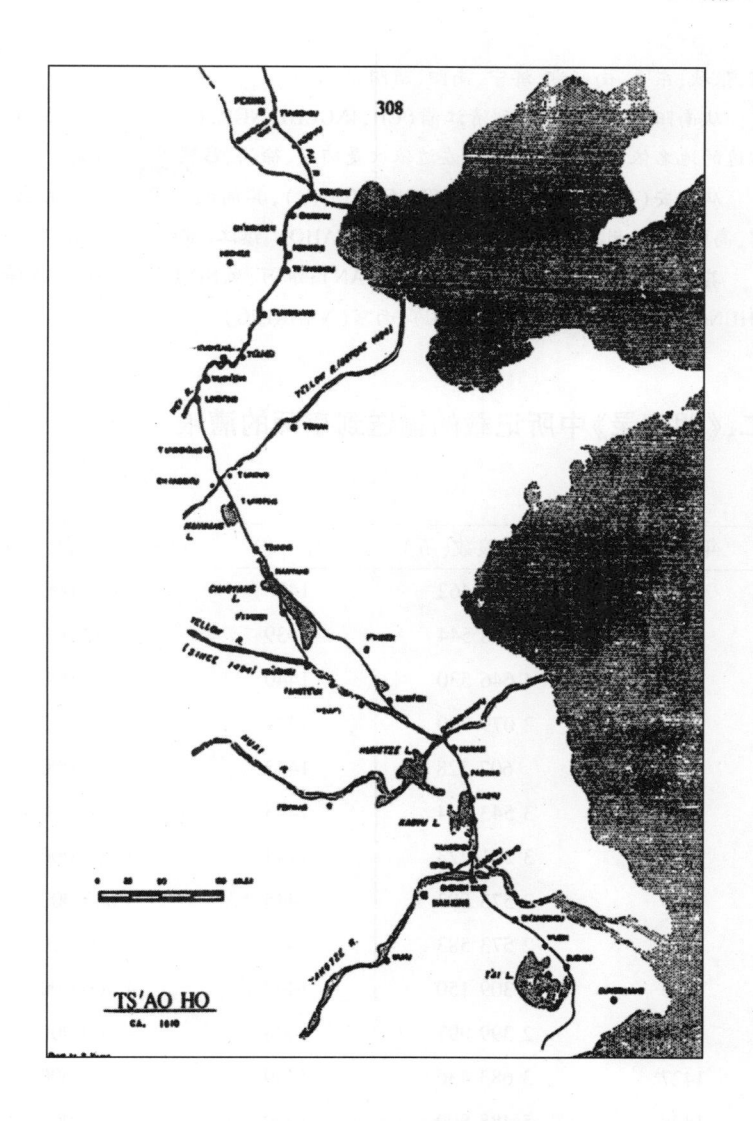

草图图 2：1610 年时的漕河（R.赫恩绘制）

从北京到南阳,漕河沿线的地名依次是：北京、通州、张家湾、河西务、北河、静海、青县、兴济、河间、沧州、东光、德州、故城、武城、临清、卫河、东昌、东阿、张秋、东平、南旺湖、济宁、南阳、昭阳湖。

从南阳(NANYANG)到清江浦(CH,INGCHIANGP,U),漕河分左右两条,右边的地名依次是邳县、宿迁,左边依次是沛县、徐州、吕梁洪、皂河集。

从淮安(HUAIAN)到松江(SUNGCHIANG),其间的地名依次是宝应、高邮、高邮湖、扬州、仪真、瓜洲、白塔河(PAITAHO)、镇江、常州、无锡、苏州。

其他:黄河(1494年前)、济南(TSINAN);淮河、凤阳(FENYANG)、洪泽湖(HUNGTZEL);长江、芜湖(WUHU)、南京(NANKING)。

二、《明实录》中所记载的输送到京师的漕粮

年份	输送漕粮数(石)	年份	输送漕粮数(石)
1416	2 813 462	1438	4 500 000
1417	5 088 544	1439	4 200 000
1418	4 646 530	1440	4 500 000
1419	2 079 700	1441	4 200 000
1420	607 328	1442	4 500 000
1421	3 543 194	1443	4 500 000
1422	3 251 723	1444	4 465 000
1423	2 573 583	1445	4 645 000
1424	2 573 583	1446	4 300 000
1425	2 309 150	1447	4 300 000
1426	2 399 997	1448	4 000 000
1427	3 683 436	1449	4 305 000
1428	5 488 800	1450	4 035 000
1429	3 858 824	1451	4 235 000
1430	5 453 710	1452	4 235 000
1431	5 488 800	1453	4 255 000

续表

年　份	输送漕粮数(石)	年　份	输送漕粮数(石)
1432	6 742 854	1454	4 255 000
1433	5 530 181	1455	4 384 000
1434	5 213 330	1456	4 437 000
1435	4 500 000	1457	4 350 000
1436	4 500 000	1458	4 350 000
1437	4 500 000	1459	4 350 000
1460	4 350 000	1485	3 700 000
1461	4 350 000	1486	3 700 000
1462	4 350 000	1487	4 000 000
1463	4 000 000	1488	4 000 000
1464	3 350 000	1489	4 000 000
1465	3 350 000	1490	4 000 000
1466	3 350 000	1491	4 000 000
1467	3 350 000	1492	4 000 000
1468	3 350 000	1493	4 000 000
1469	3 350 000	1494	4 000 000
1470	3 700 000	1495	4 000 000
1471	3 350 000	1496	4 000 000
1472	3 700 000	1497	4 000 000
1473	3 700 000	1498	4 000 000
1474	3 700 000	1499	4 000 000
1475	3 700 000	1500	4 000 000
1476	3 700 000	1501	4 000 000
1477	3 700 000		
1478	3 700 000	1502	4 000 000

续表

年 份	输送漕粮数(石)	年 份	输送漕粮数(石)
1479	3 700 000	1503	4 000 000
1480	3 700 000	1504	4 000 000
1481	3 700 000	1505	4 000 000
1482	3 700 000	1506	4 000 000
1483	3 700 000	1507	4 000 000
1484	3 700 000	1508	4 000 000
1509	4 000 000	***	
1510	4 000 000	1562	2 632 610
1511	4 000 000	***	
1512	4 000 000	1567	3 522 982
1513	4 000 000	1568	4 000 000
1514	4 000 000	1569	4 000 000
1515	4 000 000	1570	2 768 980
1516	4 000 000	1571	3 707 265
1517	4 000 000	***	
1518	4 000 000	1577	3 122 265
1519	4 000 000	***	
1520	4 000 000	1602	1 381 500
***	***		
1522	3 560 000	1620	2 631 341
***		1621	2 474 723
1532	1 900 000	1622	2 688 928
***		1623	2 688 928
1542	2 614 115	***	
***			
1552	2 332 837	1625	2 998 240

***:原资料中未列数据

三、《大明会典》中所记载的几省和南直隶几府州的漕粮份额

省或府	规定运输数额(石)	附加运输数额(石)	总数(石)
浙江	600 000	30 000	630 000
江西	400 000	170 000	570 000
山东	280 000	95 600	375 600
河南	270 000	110 000	380 000
湖广	250 000	0	250 000
南直隶	(1 500 000)	(294 400)	(1 794 400)
应天府	100 000	28 000	128 000
苏州府	655 000	42 000	697 000
松江府	203 000	29 950	232 950
常州府	175 000	0	175 000
镇江府	80 000	22 000	102 000
太平府	17 000	0	17 000
宁国府	30 000	0	30 000
池州府	25 000	0	25 000
安庆府	60 000	0	60 000
凤阳府	30 000	30 300	60 000
淮安府	25 000	79 000	104 000
扬州府	60 000	37 000	97 000
庐州府	10 000	0	10 000
徐州府	30 000	18 000	48 000
广德州	0	8 000	8 000
总计	3 300 000	70 000	4 000 000

四、几个内河河港的税收份额

河港	1599年	1621年	1625年*
北新关（在杭州附近）	40 000	60 000	80 000
浒墅关（在苏州附近）	45 000	67 500	87 000
九江	25 000	37 500	57 000
淮安	22 000	29 600	44 600
扬州	13 000	15 600	25 600
临清	83 800	63 800	63 800
河西务	46 000	32 000	32 000
崇文门（北京）	68 929	68 929	88 929
总数	342 729	374 929	479 929

资料来源：《春明梦余录》，卷35页42；《续文献通考》，页2937。关于更多情况，可参见第167页注释4。

*单位：两。

文献目录注释

一、极为有益的文献索引

沃尔夫冈·弗朗克(Wolfgang Franke)向我们提供了两种覆盖汉文文献的资料索引工具,即《有关重要的明王朝历史汉文文学资料的初步说明》(The Preliminary Notes on the Important Chinese Literary Sources for the History of the Ming Dynasty)及附录。前者载于《专题研究论文系列选辑》,1948 年 A 辑第 2 号(Studia Serica Monograph, Series A, No.2, 1948),后者载于《系列研究》,9.1:33—41(1950)[Studia Serica, 9.1:33—41.(1950)]。西方汉学家还用德语编辑出版了标题类似的文献索引,即《关于 15 世纪和 16 世纪中国历史的研究文献》(Der gegenwartige Stand der Forschung zur Gechichte Chinas im 15, und 16. Jahrhundert)。近来,山根幸夫用汉文和日文也编辑了性质相同的文献,载于《清水博士追悼纪念明代史论丛》(东京,1962 年版)。它收录了 672 个书目和论文标题,都是 20 世纪出版或发表的。有关明王朝时期刊刻的资料,可以参考《美国国会图书馆所存罕见汉文书目的说明》(A Descriptive Catalog of Rare Chinese Books in the Library of Congress)(华盛顿,1957 年版)。

二、明王朝和政府机构组织的历史纲要

虽然《明实录》一直是主要的资料来源,但是数量巨大,又没有索引,使用起来不方便,因而一般学生都不去用它。此外,《明实录》最后一部分是在清王朝统治时期编撰的,非常草率,水平不如先前编撰的其他部分。《明史》的排列虽然有条理,但是存在许多不足。有时,同一个事件在同一种著作的叙述不同。各章之间所写的名称不同,日期也不相同。有关政府机关组织的章节明显省略了许多重要内容,描述的方式也非常混乱,因而在阅读时应该参考其他资料。

有两部著作对研究明王朝统治时期的历史具有标题性的指导作用。其中之一是龙文彬的《明会要》,它的概括干净利落。另一部是谷应泰所写的《明史纪事本末》,它对一些主题进行了更全面的叙述。

孟森的《明代史》(台北,1957年版)竭力在组织紧密的一部书中叙述明代时期发生的所有重大政治事件。它以较少的文字提供了较多的信息资料。

中国大陆最近出版了一系列研究明王朝历史的书籍,其中包括李光璧的《明朝史略》(武汉,1957年版)和李海的《明清史》(北京,1956年版)。

爱德温·O.里肖尔和费正清合著的《东亚大传统》(波士顿,1960年版),对明代时期发生的一些事件,特别是对明代后期的社会和经济方面情况作了有趣的探讨。

贺凯研究明代政府机构的两项成果可以互相补充。《明王朝的政府组织》(载《哈佛亚洲研究学报》卷21期1、期2,页1~66,1958年)叙述了明政府所有门类、部院和司级机构,叙述时插入组织图。另一部著作《明朝时的传统中国》(图森,1961年版)则探讨了明政府的组

织方式、官场做法和惯例。贺凯还写了一部著作探讨明代御史的行为,即《儒学与中国的监察制度》(载戴维德·S.尼维森与亚瑟·F.赖特所编《发展中的儒学》,斯坦福,1959年版)。

在明代时期刊刻的著作中,能够描述中央政府基本情况的著作是孙承泽的《春明梦余录》。这是一部有用的著作,因为它不仅描述了各种政府机构,还收录了许多文献档案以说明这些机构的职能和行政中存在的问题。

向明代皇帝提交的奏折是研究明政府运作的好资料。有许多不同的集子可以利用。最早的集子是《皇明名臣经济录》,刊刻于16世纪中期。《昭代典册》《皇明经济文集》和《昭代经济言》随后出版,后者还包括明王朝建立前的资料。《明臣奏议》是清王朝皇帝乾隆编辑的。除此之外,关于万历帝的资料可从两部不同的集子中找到,一部是《万历疏抄》,另一部是《神庙留中奏疏类要》。关于崇祯帝的资料,收录在《崇祯存实疏抄》中。有关明朝各个大臣所写的东西,有些存放在美国国会图书馆所存罕见汉文书目文献档中,其中就有于谦、张居正、严嵩、毕自严和许多其他大臣的作品。有关情况,可以参见《美国国会图书馆所存罕见汉文书目的说明》。

虽然明代许多作者的回忆录、通信和个人作品都得以保存下来了,但是很难从研究兴趣的角度全部加以分类。下列清单,只不过是包含了对学习明史的学者来说应该了解的一般资料,或者对那些目前正从事某项特别研究的学者具有价值。

唐顺之的《荆川文集》提出了许多发生于16世纪后半期的行政问题。大约在同一时期归有光所写的记述,对长江下游作了许多生动的描述。他关于日本海盗的报告,是非常可信的。他的所有记述,收集在《震川先生集》和《震川先生别集》中。于1577年参加科举考试并及第的余继登,留下了一部著作《典故纪闻》。正如书名所指,这是一部收集典故纪闻的集子。作者参加《明实录》的编辑,他的作品反映了他自己是如何广泛收集材料的。何良俊的《四友斋丛说杂抄》对南京的官僚体制作了描述。王世贞的3部作品《弇州史料》《凤洲杂编》和《弇山堂别集》所包含的种类,对于研究和学习明史的学者来说,既是具体的,又是必不可少的。王世贞还对锦衣卫(the Silk Robed Guard)作了简略的叙述,取名《锦衣志》。他另外还有一部较小的著作,名叫《觚不觚录》,描述的是官僚生活。吴宝箴所写的《内阁志》,对于研究明政府的学者来说很有用。至于研究明王朝统治后期的财政金融制度,毕自严的《留计疏草》、鹿善继的《认真草》以及该两人的下属官员所写的集子《解纲录》,是非常有用的参考资料。后两部著作以较长的篇幅叙述了有关金花银的情况。

三、经济和社会背景

看来,还必须要谈一下有关覆盖明代整个时期的经济或社会的通史的著作。李剑农所写的《宋元明经济史稿》虽然覆盖了明代整个时期,但只是挑选几个题目进行讨论。近年来,中国大陆出版了几部关于明代晚期和清代早期的专题著作和研讨会文集。虽然迎合政治教义的总趋势限制了研究,但是不能仅仅因为这一显而易见的缺点而忽视每一部著作的优点。这些著作包括李光璧编辑的《明清史论丛》(武汉,1957年版)、中国人民大学编辑的《明清社会经济形态的研究》(上海,1957年版)、《中国资本主义萌芽问题讨论集》(2卷本,北京,1957年版)以及傅衣凌的《明代江南市民经济试探》(上海,1957年版)、《明清时代商人及商业资本》(北京,1956年版)和《明清农村经济》(北京,1961年版)。

韦庆远撰写的《明代黄册制度》(北京,1961年版),对于研究整体上的明代社会结构具有一定的参考作用。梁方仲撰写的《明代粮长制度》(上海,1957年版)在探讨基层税收情况的同时,也反映了农业社会的情况。中国人民大学编辑的集子《明末农民起义史料》(北京,1952年版)和李文治的专著《晚明民变》(上海,1948年版)虽然集中探讨农民造反,但仍然提供了许多了解明代社会情况的线索。佐伯有一编辑的主要处理苏州纺织工人起义的《明末织工暴动史料类辑》,也是如此。

看起来,日本学者擅长于探讨明代时期的贸易和工业化,并就这些问题在日本杂志上发表了许多文章。其中有代表性的如下:

西鸠定生(Nishijima Sadao)在《东洋学报》(*Toyogakuho*)卷31期2(1947年10月)上发表的《支那初期棉业市场的考察》(Shina Shoki Engyo Shijo no Kosatsu)和在《史学杂志》(*Shigaku Zasshi*)卷57期4(1948年)上发表的《关于明木棉的普及问题》(Mindai ni okeru Momen no Fukyu ni Tsuite),都对棉花和棉布生产、纺织情况作了探讨。宫崎市定(Miyasaki Ichisada)在《东方学》(*Toho Gaku*)卷2(1951年8月)上发表的大作《明清时代苏州轻工业的发展》(Min-Shin Jidai no Soshu Keikogyo no Hatten),探讨了苏州地区的轻工业发展情况。滕井宏(Fujii Hiroshi)在《史学杂志》卷54期6(1943年)上发表的大作《明代盐商之考察》(Mindai Ensho no Ichikosatsu),探讨了盐商问题。佐久间重男(Sakunai Shigeo)撰写的大作《明代景德镇窑业之考察》(Mindai Keitokuchin Engyo no Ichikosatsu),收录在《清水博士追悼纪念明代史论丛》(*Shimizu Hakase Tsui to Kinen Mindaishi Runso*)(东京,1962年)上,讨论的则是景德镇的瓷器工业发展。

在明代当时的资料中,各府州的地方志常常为社会研究提供了许多线索。这些地方志所包含的一些资料,在《古今图书集成》和顾炎武所编辑的《天下郡国利病书》中都能找到。顾炎武自己的著作《日知录》和《亭林诗文集》,包含了许多有关明代社会和经济环境的资料。

沈德符的《万历野获编》、焦竑的《国朝献征录》和宋应星的《天工开物》,对16世纪和17世纪的中国社会生活作了许多有趣的描述,可以参考。

四、大运河及其地理情况资料

迄今为止,有关对大运河,特别是对淮河和长江之间的大运河河段及航图进行研究,最有代表性的成果是D.盖达(D.Gandar)牧师的大作《运河帝国》(*Le Canal Imperial*)(上海,1894年版)。

岑仲勉的大作《黄河变迁史》(北京,1947年版),是一部专门研究黄河的大部头著作。史念海的大作《中国的运河》(重庆,1944年版),探讨了中国历史上各个时期的运河情况,重点在于研究运河的地理情况。全汉昇的大作《唐宋帝国与运河》(上海,1946年版),不断地坚持努力探讨运河环境与政府运作效能之间有何相互关系。宋希尚的大作《中国河川志》2卷本(台北,1945年版),叙述了中国主要江河和人工河流的背景情况;关于大运河部分,在该书第一卷。朱楔编辑的《中国运河史料选集》(北京,1962年版),是一部收录关于处理运河体系地理情况历史文献的资料集。

沈怡君撰写的《黄河年表》(南京,1935年版),以编年史的方法,描述了黄河情况。威廉·查普曼(Willian Chapman)写了一篇论文,收录在罗伯特·富尔顿(Robert Fulton)编写的《论大运河航运的改进》(*A Treatise on the Improuement of Canal Nauigation*)(伦敦,1762年版)中。威廉·查普曼主要是持否定的态度,其批评虽然并无事实根据,但他探讨了大运河的情况。伯纳德·福雷斯特·得·博利得(Beinard Forest de Bolidor)所写的《水力建筑》(*Architecture Hydraulique*)(巴黎,1735年版),也简略地叙述了大运河的情况。

在明代当时的著作中,漕运总督王琼所写的《漕河图志》(美国国会图书馆缩微胶卷第534号,根据1496年刻本复制),是一部杰出的著作。它不但叙述了地理情况,而且叙述了漕河的行政体系和其他有关问题。

傅泽洪的著作《行水金鉴》,虽然出版于1725年,但是包含了许多有价值的关于漕河水道地形特征的资料。看来,傅泽洪是在个人经历和观察的基础上撰写此书的。他探讨的情况非常具体,详细到每一个特定的水门需要多少木板才能降低急流流速的程度。他在自己的著作中还向世人提供了水门的真正图画。

麟庆的著作《黄运河口古今图说》,刊刻于1832年。在该书航图和注释中,包含了一些有关漕河水道的资料。这部地图集是在黄河于1855年改道前刊刻的,因而对于研究明王朝时期的有关情况具有可用价值。

地方志的编者通常清楚地认识到有关水利治理资料的重要性。他们以极其浓厚的兴趣记载了有关水渠的情况。《天下郡国利病书》就收录了许多有关漕河水道的记述。《古今图书集成》也收录了一些漕河航图。《大明一统志》也是一部有用的参考资料。

五、漕河的行政管理及相关制度

《大明会典》《明实录》和《续文献通考》是必备的手边资料。《明史》的有关章节虽然有用,但是必须谨慎地使用。王在晋的《通漕类编》(美国国会图书馆缩微胶卷第535号)也是一部被广泛地引用的资料。

周之龙的《漕河一覕》(美国国会图书馆缩微胶卷第582号),收集了作者本人大约在1609年负责清江浦工部司时所写的或处理的官文。

由席书所写、朱家相扩充的《漕船志》，是一部描述清江浦船坞情况的史书。李昭祥所写的《龙江船厂志》，也是一部类似的史书，叙述的是南京船坞的历史情况。

《明律解附例》和《嘉隆新例》收编了 16 世纪晚期的刑事法典和皇家规定。前者还特别提到了如何裁处毁坏水渠沟渠罪、盗用属于漕运体系的货栈和仓库罪等的有关规定。

何士晋编辑的《工部厂库须知》以较长篇幅列举了北京的宫廷供应品。该书最后一部分收录的资料，反映了 17 世纪早期明廷在各省各府州通过供应渠道征收了哪些物品，随后通过漕河运输到北京的。

正如正文中已经指出，明代当时的资料非常缺乏对税收情况的记载。现代的一位学者即佐久间重男在《史学杂志》卷 65 期 1 和卷 65 期 2（1956 年 2 月）上发表的高论《明代商税征收与财政之间的关系》（Mindai ni okeru Shozei to Zaisei tono Kankei），弥补了一些空白。不过，这仅是一个大概。

吴缉华的大作《明代海运及运河的研究》（台北，1961 年版）虽然同本文研究一样涉及的也是漕运问题，但是作者研究此问题的方法与本人的不同，他的叙述方法也完全不同于我的。该书的长处在于大量引用了古典文献材料。

星斌夫（Hpshi Ayao）在其大作《明代漕运研究》（*Mindai Soun no Kenkyu*）（东京，1963 年版）中收录了过去 25 年里他关于明代漕粮问题的研究成果。该书探讨了漕运体系所具有的许多优点，也讨论了渤海湾沿岸的粮运问题。

清水泰次（Shimizu Taiji）也写了一篇讨论漕运的文章《明代的漕运》（Mindai no Soun），发表在《史学杂志》卷 39 期 3（1927 年）上。

前言及正文中的人名、地名及其他专有名词英汉对照表

（译者收集排列）

A:

Albert Feuerwerker	费维恺
Altan	俺答汗
Anch,ing	安庆
Anhwei	安徽
Ann A.Kolmonen	安·A.科尔蒙内
Arizona	亚利桑那
Arnold Montanus	阿诺德·蒙坦那斯

C:

Canton	广州
Carl A.Giffels	卡尔·A.吉非尔斯
Cha	闸
Chang Chen-jen	张真人
Chang Ching	张经
Ch,angchou	常州
Chang Fu-hwa	张敷华

Chang Han	张翰
Changhsuchen	樟树镇
Changchiawan	张家湾
Changch,iu	张秋
Chang Chu-cheng	张居正
Changho	张合
Chang Kuo-wei	张国维
Ch,angp,ing	昌平
ch,ang-yun	长运
Charles II	查理二世
Charles O.HuCker	贺凯
Chao K,ung-chao	赵孔昭
Chao Shih-ch,ing	赵世卿
Chekiang	浙江
Chenchiang	镇江
Cheng Shan-fu	郑善夫
Ch,en Hsiung	陈熊
Chen Hsuan	陈瑄
Ch,en Sui	陈锐
Ch,en T,ai	陈泰
Ch,en Wang-mo	陈王谟
ch,eng	呈
Cheng Hsiao	郑晓
Ch,englinchi	城陵矶
Ch,engyun Treasury	承运库
cheng-tui	正兑
Chenting	正定

前言及正文中的人名、地名及其他专有名词英汉对照表

Chia Ho	闸河
Chiahsing	嘉兴
Chiangning	江宁
Chiangyin	江阴
Chiating	嘉定
chi-ts,ao	清漕
chieh-hu	解户
ch,ien-hu-chang	千户长
ch,ienp,u	浅铺
chih-hui	指挥
Ch,ihchou	池州
Chihli	直隶
chih-yun	支运
Ch,ingp,u	青浦
Chin-shih	进士
Ch,ingchiangp,u	清江浦
Ch,ingchiangp,u kung-pu fen-ssu	清江浦工部分司
Chingchou	荆州
ching-hua-yin	金花银
ch,ing-ch,i-yin	轻赍银
Chingtechen	景德镇
Chingchou	青州
Chiuchiang	九江
Ch,inghua	金华
Ch,i Piao-chia	祁彪佳
Ch,iu Chun	邱濬
Ch,oe Pu	崔溥

213

Chou Dynasty, the	周朝
ch,ou-fen	抽分
Chou Hsun-ch,ang	周顺昌
Chou Sheng	周忱
Choyang Lake, the	昭阳湖
ch,uan-ch,ao	船钞
Ch,uan Han-sheng	全汉昇
chu-kung	助工
Chu-jen	举人
chung-tu liu-shou suu	中都留守司
Ch,utou	曲头
Ch,uan-fu	泉夫
Ch,ungwen Gate	崇文门
Chu Yuan-chang	朱元璋
Crimen War, the	克里米亚战争

D:

Daniel J.Bohn	丹尼尔·J.博恩
D.C.Twitchett	D.C.特威切特

E:

Emperor Ch,ien-lung	乾隆帝

F:

Fei Hung	费宏
Fenghsien	丰县
Fengyang	凤阳
Foochou	福州
Freeman D.Miller	弗里曼·D.米勒
Fuchien	福建

G：

Gandar	盖达
Gaoyu	高邮
George Babcock Cressey	乔治·贝比科克·克里西
Giffels & Rossetti, Inc.	吉非尔斯与罗塞蒂有限公司

H：

Hank, ou	汉口
Hangzhou	杭州
HanWen	韩文
Harold C. Hinton	韩丁
Hochien	河间
Ho Jen-pai	何任白
Honan	河南
Ho Ping-ti	何炳棣
Ho Sheng-shui	贺盛瑞
Hosiwu	河西务
Hsiachen	夏镇
Hsiangho	香河
hsiao-ch, i	小旗
Hsiaohsien	萧县
Hsiao P, an	萧泮
Hsia Yen	夏言
Hsieh Hsuan	薛瑄
Hsingchi	兴济
hsing-liang	行粮
Hsiung T, ing-p, i	熊廷弼
Hsuanchou	宣州

Hsu Chen-ming	徐贞明
Hsu Yu-chen	徐有贞
Hsuchou	徐州
Hsuyeh	浒墅关
Huaian	淮安
Huaian Fu Ch,ih	《淮安府志》
Huai river,the	淮河
Hueit,ungho	会通河
Hsuan	宣化
Hsuanchou	新州
Hsuanfu	宣府
Huaian-fu Hsin-chih	《淮安府新志》
huang-ch,uan	黄船
Huang Tao-chou	黄道周
Huating	华亭
Hueichou	徽州
Huchou	湖州
Hukwang.	湖广
huang-fu	洪夫
Hungtse lake,the	洪泽湖
Hu Tsan	胡瓒

I:

Ichen	仪真
Ihsing	宜兴

J:

Jacob M.Price	雅各布·M.普里斯
Jean Nieuhof	吉恩·尼尤霍夫

Jenchen	任城
John Meskill	约翰·梅斯基尔
John W.Fairbank	费正清
John W.Hall	约翰·W.霍尔

K：

kai-tui	改兑
Kang Chao	赵纲
kang-chi	纲纪
Kaochiayen	高家堰
Kao Yu-chi	高友玑
Kaoyu lake,the	高邮湖
Kweichow	贵州
Kiangsi	江西
Kiangsu	江苏
k,ou-she	勾摄
Kuachou	瓜洲
k,uai-ch,uan	快船
kuan-ho chu-pu	管河主簿
kuan-ho t,ung-P,an	管河通判
Kuangning	广宁
Kuangte	广德
Kubilai Khan	忽必烈
Ku-chin T,u-shu Chi-cheng,the	《古今图书集成》
Kuei Yu-kuang	归有光
Ku Huan	顾寰
Kunshan	昆山
Kuo Hung	郭竑

Ku Shih-lung	顾仕隆
Ku Yen-wu	顾炎武
Kwangsi	广西
Kwangtung	广东

L:

Lanchou	兰州
Lao-jen	老人
L.Carrington Goodrich	L.卡里托·古德里奇
Le Comte	勒康特
Liaotung	辽东
Li Ch,ang-keng	李长庚
Li Chih	李贽
Linch,ing	临清
Lien-sheng Yang	杨联陞
Li Hsin	李兴
Li Hui	李蕙
Li Ju-hwa	李汝华
Li Ming	李敏
Lin Yun,I	凌云翼
Li San-ts,ai	李三才
Li Tung-yang	李东阳
Liuk,ou	刘口
Liu Ta-hsia	刘大夏
Liu Tung-hsing	刘东星
Liu Yung	刘允
Loyang	洛阳
Louis XIV	路易十六

Lo Yu	络颞
Luchou	庐州
Lu Chung	吕钟
Lu Hsiang	卢襄
Lui-fu	溜夫
Lung-chiang Ch,uan-chang Chih	龙江船厂志
Rapids of Lu and Liang, the	吕梁洪
Luther	卢梭

M：

Maanshan	马鞍山
Macao	澳门
MaCartney	马嘎尔尼
ma-ch,uan	马船
Mao I-lu	毛一鹭
Manchuria	辽东(作者在正文中又写为 Mukden)
Marco Polo	马可·波罗
Mattew Ricci	利玛窦
Ma Wen-sheng	马文升
Meng I-mai	孟一脉
Men-t,an-shui	门摊税
Michigan	密歇根
Ming-shih	《明史》
Ming Shih-lu	《明实录》
Miyun	密云
Mochuang	磨庄

N:

Nan Chu-i	南居益
Nankan	南安
Nanking	南京
Nanking ping-pu ch,e-chia ssn	南京兵部车驾司
Nanwang	南旺
Namyung	南雄
New York China Daily News, the	《纽约中国每日新闻》
Ningkuo Fu Chih	《宁国志》
Ningpo	宁波
Ni Yao	倪岳
Ni Yuan-lu	倪元璐

O:

Oakland	奥克兰
Okinawa	琉球(台湾)
Opium War, the	鸦片战争

P:

pai-hu-chang	百户长
Pai Pu Hung	百步洪
Paitaho	白塔河
P,an-ch,ieh	盘诘
P,an Chi-hsun	潘季驯
P,an-kuan	判官
P,anyang Lake, the	鄱阳湖
Paoying	宝应
Pa-tsung	把总
Pei River, the	北河

P,eihsien	沛县
Peihsinkuan	北新关
P,eng Yingts,an	彭应参
Peter van Hoom	彼得·冯·霍姆
Ping-pei-tao	兵备道
P,ihsien	邳县
Pi Tzu-yen	毕自严
Prince Fu	福王朱由崧
Prince Han	汉王
Prince Yen	燕王
Puhai	渤海
R:	
Ralph A.Sawyer	拉尔夫·A.索耶
Reformation, the	宗教改革运动
Rosemary L.Hering	罗斯玛丽·J.赫里恩
S:	
Saeki Yuichi	佐伯有一
Sakugen Shuryo	
Sakuna Shigeo	佐久间重男
Shadowing-the-Ocean Division	遮洋总
Shanghai	上海
shang-shui	商税
Shantung	山东
Shansi	山西
Shanyang	山阳
Shanyuan	上元
Shao Ching-pang	邵经邦

Shen Ch,in	沈潜
Shenhsien	单县
Shen Shih-hsing	申时行
Shensi	陕西
Shih K,o-fa	史可法
Silk Robed Guard	锦衣卫
Sucou	苏州
Sui Dynasty, the	隋朝
Suite	绥德
Sulu Islands	苏禄群岛
Sungchiang	松江
Sung Li	宋礼
Sungshan	松山
Szechuan	四川

T:

T,ach,angk,ou	塌场口
T,aichou	台州
T,aip,ing	太平
Tai Shih-tsung	戴时宗
T,aits,ang	太仓
T,aits,ang Treasury	太仓库
Ta Ming Hui-tien	《大明会典》
T,ang Lung	唐龙
Tang Hsun-chi	唐顺之
Tao Yen	陶琰
T,aoyuan	桃源
Tat,ung	大同

Techou	德州
Tienchin Chia	天井闸
T,ien-kung K,ai-wu	《天工开物》
Tientsin	天津
T,i-tu-chun-wu chien-li-haifang	提督军务兼理海防
Tokugawa	德川幕府
Treaty of Nanking, the	《中英南京条约》
Ts,ao-ho	漕河
Ts,ao-ho I-pi	《漕河一覛》
tsao-yun li-hsing chu-shih	漕运理刑主事
ts,ang-ch,ang shih-lang	仓场侍郎
Ts,angchou	沧州
tsan-yun yu-shih	运御史
Tsenghua	遵化
Tsining	济宁
Tso ch,ien-tu-yu-shih	左佥都御史
Tso Kuang-tou	左光斗
Tso Mou-ti	左懋第
Tsu Ta-shou	祖大寿
Tsung-ch,i	总旗
tui-yun	兑运
tu-t,sang yu-shih	督仓御史
tu-chih-hui	"都指挥"
tu-chih-hui ch,ien-shih	"都指挥佥事"
tu-chih-hui-shih	"都指挥使"
Tu Yu	杜佑
Tungch,ang	东昌

223

Tunglin Clique, the	东林党
Tungp,ing	东平
Tuscon	图森
tzu	咨
U：	
U.S.Army Map Service	美国军用地图社
W：	
Wangchiachi	王家集
Wang Chi	王纪
Wang Ch,iung	王琼
Wanghung	王竑
Wang Kou	王杲
Wan Piao	万表
Wang Shih-cheng	王世贞
Wang Shu	王恕
Wang T,ing	王廷
Wang Tsung-i	汪宗伊
Wang Tsung-mu	王宗沐
Wang Yang-ming	王阳明
Wanp,ing	宛平
Warring States, the	战国
Washington, D.C.	华盛顿哥伦比亚特区
Wei	卫
Wei Chung-hsien	魏忠贤
Wei river, the	卫河
Wenchou	温州
Wu Chi-hua	吴缉华

前言及正文中的人名、地名及其他专有名词英汉对照表

Wu Chih-yu	吴执御
Wuchin	武进
Wuhu	芜湖
Wu Kuei-fang	吴桂芳
Wu Mei-ts'un	吴梅村
Wu P'eng	吴鹏
Wu Sheng	吴琛
Wut'aishan	五台山

Y：

Yangchou	扬州
Yang I-p'eng	杨一鹏
Yang Shih-ch'iao	杨时乔
Yang-ti	隋炀帝
Yang T'in-ho	杨廷和
Yaochou	饶州
Yellow	黄海
Yenan	延安
Yenchou	兖州
Yen-shan-t'ang Pieh-chi	《弇山堂别集》
Yen Sung	严嵩
Ying Chia	应槚
Ying-shih Yu	余英时
Yingte	英德
Yingt'ien	应天
Yuan Dynasty, the	元朝
Yuan Ying-t'ai	袁应泰
Yu Chien	俞谏

225

yueh-liang	月粮
yu fu-tu-yu-shih	右副都御史
Yulin	榆林
Yunnan	云南
yu tu-yu-shih	右都御史
Yukihisa Suzuki	铃木彦

译后记

本书是著名学者黄仁宇的博士学位论文。由于作者在第一章"京杭大运河的背景和本文研究的目的"中已经概括了本书的主要探讨问题和研究思路，读者从中可以了解，因而毋庸译者多言。

我们在翻译中，将一些句子认为有问题的加以注明；对于原始的引文资料，查无可找、只能直译的，也作了说明。由于该书所探讨的是专业性、学术性极强的问题，涉及大量专用名词和术语，我们尽量查找有关资料，并且列了一个英汉对照表，读者可以对比。另外，对于一些必须说明的问题，也作了说明。

沙淑芬女士为本书的出版倾注了大量心血，在此非常感谢。

张皓、张升
于北京师范大学历史系
2003 年 7 月 8 日

海外中华学人著作出版工程

徐复观全集
（全二十六册）

简　介

《徐复观全集》共二十六册，收录徐复观先生已刊及未刊之学术专著、散篇论文以及译著，涵盖政治、思想、艺术、文学等众多门类。读者可由此概观先生治学一生之思想演变，研治思想史、艺术、文学之学人也可借此领略先生之治学门径。

定价：1790.00 元

书　目

《中国人之思维方法》　　　　《中国思想史论集续篇》
《诗的原理》　　　　　　　　《儒家思想与现代社会》
《学术与政治之间》　　　　　《论智识分子》
《中国思想史论集》　　　　　《论文化》（全两册）
《中国人性论史·先秦篇》　　《青年与教育》
《中国艺术精神》　　　　　　《论文学》
《石涛之一研究》　　　　　　《论艺术》
《中国文学论集》　　　　　　《偶思与随笔》
《两汉思想史》（全三册）　　《学术与政治之间续篇》（全三册）
《中国文学论集续篇》　　　　《无惭尺布裹头归·生平》
《中国经学史的基础》　　　　《无惭尺布裹头归·交往集》
《周官成立之时代及其思想性格》《追怀》

海外中华学人著作出版工程

《钱穆先生全集》[新校本]
作者：钱穆
书号：第一辑 978-7-5108-0917-0　定价：1196.00 元
　　　第二辑 978-7-5108-1272-9　定价：1328.00 元
　　　第三辑 978-7-5108-1273-6　定价：1276.00 元
定价：3800.00 元

《钱穆先生全集》[新校本]（精装）
作者：钱穆
书号：978-7-5108-2511-8
定价：16800.00 元

《黄仁宇全集》（精装·第二版）
作者：黄仁宇
书号：ISBN 978-7-5108-1226-2
定价：980.00 元

《王云五全集》
作者：王云五
书号：ISBN 978-7-5108-1848-6
定价：2980.00 元

《吴稚晖全集》
作者：吴稚晖
书号：ISBN 978-7-5108-1497-6
定价：2480.00 元

《新编唐君毅全集》（待出）
作者：唐君毅